Julia Angster
Die Bundesrepublik Deutschland 1963–1982

Geschichte kompakt

Herausgegeben von
Kai Brodersen, Martin Kintzinger,
Uwe Puschner, Volker Reinhardt

Herausgeber für den Bereich *19./20. Jahrhundert*:
Uwe Puschner

Berater für den Bereich *19./20. Jahrhundert*:
Walter Demel, Merith Niehuss, Hagen Schulze

Julia Angster

Die Bundesrepublik Deutschland 1963–1982

Die Deutsche Nationalbibliothek verzeichnet diese Publikation
in der Deutschen Nationalbibliografie;
detaillierte bibliografische Daten sind im Internet über
http://dnb.d-nb.de abrufbar.

Das Werk ist in allen seinen Teilen urheberrechtlich geschützt.
Jede Verwertung ist ohne Zustimmung des Verlags unzulässig.
Das gilt insbesondere für Vervielfältigungen,
Übersetzungen, Mikroverfilmungen und die Einspeicherung in
und Verarbeitung durch elektronische Systeme.

© 2012 by WBG (Wissenschaftliche Buchgesellschaft), Darmstadt
Die Herausgabe des Werkes wurde durch
die Vereinsmitglieder der WBG ermöglicht.
Redaktion: Kristine Althöhn, Mainz
Einbandgestaltung: schreiberVIS, Bickenbach
Satz: Lichtsatz Michael Glaese GmbH, Hemsbach
Gedruckt auf säurefreiem und alterungsbeständigem Papier
Printed in Germany

Besuchen Sie uns im Internet: www.wbg-wissenverbindet.de

ISBN 978-3-534-18457-6

Elektronisch sind folgende Ausgaben erhältlich:
eBook (PDF): 978-3-534-70586-3
eBook (epub): 978-3-534-70587-0

Inhaltsverzeichnis

Geschichte kompakt		VII
Einführung		1
I.	Das Ende der Nachkriegszeit	5
	1. Internationale Rahmenbedingungen	6
	2. Wirtschaft: Das Goldene Zeitalter	13
	3. Innenpolitik, Gesellschaft, politische Kultur	18
II.	Reform und Revolte	38
	1. Machtwechsel	38
	2. Ostpolitik	50
	3. APO und Studentenunruhen	59
III.	Strukturwandel und Krise	71
	1. Strukturwandel	73
	2. Ende des Machbarkeitsglaubens und ‚Zweite Moderne'	83
IV.	Innere und äußere Sicherheit	99
	1. Die Bedrohung durch die RAF	100
	2. Der NATO-Doppelbeschluss und das Ende der Entspannung	107
	3. Die „geistig-moralische Wende"	121
Fazit		131
Bibliographie		135
Register		143

Geschichte kompakt

*In der Geschichte, wie auch sonst,
dürfen Ursachen nicht postuliert werden,
man muss sie suchen.* (Marc Bloch)

Das Interesse an Geschichte wächst in der Gesellschaft unserer Zeit. Historische Themen in Literatur, Ausstellungen und Filmen finden breiten Zuspruch. Immer mehr junge Menschen entschließen sich zu einem Studium der Geschichte, und auch für Erfahrene bietet die Begegnung mit der Geschichte stets vielfältige, neue Anreize. Die Fülle dessen, was wir über die Vergangenheit wissen, wächst allerdings ebenfalls: Neue Entdeckungen kommen hinzu, veränderte Fragestellungen führen zu neuen Interpretationen bereits bekannter Sachverhalte. Geschichte wird heute nicht mehr nur als Ereignisfolge verstanden, Herrschaft und Politik stehen nicht mehr allein im Mittelpunkt, und die Konzentration auf eine Nationalgeschichte ist zugunsten offenerer, vergleichender Perspektiven überwunden.

Interessierte, Lehrende und Lernende fragen deshalb nach verlässlicher Information, die komplexe und komplizierte Inhalte konzentriert, übersichtlich konzipiert und gut lesbar darstellt. Die Bände der Reihe „Geschichte kompakt" bieten solche Information. Sie stellen Ereignisse und Zusammenhänge der historischen Epochen der Antike, des Mittelalters, der Neuzeit und der Globalgeschichte verständlich und auf dem Kenntnisstand der heutigen Forschung vor. Hauptthemen des universitären Studiums wie der schulischen Oberstufen und zentrale Themenfelder der Wissenschaft zur deutschen und europäischen Geschichte werden in Einzelbänden erschlossen. Beigefügte Erläuterungen, Register sowie Literatur- und Quellenangaben zum Weiterlesen ergänzen den Text. Die Lektüre eines Bandes erlaubt, sich mit dem behandelten Gegenstand umfassend vertraut zu machen. „Geschichte kompakt" ist daher ebenso für eine erste Begegnung mit dem Thema wie für eine Prüfungsvorbereitung geeignet, als Arbeitsgrundlage für Lehrende und Studierende ebenso wie als anregende Lektüre für historisch Interessierte.

Die Autorinnen und Autoren sind in Forschung und Lehre erfahrene Wissenschaftlerinnen und Wissenschaftler. Jeder Band ist, trotz der allen gemeinsamen Absicht, ein abgeschlossenes, eigenständiges Werk. Die Reihe „Geschichte kompakt" soll durch ihre Einzelbände insgesamt den heutigen Wissensstand zur deutschen und europäischen Geschichte repräsentieren. Sie ist in der thematischen Akzentuierung wie in der Anzahl der Bände nicht festgelegt und wird künftig um weitere Themen der aktuellen historischen Arbeit erweitert werden.

Kai Brodersen
Martin Kintzinger
Uwe Puschner
Volker Reinhardt

Einführung

Dieser Band bietet einen Überblick über die Geschichte der Bundesrepublik Deutschland von den sechziger bis zu den frühen achtziger Jahren. Die zwei Jahrzehnte waren geprägt von umfassenden politischen, wirtschaftlichen, gesellschaftlichen und kulturellen Wandlungsprozessen, die sich gegenseitig beeinflussten und verstärkten, so sehr, dass man von einer „Umgründung der Republik" (Manfred Görtemaker) sprechen kann. Dieser Wandel soll hier in seiner ganzen Vielschichtigkeit behandelt werden. Daher wird die Darstellung nicht unterteilt in Politik, Wirtschaft und Gesellschaft samt Kultur, sondern der Versuch gemacht, die Verflechtungen und fließenden Übergänge zwischen diesen Bereichen auch im Erzählen abzubilden. Wenn in „Kinderläden" durch „antiautoritäre Erziehung" die Gesellschaft verbessert werden sollte, wurde das Private politisch; wenn Helmut Schmidt im Zuge des NATO-Doppelbeschlusses Sicherheit durch Nachrüstung zu erreichen sucht, 300 000 Westdeutsche aber die Bedrohung gerade in diesen Raketen sehen, dann spielen kulturelle Fragen in die Politik hinein, die zu einem Regierungswechsel führen können. Durch dieses Dickicht will dieser Band führen und dabei zugleich die wichtigsten Wegmarken in der westdeutschen Geschichte der sechziger und siebziger Jahre behandeln. Es ist, um das vorweg zu sagen, eine westdeutsche Geschichte, aus westdeutscher Perspektive erzählt, über eine Zeit, in der aus, sagen wir, Mannheimer Sicht Erfurt und Dresden lebensweltlich gesehen weiter weg und weniger vertraut waren als Boston oder San Francisco. Nicht zuletzt deswegen mühte sich die Bundesregierung um eine Normalisierung der deutsch-deutschen Beziehungen, pragmatisch und konkret, durch Reisemöglichkeiten und überhaupt durch die Möglichkeit von Kontakten und Beziehungen, die schon fast abgestorben waren – ein in der westdeutschen Gesellschaft wie Politik hochgradig umstrittenes Unterfangen. Näher lagen damals die westlichen und transatlantischen Nachbarn, deren politischer, wirtschaftlicher und kultureller Einfluss seit den fünfziger Jahren spürbar war. Überhaupt spielt sich die westdeutsche Geschichte natürlich vor dem Hintergrund der internationalen Entwicklung ab: Die amerikanische Sicherheitsgarantie und der atomare „Schutzschirm" ermöglichten erst die Konzentration auf innere Reformen; die Entspannung im Kalten Krieg und ihr Ende, das Wechselspiel von Abrüstung und Nachrüstung, die europäische Integration und Erweiterung, die wachsende Akzeptanz und Bedeutung Bonns auf dem internationalen Parkett, nicht zuletzt durch die Aufnahme in die UNO 1973, aber auch die internationale wirtschaftliche Verflechtung und die ideellen Einflüsse aus anderen Ländern – all dies bildet den Rahmen, in dem die westdeutsche – und gesamtdeutsche – Geschichte der sechziger und siebziger Jahre überhaupt erst verständlich wird.

Die prägenden Schlagworte jener Jahre waren ‚Reform' und ‚Krise'. Reform – als gewünschte, geplante, durch bewusstes Handeln herbeigeführte Veränderung der Verhältnisse – und Krise – als ereignishafter, von ‚außen' kommender Umschwung, auf den man reagieren musste, eine tatsächliche oder befürchtete Bedrohung des Bestehenden, die das Handeln erzwang, um die Verschlechterung der Lage abzuwenden – diese beiden Formen des Wandels dominierten nacheinander die Wahrnehmung der Westdeutschen. Die Phase von den frühen sechziger bis in die frühen siebziger Jahre war von einer enormen Reformhoffnung geprägt, sowohl von einer gesellschaftlichen Aufbruchstimmung als auch von einer politisch-legislativen Reformwelle seit Beginn der Großen Koalition von 1966 bis 1969. Anfang der siebziger Jahre setzte jedoch erneut – oder auch in logischer Fortentwicklung – ein Wandel ein, der diesmal als krisenhaft und als Verlust von Planungs- und Zukunftssicherheit erlebt wurde. Die beiden Ölpreiskrisen der Jahre 1973 und 1979 läuteten im gesamten Westen das endgültige Ende des Nachkriegs-Booms ein: Die Phase stetigen und auch für die Zukunft sicher geglaubten Wirtschaftswachstums war vorüber. Nicht nur in der Bundesrepublik kam es zum Niedergang industriegesellschaftlicher Strukturen; die neue Welt der „postindustriellen Gesellschaft" (Daniel Bell), der Dienstleitungsgesellschaft und der Computerindustrie erschien allmählich am Horizont.

Eine wichtige ideelle Form des Wandels in den siebziger Jahren ging der Wirtschaftskrise sogar voraus: Es kam zu einer tiefen Modernisierungsskepsis, einer wachsenden Angst vor den Folgen der Moderne, insbesondere des Ressourcenverbrauchs wie der Umweltzerstörung, die das Wirtschaftswachstum mit sich bringt und vor denen der Club of Rome in seiner Studie „Grenzen des Wachstums" schon 1972 warnte. Die Reformeuphorie und der Machbarkeitsglauben, auch der Regierungen, verloren sich. An ihre Stelle trat ein weitverbreitetes Krisenempfinden, der Eindruck, in einer „Risikogesellschaft" zu leben (Ulrich Beck), das die achtziger Jahre über anhalten sollte und erst mit dem Ende des Kalten Krieges überlagert wurde von Aufbruchstimmung, aber auch von einer großen Verunsicherung und der Suche nach neuen ideellen und weltpolitischen Parametern, die Sicherheit bieten sollten. Eckart Conzes These, die „Suche nach Sicherheit" sei ein zentrales Leitmotiv der bundesrepublikanischen Geschichte gewesen, trifft es genau. Die siebziger Jahre waren jedoch keineswegs nur von Erscheinungen des Niedergangs geprägt, auch wenn sie den Zeitgenossen zum Teil so erschienen sein mögen: Es war ein tief greifender Strukturwandel, begleitet von einem Prozess des Umdenkens, in wirtschaftlichen, sozialen, ökologischen und kulturellen Fragen, der die unmittelbare Vorgeschichte unserer Gegenwart darstellt. Die Begriffe und Konzepte, die damals neu entstanden sind, prägen bis heute die Sicht auf unsere Gesellschaft.

Um besser verständlich zu machen, wie der Band strukturiert und die Erzählperspektive zustande gekommen ist, wird im Folgenden kurz ein Blick auf den Hintergrund der Forschungsdebatten in der Zeitgeschichtsschreibung geworfen. Dies ist sowohl den Zeithistorikern geschuldet, deren Arbeit hinter dieser Zusammenfassung steht, als auch den Lesern, zu deren Orientierung in diesem Themenfeld der Überblick dienen soll. Die Erzählperspektive wird durch zwei Leitfragen strukturiert: erstens die Frage nach den inneren und äußeren Faktoren, die die Entwicklung der westdeutschen Gesellschaft beeinflusst haben, und zweitens jene nach dem Zäsurcharakter der Jahre um 1970. Die Frage nach der Bedeutung internationaler und transnationaler, also aus anderen Ländern und Gesellschaften kommender Einflüsse auf die westdeutsche Geschichte bezieht sich auf den äußeren Kontext, in dem die Geschichte der Bundesrepublik steht, und damit auf die räumliche

Einführung

Perspektive. Denn wenn beispielsweise vom Strukturwandel in den westlichen Industriegesellschaften die Rede ist, wird rasch klar, dass die Entwicklungen in der Bundesrepublik der sechziger und siebziger Jahre nicht ohne den Blick über die Grenzen hinaus verständlich wird. Sind es jeweils lokale Ausformungen gesamtwestlicher oder westeuropäischer Entwicklungen, oder sind es inner-westdeutsche Phänomene? Die studentische Protestbewegung, der wirtschaftliche Strukturwandel oder die wachsende Modernisierungsskepsis sind zweifellos Vorgänge, die nur in einem größeren, transnationalen Kontext zu verstehen sind. Anderes aber ist nur aus dem innerdeutschen Kontext zu erklären, wie der sich wandelnde Umgang mit der NS-Vergangenheit, die Neue Ostpolitik und ihre Gegner, oder die spezifischen Anliegen der hiesigen „68er". Aber gerade um diese westdeutschen Besonderheiten in den Blick zu bekommen, lohnt es sich, auch die transnationale Perspektive zu wählen.

Zum Zweiten stellt sich die Frage nach der zeitlichen Einordnung der Jahre um 1970 in die Geschichte der Bundesrepublik Deutschland und auch in die Geschichte des 20. Jahrhunderts insgesamt. Neuere zeithistorische Arbeiten zur Bundesrepublik haben wiederholt die Frage nach dem Zäsurcharakter der siebziger Jahre aufgeworfen und nach der Reichweite dieser Zäsur: Endet hier die westdeutsche Nachkriegszeit, die Phase des „Booms", des „Goldenen Zeitalters", das um 1948 begonnen und unerhörten Wohlstand und ungetrübte Zukunftsperspektiven mit sich gebracht hatte? War also der wirtschaftliche Einschnitt um 1973/74 eine „Renormalisierung", die auch soziokulturell nur die Anomalie der Boomjahre zurückschnitt? Immerhin blieb das politische System unverändert, und der „Machtwechsel" zwischen den politischen Lagern bewies ja gerade dessen verlässliches Funktionieren. Oder sollte man die Bedeutung dieser Zäsur weiter fassen und in den siebziger Jahren einen „Strukturbruch" sehen, der das Ende der Hochmoderne, der Industriemoderne einläutete, wie es die These von Anselm Doering-Manteuffel und Lutz Raphael ist? Diese Epoche habe, so argumentieren zum Beispiel Ulrich Herbert oder Charles S. Maier, vom letzten Drittel des 19. Jahrhunderts, von etwa 1870 oder 1890 bis in die 1970er angedauert und sei unter anderem gekennzeichnet gewesen durch die Entfaltung der Industriegesellschaft, die Ausbildung des modernen bürokratischen Staates, ein wissenschaftlich-rationales Weltbild, den Glauben an Wirtschaftswachstum als Lösungsansatz für soziale Probleme und die Suche nach neuen, universal gültigen Gesellschaftsentwürfen. Ihr Ende spiele sich in den Umbrüchen und Verunsicherungen der Jahre nach 1970 ab. Dieser Bruch habe jedoch nicht abrupt, zu einem bestimmten Datum stattgefunden, sondern stelle eher eine „weiche Zäsur" dar (Konrad Jarausch), einen Wandel auf vielerlei Ebenen, der zeitversetzt stattgefunden habe, aber in einem gemeinsamen Zusammenhang zu sehen sei. So gesehen endet in den Jahren um 1970 deutlich mehr als die westdeutsche Nachkriegszeit. Ulrich Beck spricht in diesem Zusammenhang vom Beginn der „Zweiten Moderne" oder der „Postmoderne". An die Stelle des Fortschrittsglaubens, des Vertrauens in Wirtschaftswachstum, Technik und wissenschaftliche Rationalität seien andere Werte und Ordnungsvorstellungen getreten, die noch immer unsere Gegenwart prägen. Sicherlich nimmt vieles, was uns heute beschäftigt oder gar selbstverständlich geworden ist – das Nachdenken über Umwelt, Klima und

Nachhaltigkeit, oder das Internet und die globale Vernetzung und Mobilität, aber auch die Sorge um die Leistungsfähigkeit unserer sozialen Sicherungssysteme – hier seinen Ausgangspunkt.

Diese Sichtweise macht auf zwei verschiedene Möglichkeiten aufmerksam, deutsche Zeitgeschichte zu schreiben: Man kann sie als „problemlösende" oder „problemgenerierende" Zeitgeschichte schreiben, wie es Hans-Günther Hockerts formuliert hat. Die Historiker haben sich lange Zeit mit der Frage beschäftigt, wie aus der von Nationalsozialismus und Vernichtungskrieg geprägten und in weiten Teilen vehement antidemokratischen deutschen Gesellschaft ein „halbwegs normales westliches Land" (Jürgen Habermas) werden konnte, und haben das Wunder der Demokratisierung, Liberalisierung und Westernisierung dieser Gesellschaft untersucht, das ja noch um einiges erstaunlicher ist als das „Wirtschaftswunder". Seit einiger Zeit treten aber Forschungsthemen in den Vordergrund, die nach den historischen Ursachen unserer heutigen Probleme und Schwierigkeiten oder auch nur unserer Alltäglichkeiten fragen. Ein gutes Beispiel hierfür sind die sozialen Sicherungssysteme, deren breites Aufgabenspektrum aus den Jahren des Booms stammt, als ihnen auch gesellschaftspolitische Aufgaben zugesprochen wurden, die in den Zeiten stetigen Wirtschaftswachstums und des Glaubens an die Planbarkeit und Machbarkeit von Gesellschaften wichtig und ohne Weiteres finanzierbar erschienen, die heute aber nur noch mit Mühe zu bewältigen sind.

Meine Position, die sich in diesem Band widerspiegelt, liegt, und da ist sie ihrem Gegenstand nicht unähnlich, in einer gewissen Ambivalenz: Dieser Abschnitt der deutschen Geschichte lässt sich tatsächlich als Ende der westdeutschen Nachkriegszeit und als Ende des westeuropäischen „Goldenen Zeitalters" interpretieren. Zugleich bin ich aber davon überzeugt, dass hier auch ein längerer Epochenrahmen endet, der sich als Hochmoderne oder als Zeitalter der klassischen Industriegesellschaft bezeichnen lässt. Auch ich sehe hier also einen längerfristigen Strukturwandel am Werk, der noch immer nicht abgeschlossen ist. Das Verwirrende an dieser Sichtweise ist natürlich, dass sich um 1970 viele zentrale Dinge, wie das politische System, gar nicht oder nur wenig ändern. Kontinuität und Wandel laufen hier parallel. Für die Westdeutschen und nicht zuletzt für ihre Nachbarn mag die endgültige Abkehr von Traditionen des Kaiserreichs und des Nationalsozialismus die bedeutendere Entwicklung gewesen sein. Blickt man aber auf den gesamten Westen – und auch auf den „Ostblock" und seine Nachfolgestaaten – dann ist die sozioökonomische Zäsur des letzten Drittels des 20. Jahrhunderts insgesamt wohl die Entwicklung mit der größeren Reichweite.

I. Das Ende der Nachkriegszeit

10.11.1958	Beginn der zweiten Berlin-Krise (bis 1961)
28.04.–29.08.1959	Ulmer Einsatzgruppenprozess
13.–15.11.1959	Godesberger Programm der SPD
1961	In der Bundesrepublik Deutschland kommt die Pille auf den Markt
1961	Beginn der Nutzung von Kernenergie in der Bundesrepublik
1961	Beginn der Anwerbung türkischer Gastarbeiter
11.04.–15.12.1961	Eichmann-Prozess
13.08.1961	Mauerbau
16.–28.10.1962	Kuba-Krise
26./27.10.1962	Spiegel-Affäre
16.10.1963	Ludwig Erhard löst Konrad Adenauer als Bundeskanzler ab
05.08.1963	Moskauer Atomteststopp-Abkommen (Vertrag über das Verbot von Kernwaffenversuchen in der Atmosphäre, im Weltraum und unter Wasser)
1963–68	Auschwitz-Prozesse (1. Auschwitzprozess 1963–65, 2. Auschwitzprozess 1965/66 und 3. Auschwitzprozess 1967/68, weitere Prozesse folgten in den siebziger Jahren.)
1966/67	Erste Nachkriegsrezession
20.07.1969	Mondlandung
1971	Erster Mikroprozessor
26.05.1972	SALT I-Vertrag (Strategic Arms Limitation Talks: Gespräche über die Rüstungsbegrenzung bei Interkontinentalraketen)
01.08.1975	Konferenz über Sicherheit und Zusammenarbeit in Europa (KSZE): Schlussakte von Helsinki

Zwischen Anfang und Mitte der sechziger Jahre ging in beiden deutschen Staaten die Nachkriegszeit zu Ende. Der Bau der Berliner Mauer 1961 hatte aus dem Provisorium, als das die Bundesrepublik Deutschland von ihren Gründungsvätern gedacht war, eine dauerhafte Einrichtung gemacht. Die politische und militärische Westbindung war abgeschlossen, die europäische Integration der deutschen Wirtschaft gelungen, und das Gemeinwesen Bundesrepublik hatte sich auf der Basis liberaldemokratischer Grundwerte zu einer stabilen parlamentarischen Demokratie entwickelt. Gerade deswegen begann es in der westdeutschen Gesellschaft zu gären. Eine neue Generation war herangewachsen, die eben diese Werte ernst nahm und ihre Geltung auch im gesellschaftlichen Bereich einzufordern begann. Der bleierne Konformitätsdruck, der in der Hochphase des Antikommunismus und des Wiederaufbaus in Familien, Schule, Kirchen und Bundeswehr geherrscht hatte, wurde nicht mehr einfach hingenommen. Studenten begannen nach der NS-Vergangenheit ihrer Eltern und Professoren zu fragen. Eine neue Form der öf-

I. Das Ende der Nachkriegszeit

fentlichen Auseinandersetzung um ganz grundlegende Fragen bahnte sich an, aus der innerhalb weniger Jahre eine breite Protestbewegung erwachsen sollte, aber auch eine umfassende gesellschafts- und wirtschaftspolitische Reformpolitik seitens der Bundesregierung, die die Grundfesten der Republik wenn nicht erschütterten, so doch um ein paar Meter versetzten.

Auch in der DDR änderte sich im Lauf der sechziger und siebziger Jahre das innere Klima. Die Mauer hatte den Flüchtlingsstrom – der vor allem aus jungen und gut ausgebildeten Menschen bestanden hatte – mit Gewalt gestoppt und damit zumindest die schiere Existenz des ostdeutschen Staates gesichert. Nun wurden wirtschaftliche Reformen im Rahmen der Planwirtschaft ausprobiert, und es gab eine Phase der gesellschaftlichen Liberalisierung im Umfeld des Stabwechsels von Ulbricht zu Honecker.

Dieser innenpolitische und gesellschaftliche Wandel in beiden deutschen Staaten fand vor dem Hintergrund eines internationalen Tauwetters statt. Denn auch auf der Ebene der internationalen Beziehungen kam es Anfang der sechziger Jahre zu einem Wandel. Die erste Hochphase des Kalten Krieges, der erbitterten Konfrontation zwischen den atomaren Supermächten USA und UdSSR und ihrer jeweiligen ‚Blöcke' ging zu Ende. Das Zeitalter der ‚Entspannung' begann.

1. Internationale Rahmenbedingungen

Der Ost-West-Konflikt stellte den grundlegenden Rahmen der westdeutschen Außen-, Deutschland- und Sicherheitspolitik dar. Das geteilte Deutschland war mehr noch als andere Staaten von den Entwicklungen des Kalten Krieges, von den Beziehungen der beiden Supermächte abhängig. Dabei befand sich die Bundesrepublik in einer widersprüchlichen Interessenlage: Das im Grundgesetz festgeschriebene Ziel der deutschen Wiedervereinigung musste unter den Vorzeichen des Kalten Krieges mit dem sicherheitspolitischen Ziel der stabilen Westintegration des Landes ausbalanciert werden. Nationale Einheit war nur um den Preis einer Neutralisierung oder gar einer Annäherung an den Ostblock zu haben und hieße, den Verlust an bürgerlichen Freiheiten und nationaler Sicherheit zu riskieren. Die Regierung Adenauer hatte sich dezidiert für die Westbindung entschieden, als den besten und einzig sicheren Weg zu einer Wiedervereinigung und zu Frieden *und* Freiheit. Langfristig, so die Hoffnung, würde dann das ganze Deutschland unter diesen westlichen Bedingungen leben können. Das westliche Modell, so die als „Magnet-Theorie" bezeichnete Auffassung, würde für sich selbst sprechen und große Anziehungskraft auf die Bevölkerung der DDR ausüben.

Kurt Schumacher formuliert 1947 als Erster öffentlich die „Magnet-Theorie"
aus: Werner Abelshauser: Zur Entstehung der „Magnet-Theorie" in der Deutschlandpolitik. Ein Bericht von Hans Schlange-Schöningen über einen Staatsbesuch in Thüringen im Mai 1946, in: Vierteljahrshefte für Zeitgeschichte 27. Oktober 1979, S. 661–679, hier S. 661.

Internationale Rahmenbedingungen

> Man muß soziale und ökonomische Tatsachen schaffen, die das Übergewicht der drei Westzonen über die Ostzone deklarieren ... Die Prosperität der Westzonen, die sich auf der Grundlage der Konzentrierung der bizonalen Wirtschaftspolitik erreichen läßt, kann den Westen zum ökonomischen Magneten machen. Es ist realpolitisch vom deutschen Gesichtspunkt aus kein anderer Weg zur Erringung der deutschen Einheit möglich als diese ökonomische Magnetisierung des Westens, die ihre Anziehungskraft auf den Osten so stark ausüben muß, daß auf die Dauer die bloße Innehabung des Machtapparates dagegen kein sicheres Mittel ist. Es ist gewiß ein schwerer und vermutlich langer Weg.

Den Schutz der westdeutschen Unabhängigkeit und der liberalen Demokratie in der Bundesrepublik konnten nur die Westmächte, vor allem die USA als Hegemon und führende Atommacht im westlichen Bündnis garantieren. Wie sehr man von dieser amerikanischen Garantie abhängig war, wurde gerade im Zeitalter der Entspannung, des Tauwetters zwischen den Supermächten, deutlich.

Schon seit den späten fünfziger Jahren mehrten sich die Anzeichen, dass die „heiße Phase" des Kalten Krieges allmählich zu Ende ging. Seit 1958 hatte die Sowjetunion unter der Führung Nikita Chruschtschows (1894–1971) versucht, den politischen Status quo in Deutschland zu revidieren: Die wesentlichen Ärgernisse waren die NATO-Mitgliedschaft der Bundesrepublik, die Unabhängigkeit West-Berlins und die Weigerung der Bundesregierung, die DDR anzuerkennen. Die Berlin-Krise von 1958/59, der Mauerbau im August 1961 und die Kuba-Krise im Herbst 1962 lassen sich daher in einem Zusammenhang sehen, als Versuch der Sowjetunion, die europäische Nachkriegsregelung und das Kräfteverhältnis der Supermächte noch einmal neu zu regeln. Deutschlandpolitisch waren diese Versuche gescheitert: Die Westalliierten hielten an ihrer Garantie für West-Berlin fest, die DDR wurde nicht anerkannt und die Bundesrepublik blieb fest in der NATO verankert. Allerdings änderten sich dennoch die Grundlagen der Ost-West-Beziehungen spürbar, und damit auch des deutsch-deutschen Verhältnisses. Denn nun war offensichtlich geworden, dass der Westen zwar den Status quo zu garantieren bereit war – aber umgekehrt auch keinerlei Interesse daran hatte, ihn, etwa im Interesse der Bundesrepublik, zu verändern und dafür einen Krieg mit der Sowjetunion zu riskieren. Im Gegenteil führte das Ende dieser Krisenfolge zu einer Verfestigung des Status quo, auf dessen Basis ein erneutes Interesse der Supermächte an Abrüstung und Entspannung aufkeimte. Die ersten Versuche Mitte der fünfziger Jahre waren gescheitert, aber Anfang der sechziger Jahre waren die Ausgangsbedingungen andere. Das lag nicht nur an der deutschlandpolitischen Entwicklung, sondern an der Erfahrung, die beide Seiten in der **Kuba-Krise** vom Oktober 1962 miteinander gemacht hatten und die zu einem politischen und strategischen Umdenken der nuklearen Supermächte führte.

Entspannung

Kuba-Krise
Amerikanische Aufklärungsflugzeuge hatten auf Kuba, vor der Haustüre der USA, sowjetische Raketensilos und Abschussrampen für Mittelstreckenraketen entdeckt, die Ziele fast überall in den USA würden erreichen können, sobald sie mit atomaren Gefechtsköpfen bestückt wären. Kuba hatte sich 1959 in einer Revolu-

Das Ende der Nachkriegszeit

tion des von den USA unterstützten Diktators Fulgenzio Batista (1901–1973) entledigt und sich unter der Führung Fidel Castros (*1927) 1960 wirtschaftlich – und nun ganz offensichtlich auch militärisch – mit der Sowjetunion verbündet. Im Pentagon und im Weißen Haus wurde dies als aggressiver Akt und ganz unmittelbare Bedrohung der Sicherheit des Landes wahrgenommen und Pläne für eine Invasion oder eine Bombardierung der Raketenstützpunkte wurden erwogen. Die Entscheidung fiel schließlich für eine Seeblockade, um die Anlieferung der Gefechtsköpfe, die bereits auf sowjetischen Schiffen unterwegs nach Kuba waren, zu verhindern, ohne dabei die kubanische Bevölkerung einem Bombardement auszusetzen. Die folgenden 13 Tage waren wohl die kritischsten im Verlauf des Kalten Krieges. Der damalige amerikanische Verteidigungsminister Robert McNamara (1916-2009) sollte später erklären, es sei nichts als Glück gewesen, dass es nicht zum Atomkrieg gekommen sei: „We lucked out!" Neben dem Glück verdankt die Welt ihre Rettung aber auch der Tatsache, dass beide Seiten, als es darauf ankam, nicht bereit waren, ihre militärischen Drohungen wahrzumachen, sondern auf Verhandlungen setzten. Chruschtschow hatte als Gegenleistung für den Verzicht auf eine Raketenstationierung auf Kuba den Abzug amerikanischer Mittelstreckenraketen aus der Türkei gefordert, die aus Sicht des Kreml eben auch eine aggressive Bedrohung sowjetischen Territoriums darstellten. Die Krise wurde schließlich beigelegt, indem Chruschtschow dem amerikanischen Präsidenten John F. Kennedy (1917-1963) in Geheimverhandlungen zugestand, den Abzug aus der Türkei in deutlichem zeitlichen Abstand vorzunehmen und damit vor der eigenen Öffentlichkeit das Gesicht zu wahren und als derjenige dazustehen, der nicht nachgegeben habe.

Der Schrecken dieser akuten Krise und die Erfahrung, dass Verhandlungen möglich waren, führten unmittelbar danach zur Einrichtung einer ständigen Kommunikationsverbindung zwischen Washington und dem Kreml, dem sogenannten heißen Draht, und in Form des Atomteststoppabkommens von 1963 sehr rasch auch zu einer ersten konkreten Absprache zwischen den Supermächten. Damit war das Zeitalter der Entspannung eingeläutet, das bis 1979 dauern sollte – eine Zeit der Gesprächsbereitschaft zwischen Ost und West, die von manchen Autoren auch als Ende des ersten Kalten Krieges bezeichnet wird. Da man den Gegner ganz offensichtlich nicht durch nukleares Drohpotenzial überwinden konnte, musste man sich mit ihm arrangieren, einen Modus Vivendi finden: Man müsse, so Kennedy, sich „mit der Welt befassen, wie sie ist". Der französische Präsident Charles de Gaulle (1890–1970) formulierte die Hoffnung der Europäer auf „détente – entente – coopération": Es gehe darum, nicht nur das Wettrüsten zu beenden, sondern tragfähige Beziehungen zwischen Ost und West zu entwickeln. Am klarsten hat John F. Kennedy (1917–1963) die Notwendigkeit zu einem Umdenken formuliert. Er entwarf eine „Strategie des Friedens", die zu gegenseitiger Toleranz führen und somit den Weltfrieden sichern sollte. Kennedy betonte die Bedeutung einer pragmatischen Haltung gegenüber der Sowjetunion und empfahl den Amerikanern, nicht auf einen idealen Weltfrieden zu den eigenen Bedingungen zu warten, sondern sich stattdessen auf einen „praktischeren, erreichbaren Frieden" zu konzentrieren, bei dem man Streitigkeiten und Meinungsverschiedenheiten als Normalfall akzeptiert und toleriert. Friede sei ein Prozess, ein Weg, Probleme zu lösen, nicht aber der Zustand, der sich erst einstellt, wenn es keine Probleme mehr gibt. Diese neue amerikanische Strategie, die auf einen Modus Vivendi mit der Sowjetunion ab-

Internationale Rahmenbedingungen

zielte und den Beginn einer zwei Jahrzehnte dauernden Phase der Entspannung zwischen den Supermächten markierte, hatte ganz grundlegende Auswirkungen auf die Geschichte der Bundesrepublik Deutschland. Diese lag schließlich an der Nahtstelle zwischen Ost und West, an der unmittelbaren Frontlinie des Kalten Krieges, und wäre in einem Atomkrieg der Supermächte das zentrale Schlachtfeld gewesen. Die Frage der deutschen Sicherheit und der deutschen Einheit hingen ganz wesentlich mit dem Kalten Krieg zusammen. Aber auch in gesellschaftlicher und kultureller Hinsicht sollte sich dieses weltpolitische Tauwetter auf die Westdeutschen auswirken: Im Windschatten der nun beginnenden Entspannung konnte sich ein Prozess der gesellschaftlichen Liberalisierung und auch eine Pluralisierung der Meinungen und Lebensentwürfe entfalten, der in den Zeiten der scharfen Blockkonfrontation und der scharfen innenpolitischen Gegnerschaften so nicht denkbar gewesen wäre. Das Klima änderte sich seit Anfang der sechziger Jahre, und mit ihm die Hoffnungen und Erwartungen und auch das Selbstbild der Westdeutschen.

John F. Kennedy: Rede an der American University, Washington D.C., 10. Juni 1963
aus: Ernst-Otto Czempiel/Carl-Christoph Schweitzer: Weltpolitik der USA nach 1945, Schriftenreihe der Bundeszentrale für politische Bildung, Bonn 1987, S. 277f.

Ein totaler Krieg ist sinnlos in einem Zeitalter, in dem Großmächte umfassende und verhältnismäßig unverwundbare Atomstreitkräfte unterhalten können und sich weigern, zu kapitulieren, ohne vorher auf diese Streitkräfte zurückgegriffen zu haben. Er ist sinnlos in einem Zeitalter, in dem eine einzige Atomwaffe fast das Zehnfache an Sprengkraft aller Bomben aufweist, die von den gesamten alliierten Luftstreitkräften während des Zweiten Weltkrieges abgeworfen wurden. Und er ist sinnlos in einem Zeitalter, in dem die bei einem Atomkrieg freigesetzten tödlichen Giftstoffe von Wind und Wasser, Boden und Saaten bis in die entferntesten Winkel des Erdballs getragen und sich selbst auf die noch ungeborenen Generationen auswirken würden. Es ist heute, wenn der Friede gewahrt werden soll, unerläßlich, jedes Jahr Milliarden von Dollar für Waffen auszuwerfen, die lediglich zu dem Zweck geschaffen werden, sicherzustellen, daß wir sie niemals einzusetzen brauchen. Aber zweifellos ist die Anlage solcher unnützen Arsenale, die nur der Vernichtung und niemals dem Aufbau dienen können, nicht der einzige, geschweige denn der wirksamste Weg zur Gewährleistung des Friedens ...
Für diesen Frieden gibt es keinen einfachen Schlüssel, keine großartige oder magische Formel, die sich eine oder zwei Mächte aneignen könnten. Der echte Friede muß das Produkt vieler Nationen sein, die Summe vieler Maßnahmen. Er muß dynamisch, nicht statisch sein, er muß flexibel sein, um den großen Aufgaben einer jeden Generation zu entsprechen. Denn der Friede ist ein Prozeß – ein Weg, Probleme zu lösen ...
Lassen Sie uns ... unsere Haltung gegenüber der Sowjetunion überprüfen ... Keine Regierung und kein Gesellschaftssystem sind so schlecht, daß man das unter ihm lebende Volk als bar jeder Tugend ansehen kann. Wir Amerikaner empfinden den Kommunismus als Verneinung der persönlichen Freiheit und Würde im tiefsten abstoßend. Dennoch können wir das russische Volk wegen vieler seiner Leistungen – sei es in der Wissenschaft und Raumfahrt, in der wirtschaftlichen und industriellen Entwicklung, in der Kultur und in seiner mutigen Haltung – rühmen ...
Wir sind beide in einem unheilvollen und gefährlichen Kreislauf gefangen, in dem Argwohn auf der einen Seite Argwohn auf der anderen auslöst und in dem neue

I. Das Ende der Nachkriegszeit

> Waffen zu wieder neuen Abwehrwaffen führen. Kurz gesagt: Beide, die Vereinigten Staaten und ihre Verbündeten sowie die Sowjetunion und ihre Verbündeten, haben ein gemeinsames tiefes Interesse an einem gerechten und wirklichen Frieden und einer Einstellung des Wettrüstens. Abkommen, die zu diesem Ziel führen, sind im Interesse der Sowjets wie auch im unsrigen. Selbst bei den feindlichsten Ländern kann man damit rechnen, daß sie solche vertraglichen Verpflichtungen akzeptieren und einhalten, die in ihrem eigenen Interesse sind.

Rüstungskontrolle Mitte der sechziger Jahre stockten jedoch die Gespräche zwischen den Supermächten wieder. Einerseits waren die Verantwortlichen für diesen Kurs schon bald nicht mehr im Amt: Kennedy wurde im November 1963 ermordet, Chruschtschow 1964 abgesetzt. Andererseits waren andere Themen und Konflikte in den Vordergrund getreten: Seit 1965 banden der Vietnamkrieg auf amerikanischer und blockinterne Auseinandersetzungen auf sowjetischer Seite Energie und Aufmerksamkeit. Erst ab Ende der sechziger Jahre wurden erneute Anläufe unternommen, das atomare Wettrüsten wenn nicht zu beenden, so doch zu kontrollieren und zu begrenzen. Das Ergebnis dieses Prozesses waren ein Wandel in der **NATO**-Strategie, die SALT-Abkommen (Strategic Arms Limitation Talks, also Gespräche über die Rüstungsbegrenzung bei Interkontinentalraketen) von 1972 und 1979 und der KSZE-Prozess (Konferenz über Sicherheit und Zusammenarbeit in Europa).

E | **NATO**
Die NATO (North Atlantic Treaty Organization) wurde am 4. April 1949 gegründet als Beistandspakt zur gemeinsamen Verteidigung. Mitglieder waren zunächst die USA, auf deren Initiative dieses Bündnis entstanden ist, sowie Großbritannien, Frankreich, Niederlande, Belgien, Luxemburg, Italien, Portugal, Dänemark, Norwegen, Island, Kanada. Hintergrund war der Beginn des Kalten Krieges und die wahrgenommene Bedrohung des Westens durch die Sowjetunion. Diese initiierte als Reaktion auf die NATO-Gründung ihrerseits ein Verteidigungsbündnis, den Warschauer Pakt. Der NATO traten 1952 außerdem Griechenland und die Türkei, 1955 die Bundesrepublik Deutschland und 1982 Spanien bei. Nach dem Ende des Kalten Krieges traten ihr außerdem zahlreiche ehemalige Mitglieder des Warschauer Pakts bei. Die Mitglieder haben sich zum gegenseitigen militärischen Beistand verpflichtet, wobei jegliche Form von Angriff auf ein Mitglied als Bündnisfall gilt. Die NATO verfügt über politische und militärische Entscheidungsstrukturen. Das oberste politische Organ ist der NATO-Rat, dem ein Generalsekretär vorsteht und in dem alle Mitgliedstaaten auf Botschafter- oder Ministerebene über die politische Koordination und Zielbestimmung der Allianz beraten. Militärische Fragen werden dagegen im Militärausschuss entschieden, dem die Stabschefs der Mitgliedstaaten angehören. Dieser ist für strategische und taktische Fragen zuständig und erteilt Weisungen an den NATO-Oberbefehlshaber. Die Streitkräfte der Mitgliedstaaten sind teilweise direkt dem NATO-Oberkommando unterstellt, teils bleiben sie im Frieden, und teils auch im Verteidigungsfall, nationalen Kommandostrukturen unterstellt. Frankreich ist 1966 aus der militärischen Organisation der NATO ausgetreten, kehrte jedoch 2009 wieder in diese Strukturen zurück.

In einem internen Bericht von 1967, dem sogenannten Harmel-Bericht, formulierte das Atlantische Bündnis eine neue atomare Verteidigungsstrategie: An die Stelle der „Massive Retaliation" trat nun die „Flexible Response". Das hieß, dass nun nicht mehr bei jeglicher Form eines sowjetischen Angriffs mit Atomwaffen zurückgeschlagen werden, sondern stattdessen abgestufte Formen der Reaktion möglich sein sollten. Militärische Sicherheit und eine Politik der Entspannung wurden nun nicht mehr als Gegensätze, sondern als komplementäre Strategien verstanden.

> **Harmel-Bericht 1967**
> aus: NATO Press Service, 14. Dezember 1967, zit. nach: Europa-Archiv, Folge 3, 23/1968, S. D75–77, hier 75f.
>
> 5. Die Atlantische Allianz hat zwei Hauptfunktionen. Die erste besteht darin, eine ausreichende militärische Stärke und politische Solidarität aufrechtzuerhalten, um gegenüber Aggression und anderen Formen von Druckanwendung abschreckend zu wirken und das Gebiet der Mitgliedstaaten zu verteidigen, falls es zu einer Aggression kommt. Seit ihrer Gründung hat die Allianz diese Aufgabe erfolgreich erfüllt. Aber die Möglichkeit einer Krise kann nicht ausgeschlossen werden, solange die zentralen politischen Fragen in Europa, zuerst und zunächst die Deutschland-Frage, ungelöst bleiben. Außerdem schließt die Situation mangelnder Stabilität und Ungewißheit noch immer eine ausgewogene Verminderung der Streitkräfte aus. Unter diesen Umständen werden die Bündnispartner zur Sicherung des Gleichgewichts der Streitkräfte das erforderliche militärische Potential aufrechterhalten und dadurch ein Klima der Stabilität, der Sicherheit und des Vertrauens schaffen. In diesem Klima kann die Allianz ihre zweite Funktion erfüllen: die weitere Suche nach Fortschritten in Richtung auf dauerhafte Beziehungen, mit deren Hilfe die grundlegenden politischen Fragen gelöst werden können. Militärische Sicherheit und eine Politik der Entspannung stellen keinen Widerspruch, sondern eine gegenseitige Ergänzung dar. Die kollektive Verteidigung ist ein stabilisierender Faktor in der Weltpolitik. Sie bildet die notwendigen Voraussetzungen für eine wirksame, auf größere Entspannung gerichtete Politik. Der Weg zu Frieden und Stabilität in Europa beruht vor allem auf dem konstruktiven Einsatz der Allianz im Interesse der Entspannung. Die Beteiligung der UdSSR und der Vereinigten Staaten wird zur wirksamen Lösung der politischen Probleme Europas erforderlich sein.

Allerdings beruhten die Supermachtbeziehungen auch im Zeitalter der Entspannung auf dem Prinzip der atomaren Abschreckung, denn die Bereitschaft zum Vertrauen ruhte auf Glaubwürdigkeit, auf der Berechenbarkeit des anderen und dem Gefühl der eigenen Stärke. Das Prinzip der „Mutual Assured Destruction (MAD)", der Zweitschlagsfähigkeit, blieb auch unter der neuen NATO-Strategie bestehen, nach dem bei einem Atomkrieg der Sieger eben als Zweiter starb, da das Opfer eines atomaren Erstschlags immer noch imstande war, einen Gegenschlag auszulösen: Ein Atomkrieg könne nicht gewonnen werden. Auch sollte das seit Ende der fünfziger Jahre bestehende atomare Patt zwischen den Supermächten nicht angetastet werden, sondern vielmehr die Grundlage der Rüstungskontrollverhandlungen bilden: Die Gespräche über Rüstungskontrolle sollten auf der Basis gleicher Stärke geführt werden und auch weiterhin atomare Parität zur Folge haben. Um das Wettrüsten zu beenden, wurden nun aber vertragliche Höchstgrenzen der nuklearen Bewaffnung beider Seiten festgesetzt, Vereinbarungen, die für beide auch überprüfbar und verlässlich sein sollten. Das Ergebnis dieser Gespräche war der SALT-Vertrag von 1972, Ergebnis der „Strategic Arms Limitation Talks (SALT)", der dem ungebremsten Wettrüsten eine Grenze setzte, indem er die Zahl der strategischen Nuklearwaffen festschrieb, Raketenabwehrsysteme begrenzte und gegenseitige Kontrollmechanismen einführte.

Das Ende der Nachkriegszeit

 Vertrag zwischen den USA und der UdSSR über die Begrenzung von ballistischen Raketenabwehrsystemen (ABM-Vertrag)
aus: The Department of State Bulletin, Vol. LXVI, No. 1722, 26.6.1972, S. 918, zit. nach Europa-Archiv, Folge 17, 27/1972, S. D392–395, hier S. 392.

Die Vereinigten Staaten von Amerika und die Union der sozialistischen Sowjetrepubliken, im folgenden als die Vertragspartner bezeichnet, sind: davon ausgehend, dass ein Atomkrieg verheerende Folgen für die ganze Menschheit haben würde; in der Erwägung, dass wirksame Maßnahmen zur Begrenzung der Systeme zur Abwehr ballistischer Flugkörper wesentlich zur Eindämmung des Wettrüstens mit strategischen Angriffswaffen beitragen und die Gefahr des Ausbruchs eines Krieges mit Kernwaffen verringern würden; davon ausgehend, dass die Begrenzung der Systeme zur Abwehr ballistischer Flugkörper sowie bestimmte vereinbarte Maßnahmen hinsichtlich der Begrenzung strategischer Angriffswaffen zur Schaffung günstigerer Bedingungen für weitere Verhandlungen über die Begrenzung der strategischen Waffen beitragen würden; eingedenk ihrer Verpflichtungen gemäß Art. VI des Vertrages über die Nichtverbreitung von Kernwaffen; in der Absicht, zum frühestmöglichen Zeitpunkt die Beendigung des nuklearen Wettrüstens herbeizuführen und wirksame Maßnahmen zur Verminderung der strategischen Rüstung, zur nuklearen Abrüstung sowie zur allgemeinen und vollständigen Abrüstung zu treffen; aus dem Wunsche heraus, zur internationalen Entspannung und zur Stärkung des Vertrauens zwischen den Staaten beizutragen, sind wie folgt übereingekommen:
Art. I:
1. Jede Vertragspartei verpflichtet sich zur Begrenzung der Systeme zur Abwehr ballistischer Flugkörper (ABM) und zu Ergreifung sonstiger Maßnahmen im Einklang mit diesem Vertrag.
2. Jede Vertragspartei verpflichtet sich, keine ABM-Systeme für eine Verteidigung des Hoheitsgebiets ihres Landes zu dislozieren und keine Grundlage für eine solche Verteidigung zu schaffen sowie keine ABM-Systeme für die Verteidigung eines einzelnen Gebietes zu dislozieren, es sei denn, dass dies in Artikel III dieses Vertrages vorgesehen ist.

Ein zweiter Rüstungskontrollvertrag, SALT II, wurde 1979 zwar noch unterschrieben, jedoch nicht mehr ratifiziert, da zu dieser Zeit die Phase der Entspannung zu Ende ging und sich der Ost-West-Konflikt erneut verschärfte. Ein weiteres Ergebnis der Entspannung war der KSZE-Prozess: Diese Gespräche zwischen europäischen Regierungen aus Ost und West führten 1975 schließlich zu einem Vertragswerk, in dem eine wirtschaftliche Zusammenarbeit, an der den Ostblockstaaten sehr gelegen war, mit der Verpflichtung zur Einhaltung der Menschenrechte verkoppelt wurde. Damit hatte der Entspannungsprozess die politische – auch innenpolitische – und die wirtschaftliche Ebene erreicht.

Westdeutsche Bedenken

Von der Bundesregierung verlangte dieses internationale Tauwetter von Anfang an eine deutliche Umorientierung: Zum einen wurde nun auch eine regionale Entspannung, also eine Annäherung der beiden deutschen Staaten denkbar, was bei den politischen Eliten in Bonn zunächst nicht auf ungeteilte Begeisterung stieß. Zum anderen aber wuchs die Sorge, die auch die Adenauer-Regierungen der fünfziger Jahre umgetrieben hatte, vor einer Einigung der Supermächte über die Köpfe der Europäer und insbesondere der Deutschen hinweg. Welchen Grund hätten die USA, für die Freiheit West-

Berlins einen Krieg zu riskieren, wenn sie selbst von der Sowjetunion keinerlei Angriff mehr zu befürchten hätten? Und würde Washington einer Neutralisierung Gesamtdeutschlands zustimmen, wenn es sich dadurch von der sowjetischen Bedrohung des übrigen Westens freikaufen könnte? Aus westdeutscher Sicht war es sicherheitspolitisch im Grunde besser, die Supermächte kamen sich nicht zu nahe – sofern man an der Westbindung und an der parlamentarischen Demokratie samt freier Marktwirtschaft festhalten wollte. Dieses Ziel stand aber immer zugleich im Gegensatz zum im Grundgesetz festgeschriebenen Ziel der Wiedervereinigung Deutschlands: Diese schien auf absehbare Zeit nur um den Preis einer Neutralität, eines Deutschland zwischen den Blöcken zu haben, und damit um den Preis der sicheren Westintegration. Umgekehrt aber erschienen aus Washingtoner Sicht alle Versuche einer deutschlandpolitischen Annäherung als Anzeichen dafür, dass sich die Westdeutschen aus der Bindung an NATO und EWG lösen und lieber ein neutrales Gesamtdeutschland haben wollten: Was eine deutliche Schwächung des westlichen Blocks mit sich gebracht hätte, denn schließlich war die Bundesrepublik schon in den sechziger Jahren eine wirtschaftliche Großmacht. Die Entspannung brachte also die klaren Grenzen und eindeutigen Zuordnungen der fünfziger Jahre, so bizarr sie einem aus der Rückschau auch erscheinen mögen, ins Wanken und eröffnete damit Chancen und Handlungsspielräume, schuf aber zugleich auch neue Unsicherheiten und Ängste.

2. Wirtschaft: Das Goldene Zeitalter

Die Jahre zwischen 1948 und 1974 waren, nicht nur für die Bundesrepublik, von einem beispiellos hohen und stetigen Wirtschaftswachstum gekennzeichnet. Der britische Historiker Eric Hobsbawm hat diese Phase als das „goldene Zeitalter" bezeichnet, und so ist sie den Westdeutschen zweifellos auch erschienen. Der rasante wirtschaftliche Aufschwung wirkte nach der bitteren Not der ersten Nachkriegsjahre umso erstaunlicher und glänzender, ein Eindruck, den der zeitgenössische Begriff vom „Wirtschaftswunder" einfängt. Tatsächlich verdankte sich der wirtschaftliche Aufschwung einmal der Tatsache, dass die deutsche Industrie und Infrastruktur den Krieg doch besser überstanden hatten, als es zunächst den Anschein hatte; zum anderen war er das Produkt einer wirtschaftlichen „Normalisierung" nach dem Krieg, einer Rückkehr zur langfristigen Wirtschaftsentwicklung; und nicht zuletzt auch dem Koreakrieg (1950–1953), der die Nachfrage nach westdeutschem Stahl in die Höhe trieb. So gesehen haben die amerikanischen Investitionen der Marshallplanhilfe den Aufschwung nicht alleine herbeigeführt; dennoch waren sie zweifellos eine wichtige psychologische Hilfestellung. Der Marshallplan führte auch zu weitreichenden Richtungsentscheidungen über die Wirtschaftsordnung in der Bundesrepublik und in allen westeuropäischen Ländern, da er eine Festlegung auf Privateigentum an Produktionsmitteln und damit eine definitive Absage an Sozialisierung und Planwirtschaft aber auch an nationalen Protektionismus verlangte. Das Er-

Wirtschaftswunder

Das Ende der Nachkriegszeit

gebnis war eine wachsende Integration freier Marktwirtschaften in Westeuropa im Zuge der europäischen Einigung, und eine diese überwölbende weltwirtschaftliche Struktur, deren Regeln seit den vierziger Jahren im Abkommen von Bretton Woods festgelegt waren. Auf dieser Konferenz von Finanz- und Währungsfachleuten im Juli 1944 hatten die USA einen institutionellen Rahmen für die Weltwirtschaft durchgesetzt, dessen Kern ein internationales Währungssystem von festen Wechselkursen war. Der Internationale Währungsfonds und die Weltbank wachten von da an über das Weltwährungssystem und hatten die Aufgabe, für Stabilität zu sorgen. Innerhalb dieses Rahmens, der bis Anfang der siebziger Jahre Bestand hatte, wuchs nicht nur der Welthandel stetig und kräftig an, sondern auch der westdeutsche Außenhandel. Bis in die siebziger Jahre war diese Wirtschaftsordnung enorm erfolgreich und produktiv.

In der Bundesrepublik Deutschland war 1953 das wirtschaftliche Vorkriegsniveau wieder erreicht, die Phase des Wiederaufbaus abgeschlossen. Das Wachstum ging jedoch weiter und erreichte nun Quoten, die jenseits aller historischen Erfahrungen lagen. In der Bundesrepublik wuchs das Pro-Kopf-Sozialprodukt zwischen 1950 und 1965 im Schnitt um 5,6% im Jahr. Die meisten westlichen Industrieländer hatten ebenfalls überdurchschnittliche Wachstumsraten zu verzeichnen, wenn auch nicht im selben Ausmaß wie die Bundesrepublik. Die Bundesrepublik Deutschland stieg rasch zur stärksten Wirtschaftsmacht innerhalb der EWG auf.

Auch die Durchschnittseinkommen stiegen zwischen 1950 und 1960 um knapp 5,5% im Jahr, insgesamt um fast 70%. Dabei blieb das Preisniveau stabil, die D-Mark war bald eine der stabilsten Währungen der Welt. Zugleich wuchs die Nachfrage nach Arbeitskräften; zwischen 1950 und 1960 stieg die Zahl der Erwerbstätigen von 20 auf 25 Millionen. Am Ende der fünfziger Jahre war nahezu Vollbeschäftigung erreicht. Da der bisher stetige Arbeitskräftezustrom aus der DDR mit dem Mauerbau versiegt war, wurden nun verstärkt Gastarbeiter aus süd- und südosteuropäischen Ländern angeworben.

„Arbeitgeber" 1961
aus: Kleßmann/Wagner, Das gespaltene Land, S. 192.

Wie die Bundesanstalt für Arbeit soeben bekannt gibt, wird in Zukunft neben der Anwerbung von Arbeitskräften in Italien, Spanien und Griechenland auch die Vermittlung von türkischen Arbeitskräften erfolgen. Auf Grund einer vorläufigen Absprache mit den zuständigen Stellen der türkischen Regierung sollen in Zusammenarbeit zwischen der Bundesanstalt für Arbeit und der türkischen Arbeitsverwaltung Arbeitskräfte in der Türkei angeworben werden ... Mit Wirkung vom 15. Juli 1961 ist in Istanbul eine deutsche Verbindungsstelle eingerichtet worden, die sich mit der Vermittlung geeigneter türkischer Arbeitskräfte nach der Bundesrepublik befassen soll. Die Vermittlung wird vorerst auf die Landesarbeitsamtsbezirke Baden-Württemberg, Nordrhein-Westfalen und Hamburg beschränkt, die bereits eine große Zahl türkischer Arbeitnehmer beschäftigen und in denen bereits entsprechende Erfahrungen über die Beschäftigung türkischer Arbeitnehmer vorliegen. Da die Deutsche Bundesbahn an der Gewinnung eines größeren Kontingents von Strecken- und Ladearbeitern interessiert ist, gilt diese Beschränkung nicht für Aufträge der Deutschen Bundesbahn.

Wirtschaft: Das Goldene Zeitalter

Tatsächlich machten sich seit Anfang der sechziger Jahre erste Anzeichen dafür bemerkbar, dass der Wirtschaftsboom seinem Ende entgegenging: Nicht nur das heimische Arbeitskräftepotenzial war ausgeschöpft, vielmehr flachten sich die Wachstumskurven allmählich ab, die deutsche Wirtschaft näherte sich, so argumentiert Werner Abelshauser, wieder an ihren langfristigen Wachstumspfad an, den sie in Krieg, Nachkrieg und Boomphase verlassen hatte; wirtschaftliche Schwankungen setzten ein. Dennoch – und dies ist bemerkenswert – blieb die gesellschaftliche Entwicklung in der Bundesrepublik auf die Bedingungen des Wachstums bezogen: Die Lebensumstände und Wertehorizonte der Menschen ebenso wie die staatlichen Handlungsspielräume etwa in der Sozialpolitik oder beim Ausbau der Infrastruktur des Landes gingen auch weiterhin von einem stetigen Anstieg des Wohlstands aus. Es mussten nur Wege gefunden werden, die drohenden Krisen zu beherrschen und Stabilität zu sichern. Tatsächlich setzte nach der ersten Nachkriegsrezession von 1966/67 auch rasch wieder ein deutliches Wirtschaftswachstum ein, wodurch sich diese Annahme bestätigt sehen konnte.

Ein weiterer Effekt der Boomjahre war, dass die wirtschaftliche Entwicklung zunehmend zu technischen Innovationen führte und zugleich von diesen wieder profitierte; eine zweite, oder je nach Lesart dritte, Industrielle Revolution vollzog sich, deren Schwerpunkt nicht mehr auf der Schwerindustrie lag, sondern im Bereich der Elektronik, der Mikroelektronik und der Atomenergie: Neben der Kernenergie, die in der Bundesrepublik Deutschland seit 1961 zur Stromerzeugung genutzt wurde, war die Computertechnologie das zukunftsträchtigste Feld. 1958 wurde der erste Mikrochip entwickelt, 1971 der erste Mikroprozessor. In den sechziger Jahren begann die Nutzung von – noch ganze Räume füllenden und mit Lochkarten betriebenen – Computersystemen in der Industrie, der Luft- und Raumfahrt und ab etwa 1970 auch in den Verwaltungsbehörden. Ein Effekt dieser rasanten Entwicklung war die wachsende Überzeugung im Westen wie im Ostblock, dass **Modernisierung**, vor allem Technik und Rationalität langfristig alle Probleme würden lösen können.

Technische Innovationen

> **Modernisierung**
> aus: Beck, Risikogesellschaft, S. 25.
>
> Modernisierung meint die technologischen Rationalisierungsschübe und die Veränderung von Arbeit und Organisation, umfaßt darüber hinaus aber auch sehr viel mehr: den Wandel der Sozialcharaktere und Normalbiographien, der Lebensstile und Liebesformen, der Einfluß- und Machtstrukturen, der politischen Unterdrückungs- und Beteiligungsformen, der Wirklichkeitsauffassungen und Erkenntnisnormen. Der Ackerpflug, die Dampflokomotive und der Mikrochip sind im sozialwissenschaftlichen Verständnis von Modernisierung sichtbare Indikatoren für einen sehr viel tiefer greifenden, das ganze gesellschaftliche Gefüge erfassenden und umgestaltenden Prozeß, in dem letztlich *Quellen der Gewißheit*, aus denen sich das Leben speist, verändert werden.

Dem menschlichen Erfindergeist, der rationalen Wissenschaft, dem wirtschaftlichen Wachstum und der Verbreitung der Errungenschaften der Moderne über den Globus schien nichts mehr entgegenzustehen. Diese Vorstellung prägte im gesamten Westen, und eben auch in Westdeutschland, den

I. Das Ende der Nachkriegszeit

Zugang zu Städte- und Raumplanung, zur Medizin, zu den Sozialwissenschaften und auch zur Raumfahrt, die nun kurz davor stand, der Menschheit den Sprung in den Weltraum zu ermöglichen.

Raumfahrt

Auch hier machte sich allerdings die internationale Systemkonkurrenz bemerkbar: Vom Rüstungswettlauf, der in Zeiten der Rüstungskontrollverhandlungen in geregelte Bahnen gelenkt schien, verlagerte sich der Wettbewerb der Systeme auf das Feld der wirtschaftlichen und technischen Entwicklung. Nach einer anfänglichen Überlegenheit der UdSSR die enorme Ressourcen für Rüstung und technische Großprojekte aufwandte in der Raketentechnik und der Raumfahrt, holten die USA im Lauf der sechziger Jahre rasch auf.

Raumfahrt war ein staatliches Großprojekt. Neben der atomaren Rüstung war es wohl das größte und teuerste staatliche Projekt des 20. Jahrhunderts, um nicht zu sagen aller Zeiten. Es war typisch für die Stimmung jener Jahre; die Konkurrenz der Systeme und auch der einzelnen Volkswirtschaften um wirtschaftliche und wissenschaftlich-technische Überlegenheit wurde hier greifbar. Luft- und Raumfahrttechnik waren aus westdeutscher Sicht jedoch nicht nur Austragungsort des ideologischen Konfliktes zwischen Ost und West, sondern auch ein Feld, in dem die Stärken der deutschen Wirtschaft besonders gefragt waren. Ein eigenständiges Raumfahrtprogramm, das enorme finanzielle und technologische Anstrengungen verlangte, war dagegen nur den Supermächten möglich: An der Mondlandung des Apollo-Projekts war eine halbe Million Amerikaner direkt beteiligt. Das Budget der amerikanischen Raumfahrtagenturen verschlang in den Hochphasen der Apollo-Mission jährlich mehrere Milliarden Dollar. Beide atomaren Supermächte investierten unglaubliche Summen in die Entwicklung und Erprobung der Raketentechnik. Anfangs war die Verbindung zur nuklearen Rüstung eng: Die Trägersysteme waren für **Raumfahrt** und atomare Interkontinentalraketen dieselben. Fortschritte in der Entwicklung des Antriebs und der Steuerungssysteme kamen beiden Bereichen zugute, die zivile und die militärische Raketenentwicklung waren bis zum Apollo-Programm kaum voneinander zu trennen.

E

Raumfahrt
Die wichtigsten Schritte auf dem Weg zur „Beherrschung des Weltalls" sind schnell erzählt: Im Oktober 1957 umkreiste mit dem sowjetischen Sputnik erstmals ein künstlicher Trabant die Erde; im April 1961 war Juri Gagarin in „Wostok" der erste Mensch, der die Erde im All – genauer gesagt, im Orbit – umkreiste. Beides war ein schwerer Schock für die amerikanische Raumfahrt und für das Selbstbewusstsein des Westens, abgesehen von dem unmittelbaren Bedrohungsgefühl, das die neue sowjetische Raketentechnik im Zeitalter der Neutronenbombe auslöste. Bis zur Mondlandung durch Apollo 11 am 20. Juli 1969 setzte die Sowjetunion zahlreiche neue Rekorde in der Raumfahrt. Die Bedeutung der Mondlandung durch Neill Armstrong und Buzz Aldrin für das amerikanische Selbstbewusstsein kann daher gar nicht überschätzt werden. Dies hatte Kennedy richtig eingeschätzt, als er 1962 in seiner Rede an der Rice University erklärte: „Wir haben uns entschieden, noch in diesem Jahrzehnt zum Mond zu fahren ..., nicht weil es einfach ist, sondern weil es schwer ist; weil dieses Ziel uns helfen wird, das Maximum unserer Energien und Fähigkeiten zu bündeln und zu messen."
Spätestens mit dem Apollo-Programm war die amerikanische Weltraumpolitik kein rein militärisches Unterfangen mehr: Karsten Werth hat das Wettrennen zum

Wirtschaft: Das Goldene Zeitalter

Mond als „Ersatzkrieg" im All bezeichnet. Zweck war nicht mehr der Bau besserer atomarer Trägersysteme, sondern ein valider Ersatz für eine kriegerische Auseinandersetzung, die durch das atomare Patt und die Doktrin der Abschreckung schon in den fünfziger Jahren nicht mehr führbar – und nicht mehr denkbar – war. Überlegene technologische Fähigkeiten galt es nun zu beweisen; dies schloss natürlich die Sicherheit ein, auch bei der nächsten Drehung der Rüstungsspirale wieder vorne zu liegen. Der eigentliche Wettbewerb verschob sich jedoch auf das Feld der Technologie; beide Seiten wollten demonstrieren, dass sie in der Lage waren, solche teuren und komplexen Großprojekte erfolgreich durchzuführen: Dies galt es dem gegnerischen Block geradeso zu beweisen wie den Bevölkerungen des eigenen Lagers. Die USA führten gerade deswegen ihr Raumprogramm in aller Öffentlichkeit durch, ja orchestrierten geradezu die Presse- und Fernsehberichterstattung zum Apollo-Programm. Auch in der Bundesrepublik saß jeder, der konnte, vor dem Fernseher, als Neill Armstrong seinen „giant leap for mankind" tat. Das Bild der kleinen, fernen Erde vom Mond aus gesehen hat sich ins kulturelle Gedächtnis der gesamten Menschheit eingebrannt.

Die Sowjetunion dagegen hielt auch hier an ihrer üblichen Politik der Geheimhaltung fest. Dies hatte den Vorteil, dass Rückschläge und Verluste weder an die fremde noch an die eigene Öffentlichkeit drangen. Denn beide Konkurrenten im Kalten Krieg nutzten die Erfolge der Raumfahrt auch zur Herrschaftslegitimierung auf der einen Seite und zur Stiftung nationaler Identität auf der anderen. Die NASA und das Pentagon setzten dagegen ganz auf Offenheit: Die Faszination der Weltraumfahrt schloss auch die vergeblichen Versuche, die Unsicherheiten und die Rückschläge mit ein. Helden waren sie alle, auch und gerade die Mannschaft der beinahe verunglückten Apollo 13: Jeder kennt den berühmten Funkspruch: „Houston, wir haben ein Problem." Das Wachsen an den Herausforderungen und die Gefährlichkeit der Sache selbst waren Teil der offiziellen Darstellung und der Wahrnehmung des amerikanischen Raumfahrtprogramms in den Öffentlichkeiten des Westens.

Mit dem Erfolg der Mondlandung ließ das öffentliche Interesse an der Raumfahrt schlagartig nach, zumal zugleich der Vietnamkrieg in den Mittelpunkt der öffentlichen Aufmerksamkeit der westlichen Länder trat und die Entspannung seit der Kuba-Krise Rüstungskontrollverhandlungen mit der Sowjetunion möglich gemacht hatte. Das ‚Space Race' verlor an Bedeutung. Dennoch blieb der kompetitive Aspekt technischer Innovationen auch im Zeitalter der Entspannung ein zentraler Aspekt des Kalten Krieges. Von Raketen und Raumfahrt verlagerte sich der Wettbewerb allerdings auf den Bereich der Mikroelektronik und der Computertechnik. Und dieser Wandel wirkte sich auch unmittelbar auf die westdeutsche Wirtschaft aus. Mikroelektronik und Computertechnologie gewannen rasch an Bedeutung und begannen schließlich, die traditionelle Schwerindustrie als Wachstumsfaktor abzulösen, zumal etwa der Bergbau im Ruhrgebiet schon in den mittleren sechziger Jahren in eine ernste Krise geraten war. Die Zukunft lag beim „Elektronengehirn". Dieser technologische Wandel wirkte sich jedoch nicht nur auf die Wirtschaftsstrukturen der Bundesrepublik aus, sondern auch auf die Sozialstrukturen, die Lebenswelten der arbeitenden Bevölkerung und auch auf die Bildungsanforderungen. Schon 1959 bemerkte der bayerische SPD-Vorsitzende Waldemar von Knoeringen (1906–1971), wie sehr die technische Entwicklung im Begriff sei, den Ost-West-Konflikt zu verändern und zugleich auch die Grundregeln gesellschaftlicher Ordnung in den Gesellschaften des Westens, auch in der Bundesrepublik: „[M]it der Technik

Technologischer Wandel

wandert ein bestimmtes Gesetz über die Welt. Motor bleibt Motor. Das Elektronengehirn bleibt dasselbe, ob es hier steht oder in China, ob es bedient wird von einem Europäer oder von einem Hindu. Wer was rausbringen will aus dem Elektronengehirn, der muß wissen, wie es in Gang zu setzen ist. Wer diese Technik anwenden will, muß sich auch ihren Gesetzen unterwerfen." Auch die Blöcke würden sich deswegen über kurz oder lang angleichen. Die Auseinandersetzung mit der UdSSR werde in Zukunft hauptsächlich auf wissenschaftlich-technischem Gebiet stattfinden. „Während [die Bundesregierung] auf die atomare Rüstung starrt, fallen Entscheidungen in den Instituten und Hörsälen." Wenn der Westen und auch die Bundesrepublik Deutschland hier mithalten wollten, müssten sie in erster Linie in technische Entwicklung und Nachwuchsförderung investieren. Das Problem sei dabei aber, in der „technischen Zivilisation" die Freiheit des Einzelnen zu wahren. Es gelte daher, gerade für Sozialdemokraten, sich über die Verteidigung der Humanität gegenüber den Zwängen der Technik Gedanken zu machen. Er riet der Partei, vor allem mit Kultur- und bildungspolitischen Reformen zu reagieren. Tatsächlich sollte es nicht mehr allzu lange dauern, bis dieser Rat befolgt wurde und sich die Regierungspolitik an Reformprojekte wie die Bildungsreform, die Wissenschaftsförderung und den Universitätsausbau machte.

3. Innenpolitik, Gesellschaft, politische Kultur

Gesellschaftlicher Wandel

Vor dem Hintergrund der Entspannung im Kalten Krieg, die bei allem Zwang zum politischen Umdenken doch für die breite Mehrheit der Bevölkerung ein Gefühl größerer Sicherheit mit sich brachte, und des enormen wirtschaftlichen Wachstums, das mit kurzer Unterbrechung doch bis in die siebziger Jahre anhielt, entwickelte sich in der Bundesrepublik Deutschland ein neues gesellschaftliches Klima. Schon am Ende der fünfziger Jahre hatte auf einer Vielzahl von Gebieten ein Wandel eingesetzt, der die westdeutsche Gesellschaft tief greifend verändert hat. Die Ära Adenauer endete, und mit ihr die politische Mentalität der Bundesrepublik der fünfziger Jahre. Diese hatte sich nach dem Zusammenbruch des Nationalsozialismus wieder stark am Normengefüge des späten Kaiserreichs orientiert, was sich etwa in der Kindererziehung und der Sexualmoral, den Strukturen in Familie, Schule und Universität nachweisen lässt. Auch der Regierungsstil der Adenauerzeit, der mit dem Begriff der Kanzlerdemokratie charakterisiert wird, entsprach dieser politischen Mentalität. Mit dem Mauerbau, der den Provisoriumscharakter der Bundesrepublik beendete, und einem seit Anfang der Sechziger einsetzenden Generationswechsel bei den intellektuellen und politischen Eliten begannen sich das Staatsverständnis und die ‚politische Kultur' der Bundesrepublik zu wandeln. Dies prägte sich auch in einem „Strukturwandel der Öffentlichkeit" (Jürgen Habermas) aus. Es entstand eine massenmedial vermittelte ‚Gesamtöffentlichkeit', gegenüber der andere Formen von Öffentlichkeit, wie die ‚Intellektuellenöffentlichkeit' oder die interne Versammlungsöffentlichkeit in Kirchen und Parteien an Bedeutung verloren. Als Er-

Innenpolitik, Gesellschaft, politische Kultur

gebnis dieses gesellschaftlichen Wandels folgte schließlich auch ein Wandel des Regierungsstils in Bonn.

Im November 1965 erklärte Bundeskanzler Ludwig Erhard (1897–1977) in seiner Regierungserklärung: „Die Nachkriegszeit ist zu Ende!" Er bezog dies auf die zeitliche Distanz zu Krieg und Nationalsozialismus, auf die stabile Westbindung der Bundesrepublik und vor allem auf den wirtschaftlichen Aufstieg und die „soziale[.] Gesundung" der Westdeutschen. Nun gelte es, die Bezugspunkte deutscher Politik in der Zukunft zu suchen und nicht mehr in der Vergangenheit.

> **Regierungserklärung Ludwig Erhard November 1965**
> aus: Hans Ulrich Behn: Die Regierungserklärungen der Bundesrepublik Deutschland, München 1971, S. 149–183, hier S. 149.
>
> Für nahezu die Hälfte aller Menschen in unserem Lande sind die Jahre 1933 bis 1945 geschichtliche Vergangenheit ohne persönliche Erinnerung. Für nahezu die Hälfte aller Völker der Erde liegt die Stunde Null ihrer nationalstaatlichen Geschichte nach dem Jahre 1945. Alle Generationen unseres Volkes tragen zwar an den Folgen einer im deutschen Namen von 1933 bis 1945 geübten Politik. Die Bezugspunkte in der Arbeit des 5. Deutschen Bundestages und der Politik der Bundesregierung dürfen dennoch nicht mehr der Krieg und die Nachkriegszeit sein. Sie liegen nicht hinter uns, sondern vor uns. Die Nachkriegszeit ist zu Ende!
> *(Beifall bei den Regierungsparteien)*
> Deutschland ist geteilt, ist zur Hälfte dem Machtanspruch einer Siegernation unterworfen. So wahr das ist und so schwer wir das empfinden, würden wir uns dennoch irren, wollten wir darauf bauen, für die Völker der Erde sei das geteilte Deutschland ein politisches Gebiet, das wegen seiner Teilung ohne weiteres auf Sympathie und Hilfe rechnen könne. Die Wiedervereinigung Deutschlands wird nicht zuletzt von unserer Fähigkeit abhängen, die uns freundschaftlich verbundenen und die uns vorerst indifferent begegnenden, ja sogar gegnerischen Mächte an dieser Wiedervereinigung politisch und wirtschaftlich zu interessieren. Dieses Jahr 1965 liegt hinter jener weltpolitischen Phase, die wir als Nachkriegszeit bezeichnen, die Nachkriegszeit, in der die Bundesrepublik entstand, in der sie zunächst als Objekt der Weltpolitik, später als aktiv handelnde Macht Gewicht erlangte. Die Nachkriegszeit war weltpolitisch betrachtet keine „Friedenszeit". Sie war Jahre hindurch bestimmt durch den Zerfall der im Kriege siegreichen Mächte-Koalition in zwei Blöcke.
> In der Nachkriegszeit war der Bundesrepublik die außenpolitische Linie klar vorgezeichnet: ... Viel weniger vorgegeben im Gegenteil immerfort hart umkämpft, von innen wie von außen kritisiert oder angefeindet waren die Leitlinien unseres wirtschaftlichen Aufstiegs und der sozialen Gesundung unseres Volkes. Inzwischen wurde dieser wesentliche politische Inhalt deutscher Nachkriegszeit über die Parteien hinweg zur allgemeinen Grundlage deutscher Innenpolitik. Unser deutsches Modell einer modernen Wirtschafts- und Sozialordnung gerät aus dem Höhenflug des einstmals als „Wunder" erschienenen Erfolges in die natürliche Phase alltäglicher Bewahrung. Es stellt sich uns die Frage, ob wir eingetretene Verkrustungen dieser Ordnung lösen, bislang außerhalb der sozialen Marktwirtschaft gebliebene Schutzbereiche in den Fortschrittsprozeß organisch einbeziehen und damit der immer noch anzutreffenden Neigung zu einer sterilen Verzünftelung sogenannter Besitzstände ein Ende bereiten können. Es geht darum, ob dieses Volk, dieses Parlament, diese Bundesregierung, ob wir nur in spannungsvoller Nachkriegszeit, in der Zeit des Wiederaufbaus zielstrebig Kraft und Phantasie zu entwickeln imstande waren. Mochte in der Nachkriegszeit mit einfachen Alternativen von schwarz und weiß, gut und böse, falsch und richtig die eine oder die andere

Das Ende der Nachkriegszeit

> innen- oder außenpolitische Illusion parlamentarischer Einzelgänger noch hingehen; heute indessen muß vor jeder öffentlichen Äußerung die Frage nach der politischen Verantwortbarkeit derlei individueller Aussagen stehen.

Damit hatte er einerseits Gespür bewiesen für die tatsächlich tief greifenden Veränderungen der westdeutschen Gesellschaft, die dem „Wirtschaftswunder", als dessen Vater er galt, einen rasanten Wiederaufbau nach dem Krieg und mittlerweile auch einen breiten – wenngleich nach heutigen Maßstäben immer noch bescheidenen – gesellschaftlichen Wohlstand verdankte. Auch die zeithistorische Forschung spricht für diese Phase vom „Ende der Nachkriegszeit". Andererseits unterschätzte Erhard wohl ein wenig, wie sehr und wie lange sich die deutsche Gesellschaft noch mit ihrer Vergangenheit, mit Vernichtungskrieg und Völkermord, würde auseinandersetzen müssen – eine Auseinandersetzung, die keineswegs zu Ende war, sondern tatsächlich gerade erst begonnen hatte. Auch das Ausmaß des Wertewandels, der sich seit Anfang der sechziger Jahre in der deutschen Öffentlichkeit bemerkbar machte und die „aufregende Modernisierung" (Hans-Peter Schwarz) der fünfziger Jahre weiterführte in eine breite Welle der gesellschaftlichen Liberalisierung, war für Erhard – den ungeliebten Nachfolger Adenauers und Kanzler einer Übergangszeit bis zum ersten „Machtwechsel" der Bonner Republik – nicht absehbar.

Eben dieser Wertewandel, der sich auch in den beiden großen Parteien niederschlug, sollte ihn schon bald darauf das Amt kosten und in eine Ära der politischen und gesellschaftlichen Reformen münden, in der gesellschaftliches Aufbegehren und Reformpolitik der Regierung teils miteinander, teils gegeneinander agierten.

Mehrere „Veränderungsimpulse" (Klaus Schönhoven) akkumulierten sich seit den frühen sechziger Jahren und lösten eine regelrechte „Dynamik" des Wandels (Axel Schildt) aus. Einmal hatte sich die Bevölkerungsstruktur der Bundesrepublik verändert: Daran hatte zum einen die starke Zuwanderung, anfangs durch die Vertriebenen, dann zunehmend aus der DDR, ihren Anteil. Zum anderen wuchs die westdeutsche Bevölkerung durch eine Geburtenrate, die so stark anstieg, dass man vom „Babyboom" sprach.

Der Anteil der unter Zwanzigjährigen stieg um gut 2% an. Außerdem wandelte sich die Wirtschaftsstruktur der Bundesrepublik Deutschland. Der Anteil der Landwirtschaft am Bruttosozialprodukt sank deutlich, aber nicht nur zugunsten der Industrie: Der Dienstleistungssektor, der „tertiäre Sektor", nahm immer mehr an Bedeutung zu. Immer weniger Menschen arbeiteten also in der Landwirtschaft, während die Zahl der Arbeiter, die unter den abhängig Beschäftigten immer noch den größten Anteil ausmachten, allmählich sank und dafür der Anteil der Angestellten und Beamten stieg. Neu war auch die steigende Anzahl berufstätiger Frauen, insbesondere berufstätiger Mütter, die vor allem im Dienstleistungssektor Arbeit fanden, letztere häufig in der ebenfalls neuen Form der Teilzeitarbeit.

Ausweitung des Sozialstaats

Vor allem aber machten sich die Jahre des Wirtschaftsbooms in der westdeutschen Gesellschaft und Politik bemerkbar. Eine Phase starken und ungebrochenen Wirtschaftswachstums von den späten vierziger bis in die frühen siebziger Jahre brachte Vollbeschäftigung, also eine Arbeitslosenquote unter

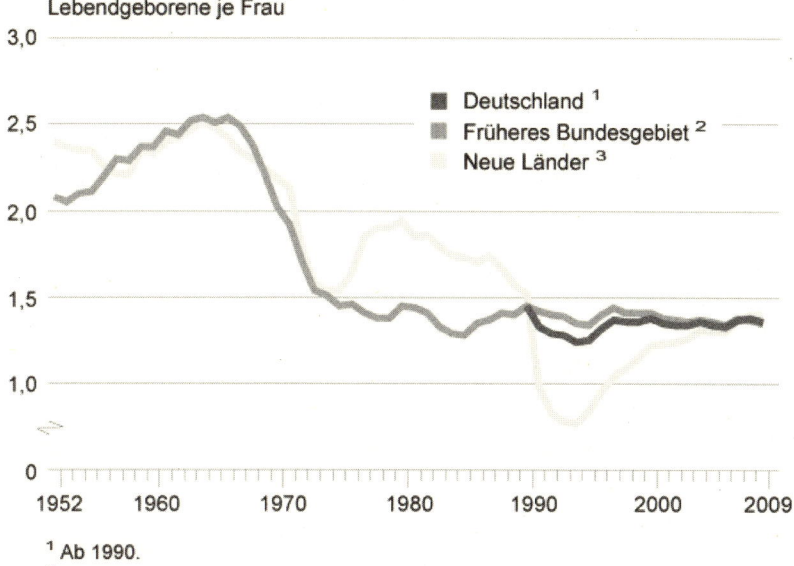

Geburtenentwicklung in Deutschland 1952–2009. Quelle: Statistisches Bundesamt

einem Prozent, stetig steigende Löhne und eine sinkende Wochenarbeitszeit mit sich: mehr Freizeit, mehr Geld, und vor allem: ein Gefühl der Sicherheit bei der Lebensplanung durch die Perspektive stetigen Wachstums auch in Zukunft. Hierzu trug auch bei, dass sich der Sozialstaat ausdehnte und die Armut – nicht zuletzt die Altersarmut – schwand. Mit dem Wirtschaftsaufschwung kam zudem Geld in die Staatskassen. Hatte sich der westdeutsche Sozialstaat der fünfziger Jahre anfangs noch ganz darauf konzentriert, die Kriegsfolgen zu überwinden, so wurde ab der Mitte des Jahrzehnts das Niveau der sozialen Sicherung angehoben und der Kreis derer vergrößert, die in den Genuss dieser Absicherung kamen. Es begann die größte Expansionsperiode des Wohlfahrtsstaats in der deutschen Geschichte. Der Anteil der öffentlichen Sozialausgaben am Bruttosozialprodukt war in der Bundesrepublik bald höher als in fast allen europäischen Ländern und doppelt so hoch wie in den dreißiger Jahren. Das hatte politische wie soziale Gründe: Man wollte sich einmal vom Nationalsozialismus abgrenzen, der ganze Bevölkerungsgruppen aus der wohlfahrtsstaatlichen Versorgung ausgegrenzt hatte, und zum anderen einen Gegenentwurf bieten zum sozialistischen Gesellschaftsmodell der DDR. Soziale Gerechtigkeit war, so wollte man zeigen, mit einer freiheitlich-demokratischen Grundordnung sehr wohl zu verbinden. Der Sozialstaat sollte zur innenpolitischen Legitimation der Bundesrepublik beitragen.

Das Ende der Nachkriegszeit

Der bedeutendste Schritt dieser Ausweitung des Sozialstaats war die Rentenreform von 1957 gewesen. Die Renten wurden dynamisiert, das heißt, der Entwicklung der Löhne und Gehälter angepasst; und sie wurden nun über den sogenannten Generationenvertrag finanziert, also im Umlageverfahren durch die Beiträge der Versicherten und nicht mehr aus einem Kapitalstock. Das bedeutete, dass die Rente zur Lohnersatzleistung wurde: Man behielt nun den sozialen Status aus dem Arbeitsleben im Alter bei und profitierte auch als Rentner noch vom Wirtschaftswachstum. Damit endete für die Westdeutschen die hergebrachte Angst vor der Armut im Alter. Von den Zeitgenossen wurde die Rentenreform als epochemachend erlebt. Sie zeugte von wirtschaftlichem Optimismus und Zukunftsgewissheit, denn dieses neue Modell setzte voraus, dass das Wirtschaftswachstum weiterlief und die politischen Verhältnisse stabil blieben.

In den sechziger Jahren wurde nun der Sozialstaat weiter ausgebaut. 1961 entstand aus der Fürsorge die Sozialhilfe, 1971 wurde das Bundesausbildungsförderungsgesetz (BAföG) erlassen und 1972 erfolgte eine weitere Rentenreform, die den Kreis der Anspruchsberechtigten ausweitete und flexible Altersgrenzen einführte.

Die fünfziger und sechziger Jahre standen auch im Zeichen der Vermögensbildung. „Wohlstand für alle" lautete die Parole, die Wirtschaftsminister Ludwig Erhard ausgab. Breite gesellschaftliche Kreise sollten dabei unterstützt werden, Sparguthaben anzulegen und Wohneigentum zu erwerben. Es ging der Bundesregierung dabei gerade nicht um eine Umverteilung im sozialistischen Sinn, um eine Angleichung der Besitzstände, sondern um einen allgemeinen Zuwachs bei gleichbleibenden Abständen: der sogenannte ‚Fahrstuhleffekt'. Das Ziel war eine stabile und bürgerlich strukturierte Gesellschaft.

Tatsächlich hatten die Bundesbürger schon gegen Ende der fünfziger Jahre einen Lebensstandard erreicht, der historisch ohne Beispiel war. Die hohen Lohnzuwächse, die Vollbeschäftigung, die Vermögensbildung und die Absicherung durch den Sozialstaat wirkten sich auf die Kaufkraft der Haushalte aus. Die Westdeutschen arbeiteten in den fünfziger Jahren zunächst hart und viel. Man wollte sich etwas aufbauen, sich endlich wieder etwas leisten können. Bald jedoch kam ein wachsender Anteil an Freizeit hinzu. Die Arbeitszeiten begannen am Ende der fünfziger Jahre zu sinken, und zwar dramatisch und auf Dauer: Um 1960 verbrachten die Westdeutschen im Durchschnitt pro Kopf noch 2020 Stunden im Jahr bei der Arbeit; 1987 nur noch 1618 Stunden. Die gleiche Tendenz galt für die Lebensarbeitszeit: Verbrachte man um 1900 noch ein Viertel seines Lebens beim Arbeiten, so waren es in den neunziger Jahren nur noch höchstens 10%. Schon seit Mitte der fünfziger Jahre warb der DGB mit dem Slogan „Samstags gehört Vati mir!" für die 40-Stunden-Woche, die 1966 schließlich zuerst in der Metallindustrie eingeführt wurde.

Konsum — Die Bundesrepublik war eine Wohlstands- und Konsumgesellschaft geworden. Dies machte sich zuerst am privaten Konsum bemerkbar, wobei es bei den Flüchtlingen und Vertriebenen allerdings ein wenig länger dauerte. War es anfangs noch vor allem darum gegangen, Unterkunft und Arbeit zu finden, sich satt zu essen und einzukleiden, so waren bald Dinge wie Heizung, Wohnungseinrichtung und Haushaltsgeräte selbstverständlich gewor-

Innenpolitik, Gesellschaft, politische Kultur

den. Man konnte sich nun über das Notwenige hinaus etwas leisten. Vor allem sparte man auf einen Kühlschrank, der in den Anschaffungswünschen noch vor der Waschmaschine rangierte und neben dem Nutzwert auch eine hohe symbolische Bedeutung hatte. Er stand für Luxus, Modernität und sozialen Status. Wer einen hatte, der hatte es geschafft. Mit dem Kühlschrank änderten sich dann auch die Ernährungsgewohnheiten. Man aß nun „pikant", gesund und „modern". Salat ersetzte den Kohl, das Einmachen der Produkte aus dem eigenen Garten kam aus der Mode. Obst und Gemüse in Dosen wurden zum Stolz der modernen Hausfrau. Dies hing auch mit einer neuen Erscheinung in den Städten zusammen, dem Supermarkt. Die „Tante-Emma-Läden", in denen der Kaufmann hinter dem Ladentisch das Gewünschte holte, abwog und eintütete, während man sich über die neuesten Ereignisse im Ort austauschte, verschwanden aus dem Straßenbild. An ihre Stelle traten Selbstbedienungsläden im amerikanischen Stil, die eine immense Vielfalt von Waren anboten, die man sich selbst aus dem Regal holte. Angesichts dieses großen Warenangebots ging es bald nicht mehr darum, den Bedarf zu decken, sondern man entwickelte Begehrlichkeiten, die erst durch den Markt geweckt worden waren. Die Werbung begann ihren Siegeszug. Produkte erhielten nun ein ‚Image', durch ihren Besitz signalisierte man, dass man ‚jemand war'. Ein weiteres Zeichen des neuen Lebensgefühls waren „Parties", die man für Freunde gab, auf denen Bowle und pikante Häppchen gereicht wurden, während man den Klängen des Musikschranks lauschte. Vor allem aber das Auto, anfangs die kleine Isetta, dann der VW-Käfer, wurde zum Symbol der westdeutschen Wohlstandsgesellschaft. Das Auto brachte Mobilität, beruflich wie privat. Arbeitsplatz und Wohnort konnten nun weiter auseinanderliegen, man wohnte in Vororten und Trabantenstädten und pendelte zur Arbeit. In der Freizeit brachte das Auto Ausflüge ins Grüne mit der Familie, vor allem aber machte es den Urlaub möglich. Denn immer mehr Deutsche fuhren im Sommer nach Italien: zum Camping an die oberitalienischen Seen, in eine kleine Pension an der Riviera, oder, wer es sich leisten konnte, nach Capri, dem Inbegriff des Luxuslebens unter südlicher Sonne. Im Winter hielten bald zahllose italienische Restaurants in deutschen Städten die Erinnerung wach. Die neu gewonnene Freizeit wirkte sich auch auf den Medienkonsum der Westdeutschen aus. Vor allem das Fernsehen prägte zunehmend die Freizeitgestaltung und damit auch das Familienleben. Familie und Arbeit, bei manchen auch noch der Verein, waren bislang die dominanten Größen im Alltagsleben gewesen. Nun beanspruchte das Fernsehprogramm mit Quizsendungen, Familienserien, Spielfilmen, Mundartkomödien und Krimis seinen Platz im Feierabend.

Auch die Arbeitswelt begann sich zu verändern. Neben den steigenden Löhnen und der sinkenden Arbeitszeit war es auch der Charakter der Arbeit selbst, der sich wandelte. Die traditionellen Strukturen des Handwerks wichen bald vollends der Industrieproduktion, der Einzelhandel ging vom Familienbetrieb auf Filialen großer Ketten über. Am stärksten aber veränderte die Landwirtschaft ihr Gesicht. Aus Bauernhöfen wurden hoch spezialisierte und technisierte Betriebe mit Massentierhaltung und großen Agrarflächen. Maschinen ersetzten Arbeitskräfte, chemische und pharmazeutische Hilfsmittel wurden eingesetzt, und der Ertrag der einzelnen Betriebe ging sprunghaft in die Höhe. Gleichzeitig begann sich die Beschäftigungsstruktur der

Wandel der Arbeitswelt

Das Ende der Nachkriegszeit

Bundesrepublik insgesamt zu verändern. Hatte der Industriesektor in den fünfziger Jahren noch dominiert, so bildete sich nun allmählich eine Dienstleistungsgesellschaft heraus. Bis in die neunziger Jahre sank der Anteil der Arbeiter an den Beschäftigten deutlich ab, jener der Angestellten, Beamten und Selbstständigen dagegen stieg stark an. Dies sind, wie das Wirtschaftswachstum des ‚goldenen Zeitalters', Phänomene, die sich in allen westlichen Industrieländern dieser Zeit abspielten. Sie stellten kein deutsches Phänomen dar, sondern waren in der Bundesrepublik nur besonders deutlich ausgeprägt. Auch die Lebensweisen der Menschen veränderten sich. Die sozialen Milieus lösten sich auf, die Arbeiterkultur verschwand allmählich ebenso wie das traditionelle bäuerliche Leben auf den Dörfern. Die gesellschaftlichen Hierarchien lösten sich auf, wie beispielsweise die ehemals scharfe Trennung zwischen Bürgertum und Arbeiterschaft. Der Soziologe Helmut Schelsky hat für das, was nun stattdessen entstand, den Begriff der **„nivellierten Mittelstandsgesellschaft"** geprägt.

Nivellierte Mittelstandsgesellschaft

Der Begriff der „nivellierten Mittelstandsgesellschaft" wurde 1953 von dem Soziologen Helmuth Schelsky geprägt. Er bezeichnete damit die aus seiner Sicht zunehmend mittelständisch „eingeebnete" Sozialstruktur der Bundesrepublik. Schelsky glaubte bei der Beobachtung der sozialen Auf- und Abstiegsprozesse und der sozialen Verhaltensmuster in großen Teilen der Bevölkerung die „Herausbildung einer nivellierten kleinbürgerlich-mittelständischen Gesellschaft" zu erkennen, „die ebenso wenig proletarisch wie bürgerlich ist, d. h. durch den Verlust der Klassenspaltung und sozialer Hierarchie gekennzeichnet wird". Nach Schelsky stiegen immer mehr Menschen aus der Unterschicht in die Mittelschicht auf, während zugleich eine Vielzahl von Angehörigen der Oberschicht in die Mittelschicht abstieg. Damit richtete sich Schelsky gegen Modelle, die, wie die marxistische Sozialwissenschaft, die modernen kapitalistischen Gesellschaften als sozial polarisierte und konflikthafte „Klassengesellschaften" beschrieben. Im Ergebnis, so Schelsky, konvergiere die Sozialstruktur der Bundesrepublik zu einer „nivellierten Mittelstandsgesellschaft", die durch eine Uniformierung des Lebensstils, Verwischung von Statusunterschieden und homogenem Massenkonsum geprägt sei, aber auch durch Chancengleichheit und Demokratisierung. Schelsky, der in den fünfziger Jahren bekannteste und einflussreichste bundesrepublikanische Soziologe, standen bei seiner Begriffsbildung deutlich die besonderen Bedingungen der westdeutschen Sozial- und Wirtschaftsentwicklung der Wirtschaftswunderjahre vor Augen, die durch Vollbeschäftigung, stetiges Wirtschaftswachstum, zunehmenden Massenkonsum und den Ausbau sozialstaatlicher Strukturen und sozialer Sicherungssysteme geprägt waren. Kritisiert wurde Schelskys Modell nicht nur von einer in den sechziger und siebziger Jahren zunehmend einflussreicher werdenden marxistischen Soziologie, die sich um eine neue „Klassenanalyse" bemühte und in empirischen Forschungsprojekten Daten zur Klärung der „Klassenstruktur" der Bundesrepublik erhob, sondern auch von liberaler Seite. Ralf Dahrendorf kritisierte bereits 1957 in seinem Werk „Soziale Klassen und Klassenkonflikt in der industriellen Gesellschaft", dass Schelsky nicht nur die weiter bestehenden sozialen Unterschiede in der Gesellschaft herunterspiele, sondern auch auf fatale Weise den nationalsozialistischen Mythos von einer von sozialen Konflikten freien „Volksgemeinschaft" in neuem Gewand weiter tradiere. Im Zuge der wirtschaftlichen Krisen der siebziger und achtziger Jahre, wachsender Arbeitslosigkeit und einer neuen sozialen Polarisierung zwischen Arm und Reich verlor Schelskys Theorie zunehmend an Überzeugungskraft und muss heute als überholt gelten. Allerdings lassen sich zumindest im Bereich der Konsumgewohnheiten und Lebensstile immer wieder soziale „Nivellierungsprozesse" beobachten. (Dominik Nagl)

Auch innerhalb der Familien wandelten sich die Rollenverteilungen, das hergebrachte Geschlechterverhältnis wurde von der jüngeren Generation allmählich infrage gestellt. Die wirtschaftliche Abhängigkeit der Frauen von ihren Ehemännern wurde im Laufe der sechziger und siebziger Jahre schwächer, die Berufstätigkeit auch verheirateter Frauen normaler. Erst mit dem Gesetz zur Reform des Ehe- und Familienrechts von 1976 aber brauchten Ehefrauen, die berufstätig waren, dazu keine schriftliche Erlaubnis ihres Ehemanns mehr. Bis dahin galt das Gleichberechtigungsgesetz von 1958: „Die Frau führt den Haushalt in eigener Verantwortung. Sie ist berechtigt, erwerbstätig zu sein, soweit dies mit ihren Pflichten in Ehe und Familie vereinbar ist."

Geschlechterrollen im Wandel

Justizminister Gerhard Jahn bei der ersten Lesung des Gesetzes zur Reform des Ehe- und Familienrechts am 8. Juni 1973
aus: Peter Borowsky, Sozialliberale Koalition und innere Reformen, in: Zeiten des Wandels: Deutschland 1961–1974, Informationen zur politischen Bildung, 258 (1998), S. 35.

Trotz zahlreicher Änderungen im Laufe der Zeit ist bis zum heutigen Tage ein einseitiger Vorrang des Mannes aufrechterhalten geblieben ... Ziel des Entwurfes ist ein Eherecht, das dem partnerschaftlichen Eheverständnis entspricht, ein faires und ehrliches Scheidungsrecht und ein gerechtes Scheidungsfolgenrecht.

In den sechziger Jahren war die sogenannte Hausfrauenehe die Norm. Bei Ehen, in denen beide Partner berufstätig waren, sprach man von „Doppelverdienern", wobei der nicht immer unausgesprochene Vorwurf mitschwang, anderen, alleinverdienenden Familienvätern werde durch Frauen die Arbeit weggenommen. Kinder berufstätiger Mütter wurden als „Schlüsselkinder" bezeichnet, da sie sich nach der Schule die Haustür selbst aufsperren und sich bis zum Abend selbst versorgen müssten; die Mütter selbst mussten sich als „Rabenmütter" und „Karrierefrauen" bezeichnen lassen. Diese starke Präferenz für traditionelle Geschlechterrollen war in Westdeutschland zu dieser Zeit deutlich stärker ausgeprägt als in anderen westeuropäischen Ländern und auch in der DDR, was sich auch in den jeweiligen Angeboten zur Kinderbetreuung niederschlug. Neben rechtlichen Regelungen und gesellschaftlichen Normen wirkte sich in den sechziger Jahren auch die Pharmaforschung auf die weiblichen Biographien aus: Die Pille, die in der Bundesrepublik 1961 auf den Markt kam, trennte erstmals halbwegs zuverlässig Sexualität von Fortpflanzung und ermöglichte so erst die sexuelle Liberalisierung, die dann in den siebziger Jahren hohe Wellen schlug.

Vor diesem Hintergrund setzte um 1960 allmählich ein Wandel der Wertvorstellungen und der politischen Kultur ein, der die Bundesrepublik endgültig von ihren wilhelminischen Traditionsbeständen löste und sie zu einem liberalen und pluralistischen westlichen Land werden ließ. Auf dem Weg dorthin lag die Protestkultur der sechziger Jahre, als eine neue Studentengeneration ihren Lehrern und Eltern moralische Doppelzüngigkeit vorwarf und eine Aufarbeitung der bislang totgeschwiegenen NS-Vergangen-

NS-Prozesse

heit forderte. Tatsächlich hatte schon Anfang der sechziger Jahre ein neuer strafrechtlicher Umgang mit den nationalsozialistischen Verbrechen begonnen. Es war die Zeit der großen NS-Prozesse, die der westdeutschen Öffentlichkeit das wahre Ausmaß der NS-Verbrechen vor Augen führte und die ein Klima schufen, in dem das Schweigen und das Verdrängen der fünfziger Jahre nicht länger erträglich schienen. Die Täter, die in den fünfziger Jahren noch weitgehend unbehelligte Existenzen als Unternehmer oder gar im Staatsdienst hatten führen können, sahen sich nun dem Risiko einer Strafverfolgung ausgesetzt. Dies betraf jedoch fast ausschließlich die Spitze des Eisbergs, jene, die den Massenmord in den Vernichtungslagern organisiert und verantwortet hatten. Den Anfang machte 1959 der **Ulmer Einsatzgruppen-Prozess**, 1962 gefolgt vom **Eichmann-Prozess** in Jerusalem, der von den westdeutschen Medien begleitet wurde, und schließlich von den **Auschwitz-Prozessen**.

Ulmer Einsatzgruppen-Prozess
Im Sommer 1958 wurde vor dem Schwurgericht Ulm ein Prozess gegen zehn Mitglieder der Gestapo, des Sicherheitsdienstes und der Polizei geführt, die 1941 mehrere Tausend Juden ermordet hatten. Die Urteile ergingen wegen Beihilfe zum gemeinschaftlichen Mord in mehr als 4000 Fällen, die Freiheitsstrafen lagen zwischen drei und 15 Jahren. Die Urteile betonten die Beihilfe deswegen, weil die damalige Rechtsprechung von einer Haupttäterschaft der NS-Spitze um Hitler ausging und die ausführenden Organe daher als Gehilfen betrachtete, denen keine eigenverantwortliche Täterschaft nachzuweisen sei. Dies war Ausdruck einer für die fünfziger Jahre typischen Interpretation des Nationalsozialismus, in dem die deutsche Bevölkerung von den NS-Eliten entweder verführt worden war oder aber „unter Befehlsnotstand", also gezwungenermaßen, handelte. Die Bedeutung dieses Prozesses liegt darin, dass er der erste Prozess in der Bundesrepublik Deutschland gegen Täter der Massenvernichtung war. Seit den Prozessen der Alliierten gegen die Hauptkriegsverbrecher waren sie nicht verfolgt und vor Gericht gestellt worden. Mit dem Ulmer Prozess, der auch nur in Gang kam, weil einer der Täter auf Wiedereinstellung durch das Land Baden-Württemberg geklagt hatte, begann jedoch ein Umdenken. Noch im Dezember 1958 wurde in Ludwigsburg die ‚Zentrale Stelle der Landesjustizverwaltungen zur Aufklärung nationalsozialistischer Verbrechen' gegründet.

Eichmann-Prozess
Adolf Eichmann (1906–1962) war ab 1939 Leiter des ‚Judenreferats' im Reichssicherheitshauptamt und dort ab 1941 für die Vernichtung der europäischen Juden, konkret für den Transport der Opfer durch halb Europa in die Vernichtungslager, zuständig gewesen. Bei Kriegsende war er nach Argentinien geflüchtet und zunächst unbehelligt geblieben. 1960 spürte ihn jedoch der israelische Geheimdienst auf und entführte ihn nach Israel, wo er vor Gericht gestellt wurde. Seine Aussagen in diesem Prozess gaben den Blick frei auf einen technokratischen Beamten, der die Massenvernichtung als Verwaltungsakt betrachtete und mit großer Effizienz und Akribie durchführte. Dieses Bild vom Massenmörder als emotionslosem Schreibtischtäter hat die deutsche Philosophin Hannah Arendt, die den Prozess beobachtete und in ihrem Buch „Eichmann in Jerusalem" analysierte, in den Begriff von der „Banalität des Bösen" gefasst. Hierfür wurde sie wiederum scharf kritisiert, da es als Verharmlosung Eichmanns aufgefasst wurde. Tatsächlich lieferte diese Perspektive neue Einsichten in das Funktionieren der nationalsozialistischen Vernichtungsmaschinerie. Eichmann wurde 1961 zum Tode verurteilt und 1962 hingerichtet.

Innenpolitik, Gesellschaft, politische Kultur

Auschwitz-Prozesse
Die ersten Prozesse gegen die Täter der Massenvernichtung in Auschwitz waren kurz nach Kriegsende in Polen geführt worden. 1947 wurden hier der Kommandant Höß und weitere SS-Angehörige zum Tode verurteilt. In der Bundesrepublik Deutschland kam es erst in den sechziger Jahren zu einer gerichtlichen Aufarbeitung. In Frankfurt am Main fand, auf Betreiben des hessischen Generalstaatsanwalts Fritz Bauer, in den sechziger Jahren schließlich eine Reihe von Prozessen gegen das Personal des Vernichtungslagers Auschwitz statt: 1963–65 die „Strafsache gegen Mulka und andere" und 1965/66 der Prozess „gegen Burger und andere" und 1967/68 „gegen Bonitz und Windeck". Der Adjutant des Lagerkommandanten Höß, R. Mulka, wurde zu 14 Jahren Zuchthaus verurteilt. Niedrige Strafen und Freisprüche führten aber auch zu Kritik in der internationalen Öffentlichkeit. Weitere Prozesse zogen sich noch bis Anfang der achtziger Jahre hin.

Zum ersten Mal seit den Nürnberger Prozessen beschäftigte sich die westdeutsche Justiz mit den Verbrechen des Nationalsozialismus, und zum ersten Mal rückten die Täter und die Strukturen der Massenmorde in den Vernichtungslagern Osteuropas in den Mittelpunkt des Interesses. In Nürnberg war es dagegen um die politische Spitze des „Dritten Reiches" und die Führung eines Angriffskrieges gegangen, während der Aspekt des Völkermords weitgehend ausgespart blieb. Nun gerieten die Massenmörder in den Blick der Öffentlichkeit, und aus pauschalen Aussagen über „Verbrechen im deutschen Namen" und „Vergangenheit" wurden konkrete, aber zugleich unfassbare Taten, verübt von Familienvätern mit ansonsten ganz gewöhnlichen Biographien; die Täter erhielten Namen und Gesicht und waren gar keine Monster, sondern sogar erschreckend gewöhnliche Leute. Hannah Arendt hat diesen Eindruck in ihrem Bericht zum Eichmann-Prozess mit dem Begriff von der „Banalität des Bösen" eingefangen: millionenfacher Massenmord als Verwaltungshandeln eines blassen Bürokraten. Die westdeutsche Öffentlichkeit reagierte anfangs mit großem Interesse. Bald aber machte sich Erschöpfung breit; die Ansicht wurde mehrheitsfähig, es reiche nun und irgendwann müsse ja auch einmal ein „Schlußstrich" gezogen werden. Da hatte sich aber in der Öffentlichkeit wie in der **Geschichtswissenschaft** der deutsche Blick auf die Zeit des Nationalsozialismus schon unwiderruflich gewandelt; von einer „deutschen Katastrophe" zu sprechen, wie es der Historiker Friedrich Meinecke (1862–1954) 1946 getan hatte, war nun kaum noch möglich.

Geschichtswissenschaft
Der veränderte Umgang mit der Vergangenheit schlug sich zur gleichen Zeit auch in der Geschichtswissenschaft nieder, wenn auch zunächst – und noch für einige Zeit nicht in Form von Forschung über die NS-Verbrechen, schon gar nicht über die nationalsozialistische Vernichtungsmaschinerie in Osteuropa. Zunächst wurde in der sogenannten Fischer-Kontroverse erbittert über die Frage der deutschen Schuld am Ausbruch des Ersten Weltkriegs gestritten. Fritz Fischers (1908–1999) Buch „Griff nach der Weltmacht" von 1961 bot hierzu eine Interpretation an, in der die innenpolitischen und wirtschaftlichen Interessen der wilhelminischen Eliten für die aggressive und schließlich zum Krieg führende Außenpolitik des Deutschen Kaiserreichs verantwortlich gemacht wurden. Hier kündigte sich bereits eine viel grundsätzlichere Neuorientierung der westdeutschen Geschichtswissenschaft an, die sich bis Anfang der siebziger Jahre vollzogen hatte und im Gefolge

Max Webers und Eckart Kehrs eine sozialgeschichtliche und modernisierungstheoretische Grundausrichtung im Fach etablierte. Zu den Vorkämpfern dieser Fachrichtung, die nach den wirtschaftlichen und gesellschaftlichen Strukturbedingungen politischen Handelns in der deutschen Geschichte des 19. und 20. Jahrhunderts fragte und bis in die neunziger Jahre hinein dominant bleiben sollte, gehörten Hans-Ulrich Wehler und Jürgen Kocka.

In dieses Klima des kritischen Umgangs mit der deutschen Vergangenheit gehörte auch Rolf Hochhuths Theaterstück „Der Stellvertreter", in dem das Schweigen Papst Pius' XII. (1876–1958) angesichts der Vernichtung der europäischen Juden angeprangert wird. Der Vorwurf an die katholische Kirche, angesichts der nationalsozialistischen Verbrechen moralisch versagt zu haben, fiel in eine Zeit, in der die Kirchenbindung in der deutschen Gesellschaft nachzulassen begann. Gerade Jugendliche verweigerten sich zunehmend den Moralvorstellungen der Kirchen. Diese Entwicklung zeichnete sich allerdings schon ab, bevor die sexuelle Revolution in der Bundesrepublik Einzug hielt. Der Rückgang der kirchlichen Bindung entsprang vielmehr einem ähnlichen Phänomen wie die Auflösung der Milieubindung in der Arbeiterschaft. Die traditionellen Schichtungen, Autoritäten und Institutionen verloren im Zuge eines allgemeinen gesellschaftlichen Wandels an Gewicht, den, so ist argumentiert worden, bereits der Nationalsozialismus ins Rollen gebracht hatte.

Wertewandel Auch die politische Kultur der Bundesrepublik Deutschland, also die Ebene der Ordnungsvorstellungen, der Wertegrundlagen politischen Handelns und politischer Überzeugungen, wandelte sich spürbar. Amerikanische sozialwissenschaftliche Untersuchungen der siebziger Jahre, etwa von Ronald Inglehart, stellten bei den Deutschen eine Abkehr vom „autoritären Charakter" fest, der sie seit dem Kaiserreich ausgezeichnet hatte; aus obrigkeitshörigen Untertanen, so konstatierten sie, seien mündige Staatsbürger geworden. Tatsächlich lässt sich von einem Wandel der grundlegenden Ordnungsvorstellungen sprechen, einer wachsenden Akzeptanz westlich-liberaler, pluralistischer Werte. Anfang der fünfziger Jahre setzte im politischen Denken der Westdeutschen ein Wandel ein, der etwa um 1970 abgeschlossen war. Dies war zum einen das Ergebnis innerer Wandlungsprozesse, die mit dem Begriff der „Liberalisierung" (Ulrich Herbert) bezeichnet werden, womit insbesondere die Überwindung der nationalsozialistischen Restbestände in der Bundesrepublik und die gesellschaftlichen Reformen der sechziger und siebziger Jahre gefasst werden, auf die im folgenden Kapitel noch näher eingegangen wird. Zum anderen ist der Wertewandel der Westdeutschen aber auch Folge äußerer Einflüsse gewesen. Mit dem Begriff „Westernisierung" (Anselm Doering-Manteuffel) wurden die Folgen eines Transfers von Kultur im weitesten Sinn, von Gesellschaftskonzepten und Wertvorstellungen, aus den Ländern des Westens in die Bundesrepublik beschrieben. Eine zentrale Rolle spielten dabei die USA, die nicht nur in militärischer, politischer und wirtschaftlicher Hinsicht eine hegemoniale Stellung innehatten, sondern auch im Bereich der Kultur und der Ideen den Takt vorgaben. Ihr Ziel war es im frühen Kalten Krieg, den Westen, das hieß vor allem Westeuropa und Nordamerika, zu einer Gemeinschaft zu verbinden, die durch gemeinsame Grundvorstellungen geeint war und dadurch dem Anspruch

Innenpolitik, Gesellschaft, politische Kultur

der UdSSR auf universalen Geltungsanspruch ihrer Ideologie ein geschlossenes Weltbild entgegenzusetzen hatte. Dies musste nicht heißen, dass alle beteiligten Länder oder gar alle Bereiche ihrer Gesellschaften nach denselben, und zwar nach amerikanischen, Strukturen gebildet wären. Es war Washington in erster Linie um einen Grundkonsens über die Werte zu tun, auf denen dann die verschiedenen Ordnungssysteme des Westens basieren sollten. Dieser westliche Wertekonsens lässt sich als ‚Konsensliberalismus' bezeichnen. Er vereint verschiedene ideelle Elemente, wie den angelsächsischen Liberalismus mit seiner Betonung der persönlichen Freiheit und des Privateigentums, die auch gegenüber dem Staat und der gesellschaftlichen Mehrheit zu schützen sei; den liberalen Internationalismus, der die eigenen Wertvorstellungen für universal gültig erachtete und an deren Ausbreitung interessiert war; die amerikanische Philosophie des Pragmatismus, nach der sich die Gültigkeit von Gesellschaftstheorien an deren Funktionieren in der Praxis zu messen habe; die staatsinterventionistische und keynesianische Wirtschaftspolitik des amerikanischen New Deal der 1930er Jahre; und schließlich den Antikommunismus als Antitotalitarismus, der die Stalinsche Variante des Kommunismus mit dem Nationalsozialismus gleichsetzte und als absoluten Gegner individueller Freiheit und liberaler, pluralistischer Gesellschaftsordnungen bekämpfte.

So entstand im atlantisch-westeuropäischen Raum eine westliche Wertegemeinschaft, in die die Bundesrepublik integriert wurde. Innerhalb der Bundesrepublik der vierziger bis sechziger Jahre wurden angelsächsisch-westliche Werte, etwa ein pluralistisches Gesellschaftsbild, ein liberaldemokratisches Politikverständnis, der Schutz der Rechte des Individuums vor dem Staat sowie des Privateigentums, in den verschiedensten Bereichen der Gesellschaft verbreitet. Daran wirkten vor allem meinungsbildende Eliten mit, Intellektuelle und Publizisten, oder Funktionäre in Parteien und Verbänden, die selbst von diesen Werten überzeugt waren und sie – etwa im Exil oder durch Gastaufenthalte – selbst kennen- und schätzen gelernt hatten.

Tatsächlich finden sich seit Anfang der sechziger Jahre zahlreiche Hinweise darauf, dass sich die liberale, parlamentarische Demokratie in der Bundesrepublik eingewurzelt hatte und dass westlich-liberale Grundwerte, die Spielregeln des Parlamentarismus und des Rechtsstaates, nun auch für den gesellschaftlichen und kulturellen Bereich eingeklagt wurden. Das bekannteste Beispiel und zugleich auch auslösendes Moment war die Spiegel-Krise. Die Bundesregierung war im Oktober 1962 mit polizeilicher Gewalt gegen einige Redakteure und den Herausgeber des Spiegel vorgegangen, die angeblich militärisch sensible Geheimnisse veröffentlicht hatten. Das Hamburger Nachrichtenmagazin hatte – auf der Basis publizierter Daten – die Bundeswehr für „bedingt abwehrbereit" erklärt und verteidigungspolitische Missstände aufgedeckt. Spiegel-Herausgeber Rudolf Augstein (1923–2002) und Chefredakteur Conrad Ahlers (1922–1980) wurden verhaftet, die Redaktionsräume durchsucht und Unterlagen beschlagnahmt. Diese überzogene Reaktion führte zu lautstarken Protesten: Eine empörte Öffentlichkeit pochte auf die Garantie der Pressefreiheit und verurteilte das Vorgehen der Regierung Adenauer, die schließlich nachgeben musste. Der verantwortliche Verteidigungsminister, Franz Josef Strauß (1915–1988), musste zurücktreten.

Spiegel-Affäre

I. Das Ende der Nachkriegszeit

E
Rudolf Augstein
Rudolf Augstein wurde 1923 in Hannover geboren, als jüngstes Kind einer neunköpfigen katholischen Familie. Nach dem Abitur 1941 begann er eine Ausbildung beim Hannoverschen Anzeiger, wurde 1942 eingezogen und diente u.a. als Funker. 1946 wurde er von der Britischen Militärregierung als Redakteur einer neu geschaffenen Wochenzeitung rekrutiert, als deren Vorbild britische und amerikanische Nachrichtenmagazine dienten. Nach anfänglichen Querelen zwischen Augstein und der Militärregierung entstand aus diesem Blatt im Januar 1947 das Nachrichtenmagazin Der Spiegel, dessen Kurs Augstein als Chefredakteur und Herausgeber maßgeblich mitbestimmte. In der Spiegel-Affäre von 1962 wurde er zum Vorkämpfer einer freien Presseberichterstattung. 1957 trat Augstein in die FDP ein, die er von 1972 bis 1973 als Abgeordneter im Deutschen Bundestag vertrat. Augstein ist Autor mehrerer Bücher und u.a. Träger mehrerer Ehrendoktorwürden und des Börne-Preises; er ist Gründer der Rudolf-Augstein-Stiftung. Rudolf Augstein starb 2002 in Hamburg.

Ein weiteres Ergebnis einer Pluralisierung der deutschen Gesellschaft und ebenfalls zugleich ein Motor des Wandels war die Entstehung einer Protestkultur, die – wenn man die ‚Halbstarkenkrawalle' der späten fünfziger Jahre nicht mitrechnen mag – um 1960 mit den Ostermärschen der Atomwaffengegner begonnen hatte. Diese friedlichen Protestmärsche gegen Atomwaffen waren 1958 in Großbritannien von der Campain for Nuclear Disarmament (CND) eingeführt worden und entwickelten sich rasch in ganz Westeuropa zum österlichen Brauch der Friedensbewegungen. Bald reichte der Protest von linken studentischen Gruppen über die Bewegung gegen den Vietnamkrieg und andere soziale Bewegungen, die sich in erster Linie von der autoritären politischen Kultur und dem Konformitätsdruck der fünfziger Jahre abgewandt hatten und nun sowohl politisch als auch kulturell neue Ausdrucksformen suchten. Die sanfteste von ihnen war wohl die Flower Power-Bewegung der Hippies, die menschenverachtendste dagegen jene Kultur der Gewalt, die der deutsche Terrorismus in den siebziger Jahren hervorbrachte. Folgenreicher als beide jedoch waren die Umwelt- und die Frauenbewegung, die Themen für politisch erklärten, die bislang als Privatsache oder kulturelles Beiwerk galten.

Dieser gesamte politische Klimawechsel hatte rasch immense Auswirkungen auf die Bonner Innenpolitik. Der innenpolitische, auch machtpolitische Wechsel in Bonn war jedoch nicht nur Folge, sondern auch selbst Motor und Verstärker des gesellschaftlichen Wandels und der Protestkultur: Beide Seiten waren eng miteinander verflochten. Als vielleicht wichtigste innenpolitische Zäsur der westdeutschen sechziger Jahre mag das Ende der Kanzlerschaft Erhards und die Bildung der ersten Großen Koalition aus CDU und SPD gelten. Erhard war ein Kanzler des Übergangs gewesen, er repräsentierte die allmähliche Ablösung von der Ära Adenauer, ohne schon selbst so recht für einen Neuanfang zu stehen. Die Große Koalition dagegen läutete – womöglich mehr noch als die sozialliberale Koalition, die auf sie folgte – eine Phase der umfassenden gesellschaftlichen und rechtlichen Reformen ein.

Ende der Ära Adenauer

Seit Ende der fünfziger Jahre war vielen die Adenauersche Kanzlerdemokratie nicht mehr zeitgemäß erschienen. Gegenüber der Aufbruchstimmung der frühen sechziger Jahre, wie sie im gesamten Westen vom jungen amerikanischen Präsidenten John F. Kennedy verbreitet wurde, wirkten der greise

Innenpolitik, Gesellschaft, politische Kultur

deutsche Kanzler und seine Politik wie ein Fossil aus vergangener Zeit. Konrad Adenauer, ‚der Alte von Röhndorf', verkörperte den Wiederaufstieg der Bundesrepublik zu internationalem Ansehen, die konsequente Westintegration und den Antikommunismus und führte seine Partei wie die Regierung autokratisch und als Patriarch. Parlament und Kabinett spielten bei ihm nur eine untergeordnete Rolle. Er traf politische Entscheidungen allein: Sein Stil war die „persönliche Führung mit Hilfe einer starken und zuverlässigen Verwaltung". Es gab daher keine Kollegialentscheidungen des Kabinetts, das vom Kanzler meist im Nachhinein über bereits getroffene Entscheidungen informiert wurde, und auch die Fraktion bezog der CDU-Vorsitzende Adenauer nicht in seine Entscheidungsfindung ein. Diese Machtposition Adenauers nützte seiner Partei zwar bei Wahlen, schwächte sie aber zugleich als Partei, die eben nicht als Regierungspartei wirken konnte, sondern ein ‚Kanzlerwahlverein' blieb. Mit seinem patriarchalischen Politikverständnis stand Adenauer allerdings nicht allein, es war vielmehr typisch für die Politikergarde jener Jahre, die meist noch in der Weimarer Republik, zum Teil auch noch im Kaiserreich sozialisiert worden waren. Das strikte Festhalten am gesellschaftlichen und politischen Status quo, für das er stand, begann jedoch seit 1961 auch zu einer Belastung für die Union zu werden. Schließlich wurde 1963 gegen Adenauers erklärten Willen der populäre Vater des Wirtschaftswunders und frühere Wirtschaftsminister **Ludwig Erhard** zum Kanzler und bald auch zum neuen Parteivorsitzenden der CDU gewählt. Seinen Abschied aus dem Amt nahm er nur unter Protest: Er traute seinen Nachfolgern einfach nicht zu, das Land auf Kurs zu halten, am allerwenigsten Ludwig Erhard, den er für einen fähigen Wirtschaftsfachmann, nicht aber für einen kompetenten Politiker hielt. So endete eine Kanzlerschaft, die prägend gewesen war für die Geschichte der Bundesrepublik Deutschland und deren wichtigste Errungenschaft sicherlich in der Westintegration der Bonner Republik bestanden hatte.

Ludwig Erhard
Ludwig Erhard (1897–1977), Soldat im Ersten Weltkrieg, Studium der Betriebswirtschaft, Nationalökonomie und Soziologie in Frankfurt am Main, Promotion zum Dr. rer. pol., 1928–1942 wissenschaftliche Tätigkeit an einem Nürnberger Institut, bis 1944 eigenes „Institut für Industrieforschung". 1945/46 bayerischer Wirtschaftsminister, ab 1945 wirtschaftspolitischer Berater der amerikanischen Besatzungsmacht; als Direktor für die Wirtschaft des Vereinigten Wirtschaftsgebiets maßgeblich an der Vorbereitung der Währungsreform von 1948 beteiligt. 1949–1977 Mitglied des Deutschen Bundestags. 1949–1963 Bundeswirtschaftsminister (CDU). Das Konzept der Sozialen Marktwirtschaft wird von Erhard entwickelt, weswegen er als „Vater des Wirtschaftswunders" gilt. 1963 wird Erhard als Nachfolger Konrad Adenauers Bundeskanzler. 1965 wiedergewählt. Rücktritt 1966 aufgrund der breiten Ablehnung innerhalb der eigenen Partei und beim Koalitionspartner FDP. 1966 Bundesvorsitzender, 1967 Ehrenvorsitzender der CDU, ab 1972 Alterspräsident des Deutschen Bundestags.

Erhard verkörperte den neuen Wohlstand der Deutschen schon physiognomisch und galt, im krassen Gegensatz zu Adenauer, als lebensfroher und harmoniebestrebter Typus. Die CDU entschied sich für ihn als neuen Kanzlerkandidaten, da er sowohl in der Lage schien, Wahlen zu gewinnen, als auch die inneren Gegensätze in der CDU auszugleichen und die Flügel zu

Erhards Kanzlerschaft

integrieren, die mit dem Ende der Ära Adenauer auseinanderzubrechen drohten. Ludwig Erhard versprach einen „neuen Stil", was nicht zuletzt in der CDU mit Erleichterung zur Kenntnis genommen wurde. Man hoffte auf eine ‚liberale Ära', auf eine Regierung, die auf Dialog und Zusammenarbeit fußen würde. Diese Hoffnung trog jedoch. Erhards neuer Stil beruhte auf der Idee eines populistischen „Volkskanzlertums", einer direkten Verbindung zwischen Kanzler und Bevölkerung. Sein politischer Stil resultierte aber aus einer grundlegenden Geringschätzung der Parteien, auch der eigenen, einer strikten Ablehnung der Verbände und letztlich des gesellschaftlichen Pluralismus. Interessenkonflikte galten ihm als schädlich für die Gesellschaft; sie mussten daher überwunden werden. Diese Haltung war schon in einer Kontroverse zwischen Erhard und dem DGB um die Lohnpolitik deutlich geworden, die in den Jahren 1959 und 1962 aufflackerte. Der damalige Bundeswirtschaftsminister Ludwig Erhard rief die Gewerkschaften zum Maßhalten auf und verstand es als seine Aufgabe, „Unheil von unserem Lande abzuwehren". Erhard sah einen klaren Gegensatz zwischen dem Volk und gesellschaftlichen Gruppen oder Verbänden, deren Interessen im Zweifelsfall dem Gesamtinteresse – dem Gemeinwohl – entgegenstünden und vor denen das Volk in Schutz genommen werden müsse. Als Kanzler wollte er sich daher per Fernsehen direkt an ‚das deutsche Volk' wenden. Fraktion und Parteigremien beteiligte er dagegen nur ungern an seinen Entscheidungen. Der Regierungschef war in seinen Augen „Sachwalter des ganzen deutschen Volkes" und habe daher „nicht in erster Linie als Repräsentant einer Koalition oder Regierungspartei zu wirken". Hier kommt eine Vorstellung zum Ausdruck, die in deutschen politischen Denktraditionen gängig war und die Ernst Fraenkel in seinem Buch „Deutschland und die westlichen Demokratien" 1964 analysiert hat, nämlich die Annahme, es gebe ein a priori, also von vorneherein feststehendes Gemeinwohl, das erkannt werden kann und das es im Interesse der Gesamtheit umzusetzen gelte. ‚Richtige', am Gemeinwohl orientierte Politik könne demnach von ‚falscher' unterschieden werden. Gruppeninteressen sind diesem Verständnis nach schädlich für das Gemeinwohl, sie laufen dem Interesse der Gesamtheit zuwider. Diese Vorstellung von der Interessenübereinstimmung im Volke und von der Interessenidentität zwischen Regierenden und Regierten stehen einem pluralistischen Gesellschaftsbild und einem auf das Aushandeln verschiedener, aber gleichberechtigter Interessen abzielenden Politikverständnis, wie es in Großbritannien und den USA gängig war, diametral entgegen.

Erhard gewann die Wahlen von 1965 mit dem Versprechen, die Demokratie und die Gesellschaft zu erneuern. Sein zum Wahlkampf 1965 präsentiertes Konzept der ‚formierten Gesellschaft' sollte dies ausdrücken. Hier sollte der Einfluss der Verbände zurückgedrängt werden, damit die organisierten Interessen mit ihrem Streit um die Früchte des Wachstums und um politischen Einfluss nicht länger den Wohlstand des Volkes gefährdeten. An ihre Stelle sollte ein „Deutsches Gemeinschaftswerk" treten. Interessenkonflikte, die in pluralistischen Gesellschaftsvorstellungen selbstverständliche Tatsachen sind und die es immer wieder aufs Neue zu vermitteln gilt, erscheinen in dieser Sichtweise als Gefährdung des Gemeinwohls und müssen ein für allemal beseitigt werden. Denn der Pluralismus führe „zur Fragmentierung und danach in den Kollektivismus". Dieses Konzept wurde jedoch auch in den Reihen der Union scharf kritisiert und spielte daher im eigentlichen Wahlkampf keine weitere Rolle. Es machte vielmehr deutlich, wie dringlich der Reformbedarf in der CDU war, wollte sie mit der gesellschaftlichen Entwicklung in der Bundesrepublik Schritt halten. Neue Kräfte in der Union machten sich nun immer deutlicher bemerkbar, die den Übergang von der Kanzlerpartei zu einem „Organ umfassender demokratischer Willensbildung" (Hans-Otto Kleinmann) anstrebten. Diese Reform war aber, angesichts der noch bestehenden strukturellen bzw. organisatorischen Defizite der Partei und des Politikverständnisses des Bundeskanzlers, nicht ohne Weiteres durchzusetzen. Erhard gewann die Wahl von 1965, da seine Popularität in der Bevölkerung ungebrochen war. Es war jedoch sein von den Wahlkampfstrategen sorgfältig gepflegtes Image, nicht sein politisches Konzept, das ihm zum Sieg verhalf.

Demgegenüber präsentierte sich 1965 der Kanzlerkandidat und Parteivorsitzende der SPD, Willy Brandt (1913–1992), als die Verkörperung des ‚Neuen Stils', den er zu seiner politischen Maxime machte. Brandt warb mit einem westlich geprägten Politikstil, forderte eine „Demokratisierung aller Lebensbereiche" und verlieh damit den steigenden Reformerwartungen in der Bevölkerung Ausdruck. Die Sozialdemokratie gewann in der Öffentlichkeit an Zustimmung. Und obwohl Erhard die Bundestagswahl gewann, war dies dennoch das Jahr, in dem sich eine Trendwende bemerkbar machte.

Als Erhards Herausforderer Willy Brandt zum Kanzlerkandidaten der SPD gewählt wurde, hatte die Partei gerade eine tief greifende organisatorische wie programmatische Reform hinter sich und präsentierte sich als Protagonistin gesellschaftlichen Wandels, die dabei zugleich fest auf dem Boden der bundesrepublikanischen Gesellschaftsordnung stand. Diese Neuorientierung hatte sich im **Godesberger Programm** der SPD von 1959 niedergeschlagen. Darin vollzog sie einen radikalen Wandel in ihrem Selbstverständnis, in ihrer Vorstellung davon, was Sozialismus sei, und formulierte ein neues Gesellschaftsbild und Politikverständnis. Dieser Wandel war Teil der ideellen Westintegration der deutschen Arbeiterbewegung, eine Hinwendung zum westlich-liberalen Konsens der fünfziger und sechziger Jahre.

Godesberger Programm der SPD

> **Godesberger Programm**
> Die SPD bekannte sich in diesem Grundsatzprogramm zum demokratischen Sozialismus, der in der ethisch fundierten Entscheidung des Einzelnen begründet ist und sich daher aus unterschiedlichen weltanschaulichen Quellen speist. Sie verstand sich nicht mehr als die Partei der Arbeiterklasse, sondern als eine „Gemeinschaft von Menschen, die aus verschiedenen Glaubens- und Denkrichtungen kommen. Ihre Übereinstimmung beruht auf gemeinsamen sittlichen Grundwerten und gleichen politischen Zielen". Unter Sozialismus verstand die Partei nun nicht mehr die Sozialisierung der Produktionsgüter, sondern die ständige Aufgabe, „Freiheit und Gerechtigkeit zu erkämpfen, sie zu bewahren und sich in ihnen zu bewähren". Die SPD war nun auch ihrem Selbstverständnis nach die „Partei der dauernden Reform". Sie hatte sich damit endgültig vom revolutionären marxistischen Radikalismus verabschiedet und den Reformismus zum politischen Grundprinzip erklärt. Der Marxismus fand als geistiges Erbe in diesem Programm keine Erwähnung mehr. Der Pluralismus wurde nicht nur zum Strukturprinzip der Partei erhoben, sondern prägte auch ihr Gesellschaftsbild. Die Gesellschaft wurde verstanden als ein „Gebilde konkurrierender, verbandsmäßig organisierter Interessen; die Konkurrenz dieser gesellschaftlichen Interessen führt unter der Vorausset-

zung gleicher Aktionsbedingungen zu einem gerechten, Über- und Unterprivilegierung ausschaltenden Ausgleich". Der Konflikt zwischen verschiedenen Interessen wurde somit als legitime Grundlage politischer Entscheidungsfindung anerkannt – die Pluralismustheorie hielt offiziell Einzug in die deutsche Sozialdemokratie. Zugleich trat das Individuum als geschichtliches Subjekt und als Nutznießer des Fortschritts an die Stelle des Kollektivs. So wurde auch das Individuum zum Gegenstand von Erziehung und Bildung, denen eine zentrale Rolle zugeschrieben wurde bei der Überwindung der Klassengesellschaft, deren Ergebnis aber nicht mehr ein ganzer Typus, ein neuer Mensch, sein sollte, sondern die Entfaltung der jeweiligen, und eben auch unterschiedlichen, Persönlichkeiten.

Konsenskapitalismus

1963 folgten die westdeutschen Gewerkschaften mit dem **Düsseldorfer Programm**, das eine ganz ähnliche Neuorientierung zum Ausdruck brachte. Sie sahen sich nun nicht mehr als antikapitalistische ‚Gegenmacht', sondern als Interessenverbände der Arbeitnehmerschaft innerhalb der marktwirtschaftlichen Ordnung, deren Aufgabe es war, mit den Interessenvertretern der Arbeitgeberschaft zu verhandeln. Man war zu Tarifpartnern geworden.

Düsseldorfer Programm

Ähnlich wie das Godesberger Programm formulierte das Düsseldorfer Programm des Deutschen Gewerkschaftsbunds (DGB) keine Endziele und keine gesellschaftlichen Gegenentwürfe, sondern stellte die Gewerkschaften vielmehr als „bewegende, gestaltende und integrierende Kraft in den Kontext einer demokratischen Gesellschaft und eines sozial verfaßten Rechtsstaates". Die Gewerkschaften legten auch keinen in sich geschlossenen wirtschaftspolitischen Gegenentwurf mehr vor. Die in den Münchener Grundsätzen von 1949 festgeschriebenen Forderungen Planung, Mitbestimmung und Sozialisierung traten in den Hintergrund, die Forderung nach grundlegender Systemreform und Neuordnung der Wirtschaft war kein zentrales und auch kein eigenständiges Ziel mehr. Otto Brenner, die IG Metall-Führung und Wolfgang Abendroth hatten sich mit ihrem Kurs nicht durchsetzen können. Stattdessen wurde der von Ludwig Rosenberg vorgeschlagene breite Katalog von Lenkungsmaßnahmen in den wirtschaftspolitischen Teil des Grundsatzprogramms aufgenommen, Maßnahmen, die für ein Agieren im Rahmen der marktwirtschaftlichen Wirtschaftsordnung konzipiert waren. Der DGB optierte für „Systemkorrekturen, aber keine qualitative Systemveränderung". Der Wettbewerb wurde als regulierendes Prinzip der Wirtschaft grundsätzlich akzeptiert. Er sollte jedoch durch volkswirtschaftliche Gesamtrechnung und Rahmenplanung sowie durch indirekte staatliche Investitionssteuerung ergänzt und damit entschärft werden. Die „letzte Entscheidung über Art und Umfang der Investitionen" aber sollte in der Hand der Unternehmer verbleiben. Weitere wirtschaftspolitische Ziele des Programms waren Vollbeschäftigung, ein optimales Wirtschaftswachstum, Preisstabilität sowie der Abbau von Steuerprivilegien für höhere Einkommen und zugleich die Förderung der Vermögensbildung und Anreize zum Sparen für die Arbeitnehmerschaft. Insgesamt, so schließt Klaus Schönhoven, „votierten die Gewerkschaften für die Zähmung und nicht für die Zerschlagung des Kapitalismus". Ihr wirtschaftspolitisches Denken, wie es im Düsseldorfer Programm zum Ausdruck kommt, basierte auf dem Keynesianismus und seinen finanz-, steuer- und kreditpolitischen Instrumenten. Staat, Gewerkschaften und Arbeitgeber sollten gemeinsam und innerhalb des Rahmens der westdeutschen Gesellschafts- und Wirtschaftsordnung die „volle Entfaltung und Nutzung aller produktiven Kräfte" ermöglichen und „Konjunktur- und Beschäftigungsschwankungen" vermeiden.

Dieses neue konsensuale Verständnis der Arbeitsbeziehungen, das sich in den nichtkommunistischen Arbeiterbewegungen Westeuropas in den sechziger Jahren ausbreitete, ist als ‚Konsenskapitalismus' bezeichnet worden. Konsenskapitalismus hieß, dass die Gewerkschaften das Privateigentum der Unternehmer an den Produktionsmitteln und die liberale, aber sozial abgefederte Marktwirtschaft grundsätzlich anerkannten; die Arbeitgeber wiederum das Recht der Gewerkschaften, die Arbeitnehmer zu vertreten und um gerechte Lohnabschlüsse zu kämpfen. Beide einte das Ziel, durch Effizienz und hohe Produktivität Wachstum zu generieren. Aufgabe der Gewerkschaften war es in diesem Modell, hohe Lohnforderungen zu erstreiten, durch die die Arbeiterschaft am gesamtgesellschaftlichen Wohlstand beteiligt wurde. Dadurch würde zugleich die Massenkaufkraft gestärkt und das Binnenwachstum weiter angeregt. Soziale Verteilungskämpfe und die aus ihnen folgenden politischen Konflikte würden so überwunden. Anstelle des Klassenkampfes trat die Auseinandersetzung verschiedener Kräfte innerhalb der liberalen Demokratie und der Tarifpartnerschaft um ihre – gleicherweise legitimen – Interessen, und zwar auf der Basis gemeinsamer Grundwerte.

Partei wie Gewerkschaften erkannten also die wirtschaftliche und gesellschaftliche Ordnung der Bundesrepublik vorbehaltlos an, machten sie zur Grundlage ihrer politischen Arbeit und verzichteten auf das langfristige Ziel einer sozialistischen Gesellschaftsordnung. Dies war ein deutlicher Bruch mit den sozialistischen Traditionen seit dem Kaiserreich, die auch beim Wiederaufbau der Arbeiterbewegung in Westdeutschland nach 1945 prägend gewesen waren: SPD wie DGB waren Anfang der fünfziger Jahre davon überzeugt, dass Kapitalismus und Demokratie unvereinbar seien und dass ein solches Wirtschaftssystem Beweis für eine fehlende demokratische Entwicklung sei. Beide strebten damals noch eine Sozialisierung der Schlüsselindustrien, staatliche Planung und Lenkung der Wirtschaft sowie wirtschaftliche Mitbestimmung der organisierten Arbeitnehmerschaft an. Mit dem Godesberger Programm dagegen wurde aus der proletarischen Klassen- und Weltanschauungspartei, die der bestehenden Gesellschaftsordnung zumindest in der Theorie ablehnend gegenüberstand, eine linke Volkspartei, die sich als legitimer Bestandteil der Gesellschaftsordnung und des politischen Systems der Bundesrepublik Deutschland betrachtete und entschlossen war, ihre Interessen und ihre Politik innerhalb des parlamentarischen Systems selbstbewusst zu vertreten. So wurde aus der Systemopposition schließlich eine Regierungspartei in einer Großen Koalition. Denn dieses neue Selbstverständnis hatte unmittelbare Folgen für die Politik der SPD als Opposition im Deutschen Bundestag. Das wurde schon ein halbes Jahr nach Verabschiedung des Godesberger Programms deutlich, als die SPD ihre Bereitschaft erklärte, die Regierung Adenauer in ihrer Außenpolitik zu unterstützen, ja eine „gemeinsame[.] Außenpolitik" zu verfolgen, wie sie **Herbert Wehner** (1906–1990) im Juni 1960 in einer berühmt gewordenen Rede vor dem Deutschen Bundestag ankündigte.

Herbert Wehner, Rede vor dem Deutschen Bundestag, 30. Juni 1960
aus: ders., Wandel und Bewährung. Ausgewählte Reden und Schriften 1930–1967. Hg. von Hans-Werner Graf Finckenstein und Gerhard Jahn, mit einer Einleitung von Günter Gaus, Frankfurt a. M./Berlin/Hannover 1968, S. 248.

I. Das Ende der Nachkriegszeit

> Nach unserer Ansicht jedenfalls sind die Zeichen der Zeit so zu deuten: nicht Selbstzerfleischung, sondern Miteinanderwirken im Rahmen des demokratischen Ganzen, wenn auch in sachlicher innenpolitischer Gegnerschaft. Innenpolitische Gegnerschaft belebt die Demokratie. Aber ein Feindverhältnis, wie es von manchen gesucht und angestrebt wird, tötet schließlich die Demokratie, ... so harmlos das auch anfangen mag. Das geteilte Deutschland ... kann nicht unheilbar miteinander verfeindete christliche Demokraten und Sozialdemokraten ertragen.

E

Herbert Wehner
Herbert Wehner wurde 1906 in Dresden geboren. Er macht eine Verwaltungsausbildung, belegt Abendkurse in Volkswirtschaftslehre, Literaturgeschichte und Philosophie und absolviert eine kaufmännische Lehre. 1927 tritt er der KPD bei. 1929 wird er Sekretär der ‚Revolutionären Gewerkschaftsopposition', 1930 stellvertretender KPD-Sekretär in Sachsen, 1930/31 ist er dort Landtagsabgeordneter und stellvertretender Fraktionsvorsitzender. 1932 wird Wehner ‚technischer Sekretär' des Politbüros der KPD und wird zum engen Mitarbeiter Thälmanns. Von 1933 bis 1935 ist er im Untergrund am Widerstand der KPD gegen den Nationalsozialismus beteiligt, danach geht er ins Exil. Er lebt zunächst in Prag und Paris, ab 1937 in Moskau, wo er für die Komintern arbeitet. 1941 wird Wehner nach Schweden geschickt, um die deutschen Kommunisten im schwedischen Exil zu ‚überprüfen'. Dort wird er wegen „Gefährdung der schwedischen Neutralität" verhaftet und verbringt ein Jahr im Gefängnis. Wehner bricht noch vor seiner Rückkehr nach Deutschland 1946 mit dem Kommunismus und wird aus der Partei ausgeschlossen. 1946 tritt er der SPD bei und gehört bald zum Kreis um Kurt Schumacher, dem ersten SPD-Vorsitzenden nach dem Krieg. Ab 1949 ist Wehner Mitglied des Bundestags, bis 1966 außerdem Vorsitzender des Bundestagsausschusses für gesamtdeutsche Fragen; von 1958 bis 1973 ist er stellvertretender SPD-Vorsitzender, von 1969 bis 1983 Fraktionsvorsitzender der SPD im Bundestag. In der Großen Koalition von 1966 bis 1969 wirkt er als Minister für gesamtdeutsche Fragen. Wehner zählt zu den Befürwortern des Godesberger Programms und setzte sich für die Zustimmung der SPD zu Adenauers Politik der Westbindung ein. Er war einer der Architekten der Großen Koalition und der Neuen Ostpolitik seit 1969. Als ‚Zuchtmeister' der Fraktion und Stratege der Partei nahm er großen Einfluss auf die Entwicklung der SPD. Für seine scharfe Rhetorik und vor allem seine Zwischenrufe im Bundestag war er berühmt. Wehner starb 1990. Gerüchte über eine angebliche Agententätigkeit Wehners für die DDR – im Grunde der Vorwurf, er sei immer Kommunist geblieben – ließen sich nie belegen und widersprächen auch Wehners gesamter Politik seit 1946, die auf die Westintegration der Bundesrepublik und die Ablösung der SPD vom Denken in marxistischen Klassenkampfkategorien zielten.

Auch in der Wirtschaftspolitik hatte sich die Orientierung der Partei grundsätzlich gewandelt. Wirtschaftswachstum und die Verteilung von Wohlstand galten nun als Weg zu sozialer Gerechtigkeit – und nicht mehr die Sozialisierung. Das Vertrauen in den Fortschritt und der Glaube an ständiges Wachstum hatten im Laufe der fünfziger Jahre zur Akzeptanz des Kapitalismus durch die deutsche Arbeiterbewegung geführt. Es ging nun nicht mehr darum, den Kapitalismus abzuschaffen, sondern ihn zu steuern und für soziale Gerechtigkeit nutzbar zu machen. Die Früchte des Wachstums mussten nur gerecht verteilt werden, um soziale Gegensätze obsolet werden zu lassen.

Innenpolitik, Gesellschaft, politische Kultur

Dieses neue Politikverständnis der deutschen Sozialdemokratie lag auch Willy Brandts politischem und gesellschaftlichem Programm zugrunde. Zum Wahlkampf 1961 hatte Brandt sein Konzept des „Großen Gesprächs" vorgestellt. Dieses stand ebenso für die Art des Wahlkampfs wie für das Politikverständnis und Gesellschaftsbild der SPD. Auch die innerparteiliche Meinungsbildung sollte davon geprägt sein. Das wahltaktische Ziel dieses Konzepts war es, die Mittelschichten anzusprechen und aus der noch immer dem Arbeitermilieu verhafteten SPD eine Volkspartei zu machen. Aber auch inhaltlich kann man Brandts ‚neuen Stil' als Umsetzung der Maximen des Godesberger Programms lesen. Die SPD präsentierte sich in der ersten Hälfte der sechziger Jahre als eine Partei, die regierungsfähig geworden war und nun eine tatsächliche Alternative zur christlich-liberalen Regierung darstellte. Zugleich sah man sich als die ‚modernere', eher zeitgemäße Variante, welche die sich entwickelnde gesellschaftliche Dynamik aufnahm und in geeignete politische Konzepte umzuwandeln imstande war.

II. Reform und Revolte

15.07.1963	Egon Bahrs Rede zur „neuen Ostpolitik" in Tutzing
01.12.1966	Große Koalition, Kurt Georg Kiesinger Kanzler
22.05.1966	Vietnam-Kongress in Frankfurt am Main
Juni 1967	„Gesetz zur Förderung der Stabilität und des Wachstums der Wirtschaft"
02.06.1967	Proteste gegen den Schah-Besuch, Tod Benno Ohnesorgs
11.04.1968	Attentat auf Rudi Dutschke
30.05.1968	Verabschiedung der Notstandsgesetze
21./23.08.1968	„Prager Frühling" gewaltsam niedergeschlagen
07.11.1968	Berliner Programm der CDU
22.10.1969	Sozialliberale Koalition, Willy Brandt Bundeskanzler
12.08.1970	Moskauer Vertrag mit der UdSSR
07.12.1970	Warschauer Vertrag mit Polen, Brandts Kniefall in Warschau
21.12.1972	Grundlagenvertrag mit der DDR
12.06.1973	Helmut Kohl zum Bundesvorsitzenden der CDU gewählt
18.09.1973	Aufnahme von BRD und DDR in die UNO
11.12.1973	Prager Vertrag mit der ČSSR
01.08.1975	KSZE-Schlussakte von Helsinki

1. Machtwechsel

Bundeskanzler Ludwig Erhard gewann die Bundestagswahlen im September 1965 deutlich: Die CDU erzielte 47,6% der Stimmen, beinahe die absolute Mehrheit. Die SPD kam auf 39,3%, und ein enttäuschter und von persönlichen Angriffen im Wahlkampf erschöpfter Willy Brandt beschloss zunächst, die Rolle des Kanzlerkandidaten an den Nagel zu hängen. Dabei war es Erhard, dessen politische Tage gezählt waren. Schon die Regierungsbildung gestaltete sich mühselig: FDP und CSU rieben sich an Erhard, und dessen politisches Agieren erschien kraftlos und unentschlossen. Auch in der eigenen Partei wurde er zunehmend als politische Last empfunden. Als er dann auf seinem ureigenen Feld, der Wirtschaftspolitik, Schwächen zeigte, begann unter der Hand die Suche nach einem geeigneten Nachfolger. Eine „Konjunkturdelle", ein wie sich später herausstellte nur vorübergehender Einbruch des Wirtschaftswachstums in den Jahren 1966 und 1967, erschien nach den langen Jahren hoher Wachstumsraten als drohende Wirtschaftskrise. Durch sein hilfloses Agieren büßte der Vater des Wirtschaftswunders sehr rasch seinen Nimbus als kompetenter Ökonom ein.

Machtwechsel

II.

Über den Bundeshaushalt für 1967 kam es schließlich zum Zerwürfnis zwischen den Koalitionspartnern, die FDP-Minister traten von ihren Ämtern zurück. Erhard reagierte völlig passiv und versuchte, mit einer Minderheitenregierung weiterzumachen, was sein Ansehen in der eigenen Partei und der Bevölkerung vollends ruinierte. Schon 14 Tage nach dem Rücktritt der FDP-Minister wurde Kurt Georg Kiesinger (1904–1988), der baden-württembergische Ministerpräsident, zum Kanzlerkandidaten der Union bestimmt, und Erhard beiseitegeschoben. Bei der Suche nach einer neuen Regierungsmehrheit im Parlament entschied sich die Union, diesmal nicht mehr auf die abtrünnig gewordene FDP zu setzen, sondern das Experiment einer Großen Koalition mit der Sozialdemokratie einzugehen. Die SPD hatte mit ihrer „Gemeinsamkeitspolitik" seit 1960 eine Kooperation mit der Union denkbar und möglich gemacht: In der Folge des Godesbergers Programms, in dem sie sich voll und ganz hinter die Wirtschaftsordnung und das parlamentarische System der Bundesrepublik gestellt hatte, erklärte sie nun auch außenpolitisch ihre Bereitschaft, die bisherige Politik der CDU, vor allem die politische und militärische Westbindung, mitzutragen und so für Kontinuität in den Grundfragen westdeutscher Außen- und Sicherheitspolitik einzustehen. In Nordrhein-Westfalen regierte seit Anfang November 1966 eine sozialliberale Koalition unter Ministerpräsident Heinz Kühn (SPD, 1912–1992), wodurch die SPD demonstrierte, dass sie durchaus in der Lage war, ein großes Flächenland und bedeutendes Wirtschaftszentrum der Republik zu regieren. Seit 1930 war die SPD nicht mehr an der Regierung gewesen, und in der Ära Adenauer waren Wahlkämpfe auch mit Verweis auf eine angebliche nationale Unzuverlässigkeit der SPD geführt und ihr eine Nähe zum sowjetischen Kommunismus unterstellt worden. Um die Regierungsfähigkeit der SPD nun auch im Bund unter Beweis zu stellen, hatte innerhalb der Sozialdemokratie vor allem Herbert Wehner auf die Bildung einer Großen Koalition gedrängt. Nicht alle in Partei und Fraktion der SPD waren über den neuen Kurs begeistert, aber immerhin gelang die Wahl des baden-württembergischen Ministerpräsidenten und Kanzlerkandidaten der CDU Kurt Georg Kiesinger am 1. Dezember 1966. Vizekanzler und Außenminister der ersten Großen Koalition der Bundesrepublik Deutschland wurde **Willy Brandt**.

Große Koalition

> **Willy Brandt**
> Willy Brandt wurde als Herbert Ernst Karl Frahm 1913 in Lübeck geboren; er starb 1992 in Unckel bei Bonn. Brandt trat 1930 in die SPD ein, 1931 in die linke Splittergruppe SAP. 1933 emigrierte er aufgrund der Verfolgung durch die Nationalsozialisten nach Norwegen, wo er den Namen Brandt annahm. Er studierte in Oslo Geschichte, arbeitete als Journalist und war in der Exilarbeit der SAP aktiv. Er ging als Norweger getarnt nach Berlin und organisierte dort den Widerstand der SAP gegen das Regime; er berichtete als Journalist aus dem Spanischen Bürgerkrieg. Nach der deutschen Besetzung Norwegens 1940 floh er weiter nach Schweden. Dort trat er wieder der SPD bei und engagierte sich in deren Nachkriegsplanungen. Ab 1945 arbeitete er als Korrespondent skandinavischer Zeitungen und als Presseattaché in Deutschland. 1949 wurde er Bundestagsabgeordneter der SPD (bis 1957, dann wieder 1969–1992). Ab 1955 war er Mitglied, 1955–57 Vorsitzender des Berliner Abgeordnetenhauses, 1957–1966 war Brandt Regierender Bürgermeister von Berlin. 1961 trat er als Kanzlerkandidat der SPD gegen Konrad Adenauer an, 1965 gegen Ludwig Erhard. 1964–1987 war er Parteivorsitzender

der SPD. In der Großen Koalition 1966–69 war Brandt Außenminister und Vizekanzler, 1969 wurde er Bundeskanzler der sozialliberalen Koalition. 1971 Friedensnobelpreis für die Ostpolitik. 1974 Rücktritt als Bundeskanzler wegen der Guillaume-Affäre. Von 1976 bis 1992 war Brandt Präsident der Sozialistischen Internationale, 1979 bis 1983 Mitglied des Europäischen Parlaments.

Zu den Gründen für die Entscheidung, eine Regierung aus den beiden großen Volksparteien CDU und SPD zu bilden, gehörten die unruhige innenpolitische Situation und das wirtschaftliche Krisenempfinden jener Jahre. Neben der kurzen und aus der Rückschau doch eher harmlosen Rezession nährten die beginnenden Studentenunruhen in Öffentlichkeit und Politik die Sorge um die Stabilität des Landes. Umgekehrt sahen die Neue Linke, kritische Intellektuelle und eine wachsende Zahl aufbegehrender Studierender in eben dieser Koalition das größte Sicherheitsrisiko für die westdeutsche Demokratie: Eine parlamentarische Demokratie, in der fast das gesamte Parlament die Regierung unterstützte, und nur noch die kleine FDP die Rolle der Opposition innehatte – die man ihr aus neulinker Sicht auch gar nicht zutraute – schien nicht mehr demokratisch zu sein und daher einer anderen, eben einer außerparlamentarischen Opposition zu bedürfen. Diese Rolle übernahm seit Mitte der sechziger Jahre die sogenannte Außerparlamentarische Opposition (APO), die vor allem vom Sozialistischen Deutschen Studentenbund (SDS) getragen wurde und ein Hauptakteur der westdeutschen Studentenbewegung war, die in den Ereignissen von 1968 kumulierte. Die APO wuchs rasch und radikalisierte sich dabei. Insbesondere als sich die Große Koalition auch noch an den Erlass von – aus Gründen der so gut wie zurückgewonnenen nationalen Souveränität überfälligen – Notstandsgesetzen machte, mit denen im von der Regierung zu bestimmenden Notfall die Grundrechte außer Kraft gesetzt werden konnten, sah sich die APO in ihrem Misstrauen gegenüber der Bundesregierung bestätigt.

Siebzehntes Gesetz zur Ergänzung des Grundgesetzes [„Notstandsgesetze"] vom 24. Juni 1968
aus: Bundesgesetzblatt 1968 I, S. 709–714.

Artikel 87a: Absatz (4): Zur Abwehr einer drohenden Gefahr für den Bestand oder die freiheitliche demokratische Grundordnung des Bundes oder eines Landes kann die Bundesregierung, wenn die Voraussetzungen des Artikels 91 Abs. 2 vorliegen und die Polizeikräfte sowie der Bundesgrenzschutz nicht ausreichen, Streitkräfte zur Unterstützung der Polizei und des Bundesgrenzschutzes beim Schutze von zivilen Objekten und bei der Bekämpfung organisierter und militärisch bewaffneter Aufständischer einsetzen. Der Einsatz von Streitkräften ist einzustellen, wenn der Bundestag oder der Bundesrat es verlangen.

Artikel 91: Absatz (1): Zur Abwehr einer drohenden Gefahr für den Bestand oder die freiheitliche demokratische Grundordnung des Bundes oder eines Landes kann ein Land Polizeikräfte anderer Länder sowie Kräfte und Einrichtungen anderer Verwaltungen und des Bundesgrenzschutzes anfordern.

Absatz (2): Ist das Land, in dem die Gefahr droht, nicht selbst zur Bekämpfung der Gefahr bereit oder in der Lage, so kann die Bundesregierung die Polizei in diesem Lande und die Polizeikräfte anderer Länder ihren Weisungen unterstellen sowie Einheiten des Bundesgrenzschutzes einsetzen. Die Anordnung ist nach Beseitigung der Gefahr, im übrigen jederzeit auf Verlangen des Bundesrates aufzuheben. Erstreckt sich die Gefahr auf das Gebiet mehr als eines Landes, so kann die Bun-

Machtwechsel

> desregierung, soweit es zur wirksamen Bekämpfung erforderlich ist, den Landesregierungen Weisungen erteilen; Satz 1 und Satz 2 bleiben unberührt.

Zugleich verstärkten die Erfolge der rechtsextremen NPD, die 1968 in den baden-württembergischen Landtag einzog, die Sorge um die Republik. Die Furcht vor ‚Weimarer Verhältnissen' ging um. Aus der heutigen Sicht erweisen sich die mittleren sechziger Jahre jedoch als Übergangszeit, als Zeit des allmählichen Machtwechsels von der CDU zur SPD, und damit als „Bewährung des Parteienstaats" (Klaus Schönhoven). Als es anschließend 1969 zum ersten Regierungswechsel der Bonner Republik kam und die SPD den Kanzler stellte, war einfach demokratische Normalität eingekehrt. Die Bundesrepublik vollzog damit zudem eine gesamtwestliche Entwicklung mit: Zwischen 1958 und 1964 war es bereits in Frankreich, den USA, Italien und Großbritannien zu Regierungswechseln hin zur gemäßigten Linken gekommen.

Ein Wandel der politischen Kultur machte sich auch in der Arbeitsweise der Großen Koalition bemerkbar: Das Kabinett wurde zum Ort der Entscheidungen, in die nun auch die Parteien mit einbezogen wurden. CDU und SPD arbeiteten unter ihren Fraktionsvorsitzenden Rainer Barzel (1924–2006) und Helmut Schmidt (*1918) pragmatisch zusammen. Die Zeit der Patriarchen schien vorüber, die Reformer waren am Zuge. Auch die Zusammensetzung des neuen Kabinetts war ein Hinweis auf einen Gezeitenwechsel: Emigranten, NS-Gegner und frühere NSDAP-Mitglieder saßen gemeinsam in der Regierung. Kanzler Kiesinger war 1933 in die NDSAP eingetreten, Außenminister Brandt war vor der Verfolgung ins skandinavische Exil geflohen und hatte sich in den fünfziger Jahren dafür öffentlich schelten lassen müssen – nicht zuletzt vom Finanzminister des Kabinetts, Franz Josef Strauß (1915–1988). Die NSDAP-Mitgliedschaft des Kanzlers Kiesinger führte wiederholt zu Protesten und Sorge. Der Schriftsteller Günther Grass (*1927) machte in einem offenen Brief auf die Problematik dieser Wahl aufmerksam: „Wie sollen wir der gefolterten, ermordeten Widerstandskämpfer, wie sollen wir der Toten von Auschwitz und Treblinka gedenken, wenn Sie, der Mitläufer von damals, es wagen, heute hier die Richtlinien der Politik zu bestimmen?" Auf dem CDU-Bundesparteitag im November 1968 ohrfeigte die junge Sekretärin Beate Klarsfeld (*1939) den auf dem Podium sitzenden **Kiesinger**. Sie wollte damit der Weltöffentlichkeit beweisen, dass „ein Teil des deutschen Volkes, ganz besonders aber seine Jugend, sich dagegen auflehnt, daß ein Nazi an der Spitze der Bundsregierung steht". Noch am selben Tag wurde sie dafür zu einem Jahr Gefängnis ohne Bewährung verurteilt.

Kurt Georg Kiesinger
Kurt Georg Kiesinger wurde 1904 in Ebingen auf der Schwäbischen Alb geboren. Er studierte zunächst in Tübingen Geschichte und Philosophie, dann in Berlin Rechts- und Staatswissenschaft und war an beiden Universitäten Mitglied in einer katholischen Studentenverbindung. Nach der Promotion arbeitete er in Berlin als Rechtsanwalt. Kiesinger trat im Februar 1933 in die NSDAP ein, vermied allerdings bis 1940 den Staatsdienst und blieb Rechtsanwalt. Um seiner Einberufung zu entgehen, ging er 1940 als stellvertretender Leiter der ‚Rundfunkpolitischen Abteilung' zum Reichsaußenministerium. Kurzzeitig interniert, dann als Mitläufer

II. Reform und Revolte

eingestuft und schließlich gänzlich entlastet arbeitete er wieder als Rechtsanwalt. 1948 wurde er Landesgeschäftsführer der CDU Württemberg-Hohenzollern, ab 1950 gehörte er dem geschäftsführenden Vorstand der CDU an. Von 1949 bis 1958 und von 1969 bis 1980 war er Abgeordneter des Deutschen Bundestags. Von 1958 bis 1966 war er Ministerpräsident von Baden-Württemberg, von 1966 bis 1969 stand er als Bundeskanzler der ersten Großen Koalition vor. Von 1967 bis 1971 gehörte er dem Bundesvorstand der CDU an. Kiesinger starb 1988.

Reformpolitik und Planung

Die Große Koalition bestand bis 1969 und markierte eine Ära umfassender wirtschafts- und gesellschaftspolitischer Reformen, die weitreichender waren als jene der nachfolgenden sozialliberalen Koalition. Sie nahm eine breite Palette an Reformvorhaben in Angriff. Neben wirtschaftspolitischen und strukturellen Modernisierungsvorhaben ging es um rechtliche und gesellschaftliche Liberalisierung. Auch der Sozialstaat wurde ausgebaut. Der Wandel in der Sozialpolitik hatte schon 1957 mit der Rentenreform eingesetzt und war 1961 mit dem Sozialhilfegesetz fortgeführt worden. Die Große Koalition ging nun aber auf breiter Basis daran, durch gezielte Eingriffe des Staates die gesellschaftlichen Lebensverhältnisse zu verändern. Eine wahre Planungseuphorie erfasste das Land: Die Vorstellung, man könne eine „rationale Ordnung auf Grundlage alles verfügbaren Wissens" (Joseph H. Kaiser) erschaffen, lag den Reformen zugrunde. „Planung" galt als „moderne Regierungstechnik", bei der die Politik sozialwissenschaftliche Erkenntnisse aktiv anwandte, um vorhandene Krisen zu überwinden und neue in Zukunft gar nicht mehr erst aufkommen zu lassen. Eine solche „verwissenschaftlichte Politik" galt in Westdeutschland wie in allen westlichen Industrienationen als unideologisch und damit als grundverschieden von der Planung in totalitären Regimen wie dem Nationalsozialismus und dem Stalinismus, und vor allem als grundverschieden von der staatlichen Planwirtschaft der DDR. Hier ging es vielmehr darum, den technischen, sozialen und wirtschaftlichen Wandel, der ja fraglos im Gange war, gestaltend zu kontrollieren, indem der Staat ordnend, und zwar nach rein rationalen Kriterien, in Wirtschaft und Gesellschaft eingriff. „Planung, Programmierung und Steuerung" waren die neuen Regierungspraktiken, in denen technokratische Vorstellungen von Planung und Machbarkeit zum Ausdruck kamen, die alles andere als „postideologisch" waren, sondern selbst zutiefst Ausdruck ihrer Zeit und des Glaubens an die Kontrollierbarkeit und Gestaltbarkeit moderner Gesellschaften und Wirtschaftsordnungen. Konkret umgesetzt wurden diese Vorstellungen in verschiedenen Feldern: in der Wirtschafts- und Finanzpolitik, in der Sozialpolitik und Bildungspolitik, in der **Raumordnung** und Stadtplanung.

E **Raumordnung**
Raumordnung meinte den Versuch des Bundes und der Länder, zwischen ländlichen Regionen und urbanen Ballungszentren möglichst „gleichwertige Lebensverhältnisse" herzustellen, etwa durch die Ansiedlung von Industrie und den starken Ausbau der Verkehrsinfrastruktur. Dies trug tatsächlich massiv zur Modernisierung vieler ländlicher Regionen bei, eröffnete der ländlichen Bevölkerung auch Zugänge zu neuen Berufen und mehr Bildung und erhöhte die Mobilität. Der Preis dafür war jedoch hoch: Nicht nur wurden immense Flächen betoniert, Natur zerstört, Gewässer und Böden verschmutzt; auch dörfliche Lebensverhältnisse und überkommene soziale Strukturen wurden zerstört, unabhängig davon,

ob sie ihren Dienst noch taten oder nicht. Der ländliche Raum als solcher wurde als Überbleibsel vergangener Zeiten, als Hindernis für die Modernisierung betrachtet und musste schon deswegen umfunktioniert, also „erschlossen" werden. Auch Städte gerieten in den Blick der Raumordnung: Aus verwinkelten Altstädten wurden „autofreundliche", großflächig betonierte Einkaufsregionen mit breiten Straßen und modernen, aus Stahlbeton gefertigten Parkhäusern, die für die Bewohner der ebenfalls in Stahlbeton gefertigten, praktisch-modernen Hochhaus-Konglomerate bequem und schnell mit dem eigenen Auto zu erreichen waren. Für die historische Bausubstanz in Westdeutschland, die die Bombardements des Zweiten Weltkriegs überstanden hatte, waren die späten sechziger Jahre eine erneute Katastrophe. In der DDR und im gesamten Europa war es ähnlich. München-Hasenbergl, Leipzig-Lobeda, Berlin-Marzahn und die Innenstadt von Birmingham gaben dem Fortschritt ein neues Gesicht. In kleineren Städten taten sich bisweilen, mit unterschiedlichem Erfolg, pensionierte Kirchgänger, langhaarige Jugendliche und Ladenbesitzer aus der Innenstadt zu ersten Bürgerinitiativen zusammen, um das Parkhaus und die Autobahnüberführung an der Stelle zu verhindern, wo bisher der mittelalterliche Marktplatz gestanden hatte. Sie erschienen damals aber noch nicht, wie aus heutiger Sicht, als die frühen Vertreter einer vorsichtigeren und umsichtigeren Zukunft, sondern als rückständige, uneinsichtige Gegner des Fortschritts und der Vernunft.

Hinterließ die Raumordnung baulich die deutlichsten Spuren, so war das bedeutendste Politikfeld der Großen Koalition wohl die Wirtschafts- und Finanzpolitik. Ihr ging es an erster Stelle um die Überwindung der Rezession durch Planung und darum, zukünftige Wirtschaftskrisen gleich von vorneherein unmöglich zu machen: Es ging um die Kontrolle der Wirtschaft als Gesamtsystem, aber unter Beibehaltung des Privateigentums und des freien Unternehmertums. Die Bundesregierung setzte nun erstmals gezielt auf eine **keynesianische Wirtschaftspolitik**.

Wirtschafts- und Finanzpolitik

Keynesianismus
Der Begriff bezeichnet eine Richtung der Wirtschaftspolitik, die auf die 1936 veröffentlichte Theorie des britischen Nationalökonomen John Maynard Keynes zurückgeht („The General Theory of Employment, Interest, and Money"). Keynes wandte sich gegen die Annahme der neoklassischen Wirtschaftstheorie, dass die Selbstregulierung des Marktes automatisch zu einem gesellschaftlichen Optimum führe; ein makroökonomisches Gleichgewicht könne eben auch bei Unterbeschäftigung bestehen. Hintergrund war die Erfahrung der Weltwirtschaftskrise von 1929. Keynes wies stattdessen dem Staat in Krisenzeiten vorübergehend die Rolle eines Wirtschaftsakteurs zu: Die öffentliche Hand müsse Investitionen tätigen, um die zu geringen Nettoinvestitionen der privaten Unternehmer zu ersetzen. Dadurch sollten das reale Volkseinkommen und die Beschäftigungsquote erhöht werden. Diese öffentlichen Investitionen sollten durch staatliche Kreditaufnahmen finanziert werden. Dieses „Deficit Spending" verlangte eine antizyklische Finanzpolitik: In der Wirtschaftskrise sollte die Regierung Schulden machen und Geld ausgeben, um dann in Zeiten des Wachstums dieses Defizit wieder aufzufüllen. Die Annahme war, dass durch die staatlichen Investitionen die Binnen-Nachfrage steige, dadurch die Arbeitslosigkeit sinke und die dadurch gestärkte Massenkaufkraft dann als Wirtschaftsmotor wirke und den Aufschwung verstetige. Dazu komme dem Staat die Aufgabe zu, durch gezielte fiskalische Steuerung die gesamtwirtschaftliche Entwicklung zu stabilisieren und zyklische Schwankungen auszugleichen. Diese Theorie wurde zunächst in den dreißiger Jahren in den USA angewendet („New Deal"), und bildete dann in den sechziger und siebziger Jahren in den westlichen Industrienationen die Grundlage der staatlichen Wirt-

schaftspolitik (systematisierte Fiskalpolitik, „Globalsteuerung", „Magisches Viereck", Planung), insbesondere, aber nicht nur bei sozialdemokratischen Regierungen. In den achtziger Jahren geriet der Keynesianismus zusehends in Kritik; an seine Stelle traten verstärkt eine neoliberale Politik und monetaristische Wirtschaftstheorien (Friedrich August von Hayek, Milton Friedman), die stärker auf die Kräfte des Marktes setzten und staatliche Intervention in der Wirtschaft ablehnten (Angebotspolitik anstelle der Nachfragepolitik).

Das hieß, dass der Staat durch Nachfrage- und Steuerpolitik aktiv in den Konjunkturverlauf eingriff. In Zeiten der Rezession sollte die „öffentliche Hand" die Wirtschaft stimulieren, einerseits indem sie Zinsen senkte, und andererseits durch staatliche Investitionen, vor allem in Infrastruktur – also durch öffentliche Bauaufträge. Dies bringt Geld in Umlauf, durch das die Kaufkraft der Bevölkerung steigt; durch die erhöhte Nachfrage wächst wiederum die Gesamtwirtschaft, die Krise wird überwunden. Zu diesem Zweck darf der Staat auch Schulden aufnehmen, die in Zeiten des Aufschwungs durch Steuereinnahmen wieder ausgeglichen werden: In der Krise Geld ausgeben, in Zeiten des Wohlstands sparen: daher „antizyklisch". Die Große Koalition setzte diese Theorie in eine „aktive Konjunkturpolitik" um. Im Zentrum stand das sogenannte Magische Viereck: Wirtschaftswachstum, Preisstabilität, Vollbeschäftigung und außenwirtschaftliches Gleichgewicht. Diese Ziele staatlicher Wirtschaftspolitik waren im „Gesetz zur Förderung der Stabilität und des Wachstums der Wirtschaft" vom Juni 1967 festgeschrieben und mussten gemeinsam beachtet werden. Die Instrumente dazu waren „gesamtwirtschaftliche Rahmenplanung", wirtschaftliche „Globalsteuerung" und eine aktive, „vorausschauende Arbeitsmarktpolitik".

Gesetz zur Förderung der Stabilität und des Wachstums der Wirtschaft [Stabilitätsgesetz] vom 8. Juni 1967
aus: http://www.gesetze-im-internet.de/stabg/BJNR005820967.html

§ 1
Bund und Länder haben bei ihren wirtschafts- und finanzpolitischen Maßnahmen die Erfordernisse des gesamtwirtschaftlichen Gleichgewichts zu beachten. Die Maßnahmen sind so zu treffen, daß sie im Rahmen der marktwirtschaftlichen Ordnung gleichzeitig zur Stabilität des Preisniveaus, zu einem hohen Beschäftigungsstand und außenwirtschaftlichem Gleichgewicht bei stetigem und angemessenem Wirtschaftswachstum beitragen.

§ 3
(1) Im Falle der Gefährdung eines der Ziele des § 1 stellt die Bundesregierung Orientierungsdaten für ein gleichzeitiges aufeinander abgestimmtes Verhalten (konzertierte Aktion) der Gebietskörperschaften, Gewerkschaften und Unternehmensverbände zur Erreichung der Ziele des § 1 zur Verfügung. Diese Orientierungsdaten enthalten insbesondere eine Darstellung der gesamtwirtschaftlichen Zusammenhänge im Hinblick auf die gegebene Situation.
(2) Das Bundesministerium für Wirtschaft und Technologie hat die Orientierungsdaten auf Verlangen eines der Beteiligten zu erläutern.

§ 9
(1) Der Haushaltswirtschaft des Bundes ist eine fünfjährige Finanzplanung zugrunde zu legen. In ihr sind Umfang und Zusammensetzung der voraussichtlichen Ausgaben und die Deckungsmöglichkeiten in ihren Wechselbeziehungen zu der mutmaßlichen Entwicklung des gesamtwirtschaftlichen Leistungsvermögens darzu-

Machtwechsel

> stellen, gegebenenfalls durch Alternativrechnungen.
> (2) Der Finanzplan ist vom Bundesministerium der Finanzen aufzustellen und zu begründen. Er wird von der Bundesregierung beschlossen und Bundestag und Bundesrat vorgelegt.
> (3) Der Finanzplan ist jährlich der Entwicklung anzupassen und fortzuführen.

Im selben Gesetz wurde auch die „konzertierte Aktion" ins Leben gerufen: Dieser **Korporatismus**, der runde Tisch aus Arbeitgebervertretern, Gewerkschaften, Staatsvertretern, der Bundesbank und den Wissenschaftlern des Sachverständigenrates zur Begutachtung der gesamtwirtschaftlichen Entwicklung sollte Interessenkonflikte zwischen Kapital und Arbeit einvernehmlich regeln und dadurch wirtschaftliche Stabilität ermöglichen. Staat und Wissenschaft hatten in diesem Rahmen beratende und im Zweifel schlichtende Funktion. Die Tarifautonomie sollte nicht angetastet werden. Die Tarifpartner sollten aber, gemeinsam mit der Bundesbank sowie Bund, Ländern und Gemeinden an der „aktiven" Konjunkturpolitik beteiligt und dazu angehalten werden, sich die Ziele des Magischen Vierecks zu eigen zu machen. Die Verantwortung für die Stabilität der Wirtschaft sollte auf den Schultern von Staat, Gewerkschaften und Arbeitnehmern verteilt werden. Dazu traf man sich regelmäßig unter dem Vorsitz des Bundeswirtschaftsministers, tauschte Daten, Informationen und Standpunkte aus und versuchte so, zu einer gemeinsamen wirtschaftspolitischen Haltung zu kommen. Formale und verbindliche Beschlüsse gab es nicht.

Konzertierte Aktion

Korporatismus
Korporatismus meint die Mitwirkung gesellschaftlicher Verbände an politischen Entscheidungsprozessen. Es gibt zwei Varianten: einmal den autoritären Korporatismus, der sich auf die erzwungene Kooperation gesellschaftlicher bzw. wirtschaftlicher Organisationen mit einem autoritären Staat bezieht, wie etwa im italienischen Faschismus; zum anderen den liberalen oder Neo-Korporatismus: Für diesen ist die westdeutsche konzertierte Aktion der Jahre 1967 bis 1976 der „klassische Fall". Mit Neo-Korporatismus ist die freiwillige Zusammenarbeit von Arbeitgeberorganisationen, Gewerkschaften und Staat gemeint, um die Wirtschaftspolitik miteinander abzustimmen und so eine möglichst breite Zustimmung zu den Vereinbarungen zu sichern. Ziel der konzertierten Aktion in der Bundesrepublik Deutschland war die Einhaltung der Vorgaben des vom Stabilitätsgesetz vorgegebenen „Magischen Vierecks" und damit eine stabile, krisenfreie Wirtschaftsentwicklung.

Wirtschafts- und Finanzministerium unter Wirtschaftsminister Karl Schiller (SPD, 1911–1994) und Finanzminister Franz Josef Strauß (CSU) arbeiteten bei dieser neuen Form der Wirtschaftspolitik eng zusammen. Strauß war für die Finanzierung der staatlichen Konjunkturpolitik zuständig, und damit für die „Mittelfristige Finanzplanung" (MiFriFi), die durch eine Ressourcenplanung für die Jahre 1967 bis 1971 festlegte, wie viel jedem Ministerium zur Verfügung stand, und damit Planungssicherheit schaffen sollte. Dasselbe Ziel verfolgte eine Neuregelung des Finanzausgleichs zwischen Bund und Ländern einerseits und den Ländern andererseits. Reiche Länder mussten ärmeren Ländern stärker unter die Arme greifen, und der Bund übernahm bei den sogenannten Gemeinschaftsaufgaben Hochschulbau, Regionalförde-

Reform und Revolte

rung und Agrarstrukturpolitik Kompetenzen der Länder. Damit wuchs die **Politikverflechtung** in der Bundesrepublik Deutschland stark an.

> **Politikverflechtung**
> Politikverflechtung (Fritz W. Scharpf) ist ein Begriff aus der Politikwissenschaft der siebziger Jahre, genauer gesagt, aus der Föderalismus-Forschung. Damit ist ein politisches System gemeint, in dem an allen wesentlichen politischen Entscheidungen immer mehrere politische Ebenen beteiligt sind, die miteinander verhandeln müssen: im deutschen Fall Kommunen, Länder, Bund und Europäische Gemeinschaft bzw. Union. Diese Ebenen arbeiten sowohl horizontal zusammen, etwa die Länder miteinander, als auch vertikal, etwa wenn Länder und EU oder Bund und Länder miteinander zu einer Entscheidung kommen müssen. Hier spricht man auch von einem „Mehrebenensystem". Dies wirkt sich auf die Politik der Bundesrepublik einerseits mäßigend aus, da es zu Kompromissen und zu Ergebnissen im Sinne der politischen Mitte zwingt; andererseits erschwert dieses Prinzip auch politische Richtungswechsel und macht den politischen Entscheidungsprozess mühsam und langwierig und kann zu Blockaden führen, wo innovative Wege nötig wären.

Energie- und Verkehrspolitik

Die Begeisterung für moderne Technik und rationale Gestaltung der Lebensverhältnisse machte sich auch in der Energie- und Verkehrspolitik der Großen Koalition bemerkbar: Sie betrieb unter Federführung von Verkehrsminister Georg Leber (SPD, *1920) massiv den Ausbau der Autobahnen und forcierte die Kernenergie als Mittel der Energiegewinnung. Seit Mitte der fünfziger Jahre wurde Kernkraft, also die kontrollierte Kernspaltung, zur Stromerzeugung genutzt, zuerst in der Sowjetunion, dann in Großbritannien und schließlich seit Juni 1961 auch in der Bundesrepublik Deutschland. Nun wurden deutlich mehr und technisch modernere Atomkraftwerke gebaut. Zunächst traten Druckwasserreaktoren anstelle der älteren Siedewasserreaktoren, dann sollten technisch innovative Brutreaktoren, die sogenannten schnellen Brüter, ans Netz gehen. Der Erste, ein Versuchsreaktor in Karlsruhe, war bis 1991 am Netz; die Inbetriebnahme des seit 1973 im Bau befindlichen industriellen Brutreaktors in Kalkar wurde jedoch durch Proteste von Atomkraftgegnern verhindert. In den achtziger Jahren gehörte die westdeutsche Kernkraft zur effizientesten weltweit.

Gesellschaftsreformen

Die Große Koalition verfolgte außerdem ein ehrgeiziges gesellschaftsreformerisches Programm, das von ihr angestoßen und von der nachfolgenden sozialliberalen Koalition bis 1974 fortgesetzt wurde: Rechtliche und sozialpolitische Reformen sollten eine im Wortsinne liberalere Gesellschaft zur Folge haben, deren Mitglieder über größere Chancengleichheit und mehr Mitspracherechte verfügen sollten. Armut, Krankheit, uneheliche Geburt, eine Herkunft vom Land oder weibliches Geschlecht sollten keinen Einfluss mehr haben dürfen auf die Entfaltungsmöglichkeiten und das Lebensglück der einzelnen Menschen. Dazu zählten etwa sozialpolitische Reformen wie die Lohnfortzahlung im Krankheitsfall, womit die Arbeiter den Angestellten gleichgestellt wurden, die Reform der Rentenversicherung, das Arbeitsförderungsgesetz sowie das Berufs- und Ausbildungsgesetz. Zu den rechtlichen Reformen dieser Zeit gehörten eine umfangreiche Strafrechtsreform, die stärker als zuvor auf Verbrechensprävention und Resozialisierung der Täter abhob; die rechtliche Gleichstellung unehelicher Kinder; der Wegfall des Kuppeleiparagraphen, der auch Eltern verbot, die Verlobten ihrer erwachsenen

Machtwechsel

Kinder über Nacht im Haus zu dulden; außerdem fielen die Strafen für Ehebruch und homosexuelle Handlungen zwischen Erwachsenen. Und schließlich gehört die Bildungsreform in den Katalog dieser Gesellschaftsreformen: Zugang zu Bildung galt als zentrale Voraussetzung für gesellschaftliche und politische Partizipation. Hier kam man den Forderungen nach einer massiven Ausweitung des Zugangs zu Gymnasium und Hochschule nach, wie sie seit den mittleren sechziger Jahren laut geworden waren. Besonders prominent hatte dies Georg Picht (1913–1982) formuliert, ein Reformpädagoge und Professor für Religionsphilosophie an der Universität Heidelberg, der mit seinem 1964 erschienen Buch „Die deutsche Bildungskatastrophe", ursprünglich eine Artikelserie in „Christ und Welt", das Schlagwort für die Debatte geliefert hatte.

> **Deutsche Bildungskatastrophe**
> aus: Georg Picht: Die deutsche Bildungskatastrophe. Analyse und Dokumentation, Freiburg i. Br. 1964, S. 16.
>
> Eines der tragenden Fundamente jedes modernen Staates ist sein Bildungswesen. Niemand müßte das besser wissen als die Deutschen. Der Aufstieg Deutschlands in den Kreis der großen Kulturnationen wurde im neunzehnten Jahrhundert durch den Ausbau der Universitäten und der Schulen begründet. Bis zum Ersten Weltkrieg beruhten die politische Stellung Deutschlands, seine wirtschaftliche Blüte und die Entfaltung seiner Industrie auf seinem damals modernen Schulsystem und auf den Leistungen einer Wissenschaft, die Weltgeltung erlangt hatte. Wir zehren bis heute von diesem Kapital ... Jetzt aber ist das Kapital verbraucht: Die Bundesrepublik steht in der vergleichenden Schulstatistik am untersten Ende der europäischen Länder neben Jugoslawien, Irland und Portugal. Die jungen Wissenschaftler wandern zu Tausenden aus, weil sie in ihrem Vaterland nicht mehr die Arbeitsmöglichkeiten finden, die sie brauchen. Noch Schlimmeres bereitet sich auf den Schulen vor: In wenigen Jahren wird man, wenn nichts geschieht, die schulpflichtigen Kinder wieder nach Hause schicken müssen, weil es für sie weder Lehrer noch Klassenräume gibt. Es steht uns ein Bildungsnotstand bevor, den sich nur wenige vorstellen können.

Auch der Soziologe Ralf Dahrendorf (1929–2009) hatte sich geäußert: 1965 erschien sein Buch „Bildung ist Bürgerrecht", in dem er den Zusammenhang von Bildung und Demokratie betonte. Bund und Länder investierten nun in den Ausbau der Universitäten – zahlreiche „Reformuniversitäten" entstanden auf der grünen Wiese. Diese und andere Reformbemühungen wurden 1970 zu einem „Strukturplan für das deutsche Bildungs- und Erziehungswesen" gebündelt und eine Bund-Länder-Kommission für Bildungsplanung und Forschungsfragen wurde eingesetzt. Ein Ergebnis war die versuchsweise Einführung der Gesamtschulen, mit denen die soziale Benachteiligung von Kindern im dreigliedrigen Schulsystem überwunden werden sollte.

Diese inneren Reformen der Großen Koalition trugen ohne Zweifel zu jenem tief greifenden Wandel der westdeutschen Gesellschaft und Politik in den sechziger und siebziger Jahren bei. Ihre langfristigen gesellschaftlichen Folgen waren größer, aber die wirtschaftlichen Auswirkungen der Reformpolitik waren rascher zu erkennen: Schon 1969 war die wirtschaftliche Rezession abgeklungen, die Arbeitslosenquote, die zunächst auf damals un-

Reform und Revolte

erhörte 2,5% angestiegen war, lag 1969 wieder bei 0,8%. Inwiefern dies allerdings wirklich an den Reformen lag, und ob tatsächlich an deren konkreter Wirkung oder am psychologischen Effekt einer entschlossenen Reformpolitik, mag dahingestellt sein. Wichtig ist, dass sich rationale Planung, wirtschaftliche Steuerung und verwissenschaftlichte Politik als der richtige Weg zu bestätigen schienen.

„Gastarbeiter"

Der Aufschwung war so deutlich, dass die Industrie bald wieder begann, nach Arbeitskräften zu suchen. „Gastarbeiter" wurden, wie schon vor der „Konjunkturdelle", angeworben. Billige, meist ungelernte Arbeitskräfte aus Süd- und Südosteuropa kamen zu Tausenden ins Land und übernahmen Jobs, für die sich im wohlhabenden Westdeutschland sonst niemand mehr fand. Auch diese Migranten, von denen die „Gastgeber" annahmen, dass sie nur für einige Zeit in der Bundesrepublik verweilen würden, und die man in Baracken unterbrachte wie zuvor die Flüchtlinge aus dem Osten, veränderten die deutsche Gesellschaft langfristig und tief greifend. Viele blieben und holten ihre Familien nach. Waren Ende der fünfziger Jahre vor allem Arbeiter aus Italien, Spanien und Griechenland gekommen, warb die deutsche Bundesanstalt für Arbeit seit Anfang der Sechziger auch in der Türkei um Interessenten. Nach und nach eröffneten mehr Restaurants und Imbissbuden, als die ersten „Gastarbeiter" ihre Baracken und schlecht bezahlten Malocherjobs verließen und begannen, sich eigene Existenzen aufzubauen. Andere verharrten in Ghettos und träumten von der Rückkehr in die Heimat, in der ihre Kinder bald ebenso fremd waren, wie es die Väter – und vor allem die Mütter – im grauen und regnerischen Deutschland blieben.

Sozialliberale Koalition

Trotz des großen reformerischen Schwungs dieser Regierungskoalition war sie doch immer nur als zeitlich befristete Übergangsvariante gedacht. Anders als ihre Kritiker befürchteten, war diese Regierung nicht der Abschied von der parlamentarischen Demokratie. Stattdessen kann man die Große Koalition als ersten Schritt zum „Machtwechsel" in Bonn betrachten, der normalen und auch notwendigen, aber in der Bonner Republik bislang noch nicht vorgekommenen Übergabe der Regierung an die größte bisherige Oppositionspartei. Herbert Wehners Hoffnung erfüllte sich nämlich: Die SPD konnte nach ihrer erfolgreichen Mitwirkung in der Regierung der Großen Koalition, in der sie ja nicht zuletzt den immens populären und erfolgreichen Wirtschaftsminister Schiller stellte, nicht nur weiterregieren – sie stellte nun selbst den Kanzler: Das Ergebnis der Bundestagswahlen vom 28. September 1969 war eine sozialliberale Koalition unter Leitung von Bundeskanzler Willy Brandt (SPD) und Außenminister Walter Scheel (FDP, *1919).

Schon im März 1969 hatte sich eine solche Möglichkeit abgezeichnet: Bei der Wahl des Bundespräsidenten hatte die FDP mit der SPD gestimmt und so dem sozialdemokratischen Kandidaten Gustav Heinemann (1899–1976) das Bundespräsidentenamt ermöglicht. Dahinter steckte ein grundlegender Wandel der FDP, die sich nach einem Führungswechsel nun unter Reformern wie Walter Scheel und Hans-Dietrich Genscher (*1927) auf einen neuen, linksliberalen Kurs festlegte und vor allem in der Rechtspolitik, der Bildungspolitik, der Außen- und Deutschlandpolitik deutlich mehr Gemeinsamkeiten mit der Sozialdemokratie aufwies als mit der Union.

Dennoch kam der „Machtverlust" für die Union als Schock. Dies mag auch an den Wahlergebnissen und den Ereignissen in der Wahlnacht gele-

Machtwechsel

gen haben: Die Union hatte die meisten Stimmen errungen (46,1%), die SPD lag knapp dahinter (42,7%), und die FDP hatte deutliche Verluste hinnehmen müssen (5,8%). Kurt Georg Kiesinger hatte schon seinen Sieg verkündet und Glückwünsche entgegengenommen, während Willy Brandt und der FDP-Vorsitzende Walter Scheel über eine gemeinsame Koalition verhandelten. Dass die FDP sich an die Seite der SPD begeben und das Angebot der Union ablehnen könnte, hatte man dort nicht bedacht. Das für alle verblüffende Angebot zur Regierungsbildung mit der FDP erfolgte auf persönliche Initiative Willy Brandts, entgegen der Skepsis in den eigenen Reihen, nicht zuletzt Wehners, dem die Mehrheit zu knapp und unsicher erschien. Noch vor Mitternacht am Wahlabend verkündete Brandt in den Medien diese neue Option, und schon in den folgenden Tagen begannen Koalitionsverhandlungen. Am 21. Oktober 1969 wurde Willy Brandt zum Bundeskanzler gewählt. Die Mehrheitsverhältnisse waren allerdings knapp: Es reichte nur für zwei Stimmen Mehrheit im Bundestag.

Diese neue Regierung wurde von ihren Anhängern euphorisch begrüßt und weckte große Erwartungen. Ein neuer politischer Stil würde nun Einzug halten, die Zeit der Patriarchen schien vorüber. Auch in der Rückschau sehen viele mit Arnulf Baring und Manfred Görtemaker im ersten Bonner „Machtwechsel" eine „Umgründung der Republik". Die Aufbruchstimmung war gewaltig und bündelte sich in der Figur Willy Brandts: Die Kanzlerschaft des Sozialdemokraten, des unehelichen Arbeiterkinds, des vor den Nationalsozialisten ins Exil Geflohenen verkörperte die neue, demokratische und sozialliberale Bundesrepublik. Sein Regierungsstil setzte das schon Anfang der sechziger Jahre entwickelte Konzept des „Großen Gesprächs" um: das Gespräch zwischen Regierenden und Regierten, das „Legitimität durch Kommunikation" (Heinrich Oberreuter) stiften sollte. In seiner ersten Regierungserklärung am 28. Oktober 1969 formulierte Brandt das Programm dieser Regierung: „Wir wollen mehr Demokratie wagen."

Regierungserklärung des Bundeskanzlers Willy Brandt vom 28. Oktober 1969
aus: Stüwe, Die großen Regierungserklärungen, S. 163, 180.

Unsere parlamentarische Demokratie hat 20 Jahre nach ihrer Gründung ihre Fähigkeit zum Wandel bewiesen und damit ihre Probe bestanden. Dies ist auch außerhalb unserer Grenzen vermerkt worden und hat unserem Staat zu neuem Vertrauen in der Welt verholfen.
Die strikte Beachtung der Formen parlamentarischer Demokratie ist selbstverständlich für politische Gemeinschaften, die seit gut 100 Jahren für die deutsche Demokratie gekämpft, sie unter schweren Opfern verteidigt und unter großen Mühen wiederaufgebaut haben. Im sachlichen Gegeneinander und im nationalen Miteinander von Regierung und Opposition ist es unsere gemeinsame Verantwortung und Aufgabe, dieser Bundesrepublik eine gute Zukunft zu sichern. Die Bundesregierung weiß, daß sie dazu der loyalen Zusammenarbeit mit den gesetzgebenden Körperschaften bedarf. Dafür bietet sie dem Deutschen Bundestag und natürlich auch dem Bundesrat ihren guten Willen an.
Unser Volk braucht, wie jedes andere, seine innere Ordnung. In den 70er Jahren werden wir aber in diesem Lande nur soviel Ordnung haben, wie wir an Mitverantwortung ermutigen. Solche demokratische Ordnung braucht außerordentliche Geduld im Zuhören und außerordentliche Anstrengung, sich gegenseitig zu verstehen.

II. Reform und Revolte

> Wir wollen mehr Demokratie wagen. Wir werden unsere Arbeitsweise öffnen und dem kritischen Bedürfnis nach Information Genüge tun. Wir werden darauf hinwirken, daß durch Anhörungen im Bundestag, durch ständige Fühlungnahme mit den repräsentativen Gruppen unseres Volkes und durch eine umfassende Unterrichtung über die Regierungspolitik jeder Bürger die Möglichkeit erhält, an der Reform von Staat und Gesellschaft mitzuwirken ...
> Diese Regierung redet niemandem nach dem Mund. Sie fordert viel, nicht nur von anderen, sondern auch von sich selbst. Sie setzt konkrete Ziele. Diese Ziele sind nur zu erreichen, wenn sich manches ändert im Verhältnis des Bürgers zu seinem Staat und seiner Regierung.
> Die Regierung kann in der Demokratie nur erfolgreich wirken, wenn sie getragen wird vom demokratischen Engagement der Bürger. Wir haben so wenig Bedarf an blinder Zustimmung, wie unser Volk Bedarf hat an gespreizter Würde und hoheitsvoller Distanz. Wir suchen keine Bewunderer; wir brauchen Menschen, die kritisch mitdenken, mitentscheiden und mitverantworten.
> Das Selbstbewußtsein dieser Regierung wird sich als Toleranz zu erkennen geben. Sie wird daher auch jene Solidarität zu schätzen wissen, die sich in Kritik äußert. Wir sind keine Erwählten; wir sind Gewählte. Deshalb suchen wir das Gespräch mit allen, die sich um diese Demokratie mühen.
> In den letzten Jahren haben manche in diesem Lande befürchtet, die zweite deutsche Demokratie werde den Weg der ersten gehen. Ich habe dies nie geglaubt. Ich glaube dies heute weniger denn je.
> Nein: Wir stehen nicht am Ende unserer Demokratie, wir fangen erst richtig an. Wir wollen ein Volk der guten Nachbarn werden im Innern und nach außen.

In der Rückschau darf man aber nicht übersehen, dass die Zäsur, die „Wendezeit" der Bundesrepublik im Grunde schon etwas früher begonnen hatte: Die sozialliberale Koalition setzte ja die inneren Reformen der Großen Koalition fort, und griff Forderungen aus der Öffentlichkeit nach umfassender Demokratisierung und Liberalisierung auf, die diese Regierung mit ins Amt getragen hatten. Hier schlug sich also ein allgemeines Aufbruchsgefühl nieder, das seit den frühen sechziger Jahren allmählich angewachsen war und nun auch die Regierung mit sich trug. Die neue Regierung war vom selben Reformimpetus geprägt wie ihre Vorgängerin – einige Ressorts wurden ja auch von denselben Leuten weitergeführt –, sie konzentrierte sich jedoch auf andere Felder der Politik. Im Mittelpunkt der Aufmerksamkeit der Regierung Brandt-Scheel stand – neben einer umfassenden Verwaltungsreform, die weitere innere Reformen ermöglichen und erleichtern sollte – die Ost- und Deutschlandpolitik.

2. Ostpolitik

Einen fundamentalen Umschwung in der Bonner Ost- und Deutschlandpolitik einzuleiten, eine „neue Ostpolitik" zu betreiben: Dies war eines der Motive gewesen, weswegen Willy Brandt und Walter Scheel das Wagnis einer sozialliberalen Koalition trotz der knappen Mehrheitsverhältnisse eingehen wollten.

Ostpolitik

Deutschlandpolitik der Regierung Adenauer

Die bisherige Ostpolitik der Bundesrepublik Deutschland war in der Adenauer-Ära geprägt worden und beruhte auf der Weigerung, die DDR als zweiten deutschen Staat anzuerkennen. Die Beziehungen zur DDR wurden ganz ostentativ nicht als Außenpolitik, sondern als „gesamtdeutsche Fragen" behandelt. Zuständig war das Bundesministerium für gesamtdeutsche Fragen, das 1969 in Bundesministerium für innerdeutsche Beziehungen umbenannt wurde. Die Bundesrepublik Deutschland erhob Alleinvertretungsanspruch: Nur sie vertrat das gesamte deutsche Volk in der Welt, nur sie war Rechtsnachfolgerin des Deutschen Reiches. Noch immer galt die sogenannte Hallstein-Doktrin: Staaten, die diplomatische Beziehungen zur DDR unterhielten, wurden mit dem Abbruch oder der Nichtaufnahme diplomatischer Beziehungen zur Bundesrepublik bestraft. Allerdings musste man für die Sowjetunion eine Ausnahme machen, die ja nun einmal Siegermacht des Zweiten Weltkriegs war und deswegen Mitspracherechte hatte bei allen gesamtdeutschen Angelegenheiten. Die Grundidee hinter diesem Umgang mit der DDR war die Westbindung: Ehe man das Wiedervereinigungsgebot des Grundgesetzes in die Tat umsetzen und sich um eine Annäherung an die DDR kümmern konnte, musste die Bundesrepublik fest ins westliche Bündnis verankert werden. Denn eine Wiedervereinigung zu Stalins Bedingungen – und auch denen seiner Nachfolger – wollte die Regierung Adenauer unbedingt vermeiden, selbst wenn dies die Teilung verlängern sollte.

Als die Westbindung aber abgeschlossen und die Bundesrepublik in NATO und EWG verankert war, wurde allmählich sichtbar, dass es in der Bundesregierung keine konkrete Politik zur Lösung der nationalen Frage gab. Besonders deutlich wurde dies beim Mauerbau im August 1961. Nun war der Provisoriumscharakter dahin, die DDR endgültig im Machtbereich der Sowjetunion verankert, und die BRD sah hilflos zu. Auch die Westmächte waren nicht bereit gewesen, einzugreifen und für die deutsche Einheit einen Krieg, womöglich einen Atomkrieg, zu riskieren. Die Deutschen mussten sich in der Teilung einrichten.

Als im Gefolge der Kuba-Krise vom Herbst 1962 ein diplomatisches Tauwetter zwischen den Blöcken einsetzte, gehörte Adenauer zu den schärfsten Kritikern der amerikanischen Entspannungspolitik. Die Annäherung der Supermächte machte ihm Sorgen, denn er befürchtete, die USA könnten sich aus Europa zurückziehen; würden sie die europäische Sicherheit aber nicht mehr garantieren, so wäre Westeuropa damit der Sowjetunion ausgeliefert; schlimmer noch: Washington könnte dem Kreml Deutschland als Pfand für die Entspannung bieten, Berlin an die DDR geben oder sogar ein neutrales Gesamtdeutschland anbieten im Gegenzug für eine Nichtangriffsgarantie der Sowjetunion. Die Bundesrepublik war, wenn man die Westbindung befürwortete und ein Freund freier Wahlen und der sozialen Marktwirtschaft war, eben doch zu sehr von amerikanischen Sicherheitsgarantien abhängig, um die Entspannung ohne Sorge zu betrachten. Deswegen blockierte die Bundesregierung jeden Versuch, konstruktive Beziehungen zwischen Ost und West aufzunehmen und lehnte die amerikanische Entspannungspolitik als solche scharf ab. Auch deswegen suchte die Regierung Adenauer nach dem Amtsantritt Kennedys größere Nähe zur französischen Regierung und vertiefte die bilateralen deutsch-französischen Beziehungen. Dies machte die Beziehungen zu den USA allerdings nicht einfacher, die de Gaulles of-

Reform und Revolte

fene Konfrontation und Alleingänge zunehmend skeptisch beobachteten und die deutsch-französische Annäherung mit Sorge sahen. Die Regierung Erhard unternahm dann halbherzige und wenig erfolgreiche Versuche des Ausgleichs und der Annäherung an die USA, behielt Adenauers Deutschlandpolitik aber im Großen und Ganzen bei.

„Wandel durch Annäherung"

Einen grundsätzlichen Gegenentwurf hatte Egon Bahr (*1922) schon am 15. Juli 1963 in einer programmatischen Rede an der Evangelischen Akademie Tutzing vorgelegt, die heute als der Beginn der „neuen Ostpolitik" betrachtet wird. Bahr, ein enger Vertrauter Willy Brandts, war damals Leiter des Presse- und Informationsamtes des Landes Berlin und Sprecher des Berliner Senats. Er griff Kennedys entspannungspolitische „Strategie des Friedens" auf und versuchte sie auf Deutschland zu übertragen: Entspannung im regionalen Kontext Europas. Die Grundidee auch dieses Konzepts war, dass die Verhältnisse in Europa, vor allem die deutsche Teilung, als Faktum hingenommen werden müssten, und es nun gelte, auf dieser Basis Politik zu machen – im Interesse der gesamten deutschen Nation. Die Existenz der DDR weiterhin zu ignorieren, erschien den Vertretern dieser „neuen Ostpolitik" als der falsche Weg. Stattdessen sollte „Wandel durch Annäherung" (Egon Bahr) erreicht werden: Nur wenn es weiterhin Kontakte und Beziehungen zwischen den beiden deutschen Staaten gebe, auch unter den Bedingungen der Mauer und des Schießbefehls, würde eine deutsche Einheit denkbar bleiben. An die Stelle der bisherigen Befreiungsvorstellungen solle der Versuch treten, sich selbst und die andere Seite zu öffnen – im Vertrauen darauf, dass die eigene Seite die bessere sei, die im friedlichen Sinne stärkere und sich durchsetzen werde. Bahr formulierte es so: „Die Änderung des Ost-West-Verhältnisses, die die USA versuchen wollen, dient der Überwindung des Status quo, indem der Status quo zunächst nicht verändert werden soll. Das klingt paradox, aber es eröffnet Aussichten, nachdem die bisherige Politik des Drucks und Gegendrucks nur zu einer Erstarrung des Status quo geführt hat."

Egon Bahr: Wandel durch Annäherung
aus: Rede vom 15. Juli 1963 in der Evangelischen Akademie Tutzing; http://www.1000dokumente.de/pdf/dok_0091_bah_de.pdf

Die Voraussetzungen zur Wiedervereinigung sind nur mit der Sowjet-Union zu schaffen. Sie sind nicht in Ost-Berlin zu bekommen, nicht gegen die Sowjet-Union, nicht ohne sie. Wer Vorstellungen entwickelt, die sich im Grunde darauf zurückführen lassen, daß die Wiedervereinigung mit Ost-Berlin zu erreichen ist, hängt Illusionen nach und sollte sich die Anwesenheit von 20 oder 22 gut ausgerüsteten sowjetischen Divisionen vergegenwärtigen ...
Die amerikanische Strategie des Friedens läßt sich auch durch die Formel definieren, daß die kommunistische Herrschaft nicht beseitigt, sondern verändert werden soll. Die Änderung des Ost/West-Verhältnisses, die die USA versuchen wollen, dient der Überwindung des Status quo, indem der Status quo zunächst nicht verändert werden soll. Das klingt paradox, aber es eröffnet Aussichten, nachdem die bisherige Politik des Drucks und Gegendrucks nur zur Erstarrung des Status quo geführt hat. Das Vertrauen darauf, daß unsere Welt die bessere ist, die im friedlichen Sinn stärkere, die sich durchsetzen wird, macht den Versuch denkbar, sich selbst und die andere Seite zu öffnen und die bisherigen Befreiungsvorstellungen zurückzustellen.

Ostpolitik

II.

> Die Frage ist, ob es innerhalb dieser Konzeption eine spezielle deutsche Aufgabe gibt. Ich glaube, diese Frage ist zu bejahen, wenn wir uns nicht ausschließen wollen von der Weiterentwicklung des Ost/West-Verhältnisses. Es gibt sogar in diesem Rahmen Aufgaben, die nur die Deutschen erfüllen können, weil wir uns in Europa in der einzigartigen Lage befinden, daß unser Volk geteilt ist.
>
> Die erste Folgerung, die sich aus einer Übertragung der Strategie des Friedens auf Deutschland ergibt, ist, daß die Politik des Alles oder Nichts ausscheidet. Entweder freie Wahlen oder gar nicht, entweder gesamtdeutsche Entscheidungsfreiheit oder ein hartes Nein, entweder Wahlen als erster Schritt oder Ablehnung, das alles ist nicht nur hoffnungslos antiquiert und unwirklich, sondern in einer Strategie des Friedens auch sinnlos. Heute ist klar, daß die Wiedervereinigung nicht ein einmaliger Akt ist, der durch einen historischen Beschluß an einem historischen Tag auf einer historischen Konferenz ins Werk gesetzt wird, sondern ein Prozeß mit vielen Schritten und vielen Stationen. Wenn es richtig ist, was Kennedy sagte, daß man auch die Interessen der anderen Seite anerkennen und berücksichtigen müsse, so ist es sicher für die Sowjet-Union unmöglich, sich die Zone zum Zwecke einer Verstärkung des westlichen Potentials entreißen zu lassen. Die Zone muß mit Zustimmung der Sowjets transformiert werden. Wenn wir soweit wären, hätten wir einen großen Schritt zur Wiedervereinigung getan.

Neue Ostpolitik

Politisch umgesetzt werden konnte dieses neue Konzept jedoch zunächst nicht. Eine Wende in der Bonner Deutschland- und Ostpolitik brachte erst die Große Koalition von 1966. Sie vollzog die Abkehr von Adenauers deutschlandpolitischem Kurs und machte sich an eine konkrete Bestandsaufnahme der Situation: Der Staatssekretär im Auswärtigen Amt Karl Carstens (1914–1992) erklärte im Oktober 1966, die Zeit der aktiven Wiedervereinigungspolitik sei vorbei. Stattdessen sei es höchste Zeit dafür, die deutsche Zweistaatlichkeit zu akzeptieren. Und Erich Mende (1916–1998), der Bundesminister für gesamtdeutsche Fragen und FDP-Vorsitzende, monierte, das Koordinatensystem der Deutschlandpolitik stimme nicht mehr. Die Grundlagen der Bonner Politik müssten der weltpolitischen Lage angepasst werden, damit die Bundesregierung wieder handlungsfähig werde. Die Große Koalition begann, sich an die Entspannungspolitik der amerikanischen Regierung unter Lyndon B. Johnson (1908–1973) anzupassen. Sie legte den „Entwurf einer europäischen Friedensordnung" vor, in dem die neue Deutschland- und Ostpolitik der kommenden Jahre vorgestellt wurde. Den Kern dieses Entwurfs bildeten ein Gewaltverzichtsvertrag mit der UdSSR, in dem die bestehenden Grenzen anerkannt wurden, und ein „geregeltes Nebeneinander" mit der DDR, in dem die zu erwartende lange Übergangszeit bis zur Wiedervereinigung vertraglich geregelt werden sollte. Dahinter stand die Überzeugung, dass eine Wiedervereinigung Deutschlands nur durch das Ende des Ost-West-Konflikts denkbar war, denn, so argumentierte Bundeskanzler Kiesinger, das vereinte Deutschland war einfach zu groß und wirtschaftlich zu bedeutend, als dass es sich einer der beiden Seiten anschließen könnte, ohne die andere zu schwächen.

Allerdings musste, ehe eine deutsche Bundesregierung bessere – oder überhaupt erst – Beziehungen zu „Pankow" eingehen konnte, wie Adenauer die Ost-Berliner Regierung zu nennen pflegte, in der Sowjetunion vorgefühlt werden, die ja immerhin Siegermacht und daher wie die Westmächte auch für alle territorialen und innerdeutschen Angelegenheiten zuständig war.

Dies wiederum berührte polnische Empfindlichkeiten, da Polen sehr schlechte Erfahrungen gemacht hatte mit deutsch-sowjetischen Absprachen, sodass am Ende der Weg zur deutsch-deutschen Annäherung über Moskau und Warschau führen musste. Diese neue Politik scheiterte aber zunächst an der Sowjetunion, die Schritte in Richtung Abrüstung und Entspannung gegenüber dem Westen insgesamt erst angehen mochte, nachdem im Mai 1968 der sogenannte Prager Frühling, ein Aufbegehren für einen demokratischen Sozialismus in der ČSSR, mit Gewalt niedergeschlagen war: Die Machtsicherung im eigenen Bündnis hatte hier Vorrang vor einer neuen Politik nach Außen. Seit 1968 richtete sich das Interesse der KPdSU dann auf Entspannung, gegenüber den USA wie im regionalen, europäischen Rahmen. Im Sommer 1969 schließlich begann die Umsetzung des Konzepts der neuen Ostpolitik mit der Aufnahme von Gesprächen mit der Sowjetunion über einen Gewaltverzichtsvertrag. Die Verhandlungen wurden dann im Herbst von der sozialliberalen Koalition übernommen. Allerdings geriet die neue Ostpolitik nun, da sie nur noch von SPD und FDP geführt wurde, in den erbitterten Widerstreit von Regierung und Opposition; die CDU warf der SPD den Verrat nationaler Interessen und die Absage an die Wiedervereinigung vor.

Ostverträge

Die Ergebnisse der hart umkämpften neuen Ostpolitik schlugen sich in den Ostverträgen der Jahre 1970 bis 1973 nieder. Sie schufen ein komplexes Regelwerk des Zusammenlebens auf der Basis des territorialen Status quo. Der Moskauer Vertrag vom 12. August 1970 machte den Anfang. Er schrieb vor allem die Unverletzlichkeit der Grenzen fest, die 1945 infolge des Zweiten Weltkriegs entstanden waren: die Oder-Neiße-Linie als polnische Westgrenze und die innerdeutsche Grenze. Die Bundesrepublik Deutschland erklärte, diese nicht mit Gewalt verändern zu wollen. Darüber hinaus erklärten beide Seite, ihre Konflikte friedlich und im Rahmen der Charta der Vereinten Nationen regeln zu wollen; den Entspannungsprozess wolle man weiterhin fördern.

Vertrag zwischen der Bundesrepublik Deutschland und der Union der Sozialistischen Sowjetrepubliken [„Moskauer Vertrag" vom 12. August 1970]
aus: http://www.documentarchiv.de/brd/1970/moskauer-vertrag.html

Artikel 1: Die Bundesrepublik Deutschland und die Union der Sozialistischen Sowjetrepubliken betrachten es als wichtiges Ziel ihrer Politik, den internationalen Frieden aufrechtzuerhalten und die Entspannung zu erreichen. Sie bekunden ihr Bestreben, die Normalisierung der Lage in Europa und die Entwicklung friedlicher Beziehungen zwischen allen europäischen Staaten zu fördern und gehen dabei von der in diesem Raum bestehenden wirklichen Lage aus.
Artikel 2: Die Bundesrepublik Deutschland und die Union der Sozialistischen Sowjetrepubliken werden sich in ihren gegenseitigen Beziehungen sowie in Fragen der Gewährleistung der europäischen und der internationalen Sicherheit von den Zielen und Grundsätzen, die in der Charta der Vereinten Nationen niedergelegt sind, leiten lassen. Demgemäß werden sie ihre Streitfragen ausschließlich mit friedlichen Mitteln lösen und übernehmen die Verpflichtung, sich in Fragen, die die Sicherheit in Europa und die internationale Sicherheit berühren, sowie in ihren gegenseitigen Beziehungen gemäß Artikel 2 der Charta der Vereinten Nationen der Drohung mit Gewalt oder der Anwendung von Gewalt zu enthalten.
Artikel 3: In Übereinstimmung mit den vorstehenden Zielen und Prinzipien stim-

men die Bundesrepublik Deutschland und die Union der Sozialistischen Sowjetrepubliken in der Erkenntnis überein, daß der Friede in Europa nur erhalten werden kann, wenn niemand die gegenwärtigen Grenzen antastet.
– Sie verpflichten sich, die territoriale Integrität aller Staaten in Europa in ihren heutigen Grenzen uneingeschränkt zu achten;
– sie erklären, daß sie keine Gebietsansprüche gegen irgend jemand haben und solche in Zukunft auch nicht erheben werden;
– sie betrachten heute und künftig die Grenzen aller Staaten in Europa als unverletzlich, wie sie am Tage der Unterzeichnung dieses Vertrages verlaufen, einschließlich der Oder-Neiße-Linie, die die Westgrenze der Volksrepublik Polen bildet, und der Grenze zwischen der Bundesrepublik Deutschland und der Deutschen Demokratischen Republik.

Der nächste Vertrag war der Warschauer Vertrag vom 7. Dezember 1970, dessen voller Titel lautet „Vertrag zwischen der Bundesrepublik Deutschland und der Volksrepublik Polen über die Grundlagen der Normalisierung ihrer gegenseitigen Beziehungen". Auch hierin bekräftige die Bundesrepublik die Unverletzlichkeit der polnischen Westgrenze, und beide Seiten verzichteten auf Gebietsansprüche. Dies war ein unerhört wichtiger und zugleich sehr heikler Schritt zur Normalisierung der deutsch-polnischen Beziehungen, denn damit erklärte Bonn, über die Interessen der deutschen Vertriebenen hinweg, den Verzicht auf die ehemaligen Ostgebiete des Deutschen Reiches. De facto war dies eine unumkehrbare Folge des deutschen Angriffs- und Vernichtungskrieges in Osteuropa; auf der Ebene der symbolischen Politik führte er jedoch zu großen innenpolitischen Ressentiments gegenüber der Regierung Brandt. Auch der nächste Schritt, der am 21. Dezember 1972 in Ost-Berlin von Egon Bahr und Michael Kohl (1929–1981) unterzeichnete Grundlagenvertrag mit der DDR war sehr umstritten: Dieser Vertrag stellte den Kern der Ostpolitik dar und hatte die überaus heikle Frage einer Anerkennung der deutschen Zweistaatlichkeit zum Inhalt. Entgegen den Zielen Ost-Berlins erkannte die Bundesrepublik die DDR zwar staatsrechtlich an, aber nicht völkerrechtlich. Dahinter steckte das Dilemma der Bundesregierung, die DDR zwar zur Normalisierung der Beziehungen als eigenständigen Staat anerkennen zu wollen, aber dennoch am Verfassungsauftrag der Wiedervereinigung festhalten zu wollen und zu müssen. Dem Vertrag wurde daher auch ein Brief der Bundesregierung beigelegt, in dem sie erklärte, dass dieser Vertrag nicht im Widerspruch zu dem politischen Ziel der deutschen Einheit in freier Selbstbestimmung stehe. Auch dieser Vertrag schrieb überdies die Unverletzlichkeit der Grenzen und den Verzicht auf Gewalt bei der Beilegung von Konflikten fest. Diese Neufassung der deutsch-deutschen Beziehungen ermöglichte 1973 die Aufnahme von Bundesrepublik und DDR in die UNO. Als Nächstes folgte 1973 der Vertrag mit der ČSSR, der vor allem die Nichtigkeit des Münchner Abkommens von 1938 zum Gegenstand hatte, in dem das Sudetengebiet an Deutschland abgetreten worden war. Auf jegliche gegenseitige Gebietsansprüche wurde verzichtet, die gemeinsame Grenze für unverletzlich erklärt, Gewalt in den gemeinsamen Beziehungen ausgeschlossen, und überdies wurden diplomatische Beziehungen aufgenommen. Parallel zu den Ostverträgen waren am 3. September 1971 die Viermächteverhandlungen über Berlin erfolgreich

II. Reform und Revolte

abgeschlossen worden. Die Alliierten garantierten darin gemeinsam die Unabhängigkeit West-Berlins und den ungehinderten Zugang zur Stadt. Zugleich hatten sich Bonn und Ost-Berlin auf ein Transitabkommen geeinigt. West-Berlin galt zwar auch weiterhin nicht als Bestandteil der Bundesrepublik, aber immerhin garantierte die UdSSR nun den Transitverkehr und akzeptierte, dass die Beziehungen zwischen West-Berlin und der Bundesrepublik „aufrechterhalten und entwickelt" wurden. Das hinderte den Kreml allerdings nicht daran, schon 1974 West-Berlin wieder als Druckmittel gegen den Westen einzusetzen. Die Bundesregierung musste wieder einmal Washington um Hilfe bitten, und so wurde aufs Neue deutlich, dass nur die USA wirklich imstande waren, die Sicherheit West-Berlins zu garantieren. Der Regierung Brandt war sehr wohl bewusst, dass die gesamte deutsche Ostpolitik nur mit der „Rückendeckung" (Werner Link) der USA möglich war. Neben der sicherheitspolitischen Garantie der USA war aber auch die europäische Integration eine wesentliche Grundlage der regionalen, europäischen Entspannung. Auch deswegen musste es das Ziel der sozialliberalen Koalition sein, die richtige Balance zu finden zwischen der Ostpolitik und den Beziehungen zu den USA und zu Frankreich.

Kniefall in Warschau — Neben der vertraglichen Regelung territorialer, staatsrechtlicher und sicherheitspolitischer Fragen hatte die neue Ostpolitik natürlich eine ganz zentrale vergangenheitspolitische Dimension. Der Verzicht auf eine gewaltsame Änderung der Nachkriegsgrenzen zu den östlichen Nachbarn war ein Schritt in Richtung der „Normalisierung der Beziehungen", die dem Warschauer Vertrag seinen Titel gab. Die Bundesrepublik Deutschland streckte im Grunde eine Hand zur Versöhnung aus, und dies beinhaltete auch, zumindest aus Sicht der Bundesregierung und ihrer osteuropäischen Vertragspartner, die Aussage, dass die Ostgebiete durch den Krieg und die Verbrechen der Nationalsozialisten verloren gegangen waren, und war insofern auch ein Schuldeingeständnis. Dieser vergangenheitspolitische Aspekt der Ostpolitik wurde durch die große Geste Willy Brandts deutlich, der anlässlich der Unterzeichnung des Warschauer Vertrags am Mahnmal für die Opfer des Warschauer Ghettos wortlos auf die Knie sank und damit der ganzen Welt ein gewandeltes Deutschland vor Augen führte. Zuhause allerdings war die Begeisterung über dieses Bild und seine Symbolik geringer als im Ausland. Nicht nur der ‚Spiegel' fragte: „Durfte Brandt knien?" Dem Kanzler wurde der Vorwurf der nationalen Unzuverlässigkeit, des Verrats an deutschen Interessen gemacht, von den öffentlichen Schmähungen und Morddrohungen gegen Willy Brandt als Person ganz zu schweigen. Insgesamt jedoch hatte sich die Bonner Politik tatsächlich und glaubhaft daran gemacht, „ein Volk der guten Nachbarn" zu sein, „im Innern und nach außen".

KSZE-Prozess — Die Bonner Ostpolitik ermöglichte zudem ein weiteres und wesentliches Element der regionalen europäischen Entspannung: den sogenannten KSZE-Prozess. Die Konferenz über Sicherheit und Zusammenarbeit in Europa (KSZE) bestand tatsächlich aus einer ganzen Reihe von Konferenzen seit 1973, auf denen sich – auf Initiative des Warschauer Paktes – 35 Staaten aus beiden Blöcken, Ost wie West, im neutralen Helsinki über eine breite Palette von Anliegen und Problemen austauschten. Alle europäischen Staaten (bis auf Albanien), die UdSSR, die USA und Kanada nahmen teil. Frühere Ge-

Ostpolitik

sprächsangebote aus Moskau und Warschau waren an der Ablehnung des Westens gescheitert, allen voran am Veto der Bundesrepublik, die in Zeiten der Hallstein-Doktrin jegliche Beziehungen zum „Osten" ablehnte. Die Ergebnisse wurden in der sogenannten Schlussakte von Helsinki vom 1. August 1975 festgehalten und bilden den Höhepunkt der Entspannungspolitik in Europa. Hierin wurde eine geregelte Zusammenarbeit in den Feldern Wirtschaft, Wissenschaft, Technik und Umwelt vereinbart, sicherheitspolitische Absprachen wurden getroffen, Maßnahmen der Vertrauensbildung im militärischen Bereich beschlossen und – und das war die Krux aus osteuropäischer Sicht – vertragliche und damit einklagbare Vereinbarungen zur Einhaltung von Menschenrechten getroffen. Damit wurde erstmals im großen Stil das Zusammenleben der europäischen Nationen in Ost und West geregelt und auf vertragliche Grundlagen gestellt. Vertrauensbildung und Normalität waren das Ziel.

Konferenz über Sicherheit und Zusammenarbeit in Europa, Schlussakte, Helsinki 1. August 1975
aus: http://www.osce.org/de/mc/39503

Die Teilnehmerstaaten ... *erklären* ihre Entschlossenheit, die folgenden Prinzipien, ... zu achten und in die Praxis umzusetzen:

I. *Souveräne Gleichheit, Achtung der der Souveränität innewohnenden Rechte*
Die Teilnehmerstaaten werden gegenseitig ihre souveräne Gleichheit und Individualität sowie alle ihrer Souveränität innewohnenden und von ihr umschlossenen Rechte achten, einschließlich insbesondere des Rechtes eines jeden Staates auf rechtliche Gleichheit, auf territoriale Integrität sowie auf Freiheit und politische Unabhängigkeit. Sie werden ebenfalls das Recht jedes anderen Teilnehmerstaates achten, sein politisches, soziales, wirtschaftliches und kulturelles System frei zu wählen und zu entwickeln sowie sein Recht, seine Gesetze und Verordnungen zu bestimmen ...

II. *Enthaltung von der Androhung oder Anwendung von Gewalt*
Die Teilnehmerstaaten werden sich in ihren gegenseitigen Beziehungen sowie in ihren internationalen Beziehungen im allgemeinen der Androhung oder Anwendung von Gewalt, die gegen die territoriale Integrität oder politische Unabhängigkeit irgendeines Staates gerichtet oder auf irgendeine andere Weise mit den Zielen der Vereinten Nationen und mit der vorliegenden Erklärung unvereinbar ist, enthalten. Die Geltendmachung von Erwägungen zur Rechtfertigung eines gegen dieses Prinzip verstoßenden Rückgriffs auf die Androhung oder Anwendung von Gewalt ist unzulässig ...

III. *Unverletzlichkeit der Grenzen*
Die Teilnehmerstaaten betrachten gegenseitig alle ihre Grenzen sowie die Grenzen aller Staaten in Europa als unverletzlich und werden deshalb jetzt und in der Zukunft keinen Anschlag auf diese Grenzen verüben ...

IV. *Territoriale Integrität der Staaten*
Die Teilnehmerstaaten werden die territoriale Integrität eines jeden Teilnehmerstaates achten ...

V. *Friedliche Regelung von Streitfällen*
Die Teilnehmerstaaten werden Streitfälle zwischen ihnen mit friedlichen Mitteln

Reform und Revolte

> auf solche Weise regeln, daß der internationale Frieden und die internationale Sicherheit sowie die Gerechtigkeit nicht gefährdet werden ...
>
> VI. *Nichteinmischung in innere Angelegenheiten*
> Die Teilnehmerstaaten werden sich ungeachtet ihrer gegenseitigen Beziehungen jeder direkten oder indirekten, individuellen oder kollektiven Einmischung in die inneren oder äußeren Angelegenheiten enthalten, die in die innerstaatliche Zuständigkeit eines anderen Teilnehmerstaates fallen. Sie werden sich dementsprechend jeder Form der bewaffneten Intervention oder der Androhung einer solchen Intervention gegen einen anderen Teilnehmerstaat enthalten ...
>
> VII. *Achtung der Menschenrechte und Grundfreiheiten, einschließlich der Gedanken-, Gewissens-, Religions- oder Überzeugungsfreiheit*
> Die Teilnehmerstaaten werden die Menschenrechte und Grundfreiheiten, einschließlich der Gedanken-, Gewissens-, Religions- oder Überzeugungsfreiheit für alle ohne Unterschied der Rasse, des Geschlechts, der Sprache oder der Religion achten. Sie werden die wirksame Ausübung der zivilen, politischen, wirtschaftlichen, sozialen, kulturellen sowie der anderen Rechte und Freiheiten, die sich alle aus der dem Menschen innewohnenden Würde ergeben und für seine freie und volle Entfaltung wesentlich sind, fördern und ermutigen ...
> Die Teilnehmerstaaten anerkennen die universelle Bedeutung der Menschenrechte und Grundfreiheiten, deren Achtung ein wesentlicher Faktor für den Frieden, die Gerechtigkeit und das Wohlergehen ist, die ihrerseits erforderlich sind, um die Entwicklung freundschaftlicher Beziehungen und der Zusammenarbeit zwischen ihnen sowie zwischen allen Staaten zu gewährleisten ...
>
> VIII. *Gleichberechtigung und Selbstbestimmungsrecht der Völker*
> Die Teilnehmerstaaten werden die Gleichberechtigung der Völker und ihr Selbstbestimmungsrecht achten, indem sie jederzeit in Übereinstimmung mit den Zielen und Grundsätzen der Charta der Vereinten Nationen und den einschlägigen Normen des Völkerrechts handeln, einschließlich jener, die sich auf die territoriale Integrität der Staaten beziehen.

Allerdings sollte dieses Miteinander nicht lange halten. Schon Ende der siebziger Jahre kehrten Misstrauen und gegenseitige Bedrohung in die Ost-West-Beziehungen zurück, und die Phase der Entspannung war vorüber. Vorbei waren die wenigen Jahre, in denen die Bedrohung eines atomaren Krieges fast aus dem Bewusstsein der Bevölkerung geraten war.

In dieser Zeit jedoch, zwischen Mitte der sechziger und Ende der siebziger Jahre, hatten sich die Westdeutschen nicht ständig als Einwohner eines potenziellen atomaren Schlachtfelds fühlen müssen, hatte die militärische und blockpolitische Entspannung auf internationaler Ebene doch Raum geschaffen für eine innenpolitische und gesellschaftliche Entspannung, eine Öffnung und Pluralisierung der politischen Kultur der Bundesrepublik.

3. APO und Studentenunruhen

Auf gesellschaftlicher Ebene brachten die sechziger Jahre die Ordnung der jungen Bundesrepublik gründlich durcheinander. Besonders „1968" steht als Symbol für eine gesellschaftliche Umwälzung, einen tief greifenden Wertewandel. Jugendliche und Studenten demonstrierten auf den Straßen, verweigerten Eltern, Lehrern und anderen Autoritätspersonen Achtung und Gehorsam und übten scharfe Kritik an den gesellschaftlichen und politischen Verhältnissen. Die vielfältigen Protestbewegungen der sechziger und siebziger Jahre stellten hergebrachte Werte infrage und klagten demokratische Grundwerte und individuelle Freiheiten ein. Ihr Auftreten verunsicherte und provozierte schroffe Ablehnung. Am Ende aber trugen sie zu einer Liberalisierung und Pluralisierung der westdeutschen Gesellschaft bei, zu mehr politischer Teilhabe, einer öffentlichen Diskussionskultur und einer Individualisierung der Lebensstile.

Der gesellschaftliche Protest und der Wertewandel jener Jahre war jedoch kein deutsches, sondern ein internationales Phänomen. Die meisten westlichen Industriegesellschaften hatten damals eine ähnliche Entwicklung zu verzeichnen. Die Protestbewegungen waren teilweise sogar miteinander verbunden, sie nahmen sich gegenseitig wahr und lernten voneinander. Mitte der sechziger Jahre lagen Berkeley, Paris, Frankfurt und Berlin – und für kurze Zeit auch Prag – sehr nahe beieinander. Die Bundesrepublik war auch in dieser Hinsicht zu einem westlichen Land unter anderen geworden. Denn auch wenn die Studenten an der Freien Universität Berlin antiamerikanische Banner trugen, so waren die Parolen gegen den Krieg in Vietnam doch dieselben wie die ihrer Kommilitonen in Berkeley.

In den USA nahm die Sache um 1960 ihren Anfang, als Protestbewegung gegen die Welt der fünfziger Jahre, ihrem scharfen Antikommunismus, der in den innenpolitischen Verfolgungen durch McCarthy gipfelte, und ihrer menschenverachtenden Rassensegregation; gegen die gepflegte Langeweile des Wohlstands in den Vorstädten, gegen den Konformitätsdruck und die autoritären Verhältnisse in Familie, Schule und Militär. Dagegen machte sich ab etwa 1960 allmählich eine grundlegende Systemkritik bemerkbar, die keineswegs von kommunistischer Parteinahme herrührte, sondern gerade die liberalen Werte der amerikanischen Gesellschaft und ihre politische Tradition beim Wort nahm und ungeteilte Bürgerrechte und Partizipationschancen, ja gleich eine neue Gesellschaft forderte. Eine junge Generation begann, die amerikanische Gesellschaft ihrer Eltern an den eigenen Maßstäben zu messen, und konstatierte einen Mangel an Freiheit und Demokratie. Dieses Unbehagen und dieses Protestpotenzial fanden einen Kristallisationspunkt in der schwarzen Bürgerrechtsbewegung. Noch zu Anfang der sechziger Jahre herrschte in den Südstaaten der USA de facto ein Apartheid-Regime, das die Bevölkerungsteile nach rassistischen Kriterien getrennt hielt, in Schulen, auf Parkbänken, in Gasthäusern und öffentlichen Verkehrsmitteln; rechtsstaatliche Garantien galten für die schwarze Bevölkerung allenfalls auf dem Papier. Auch in den Nordstaaten herrschte Ungleichheit und Diskriminierung. Dagegen wandte sich die neue Bürgerrechtsbewegung,

Protestbewegungen in den USA

II. Reform und Revolte

die am 1. Februar 1960 mit einem „sit-in" in einem Café in Greensboro, North Carolina, ihren Ausgang nahm, wo ein schwarzer Gast, der nicht bedient wurde, einfach sitzen blieb, anderntags wiederkam und Freunde mitbrachte, bis in den USA Hunderte friedlich, wenn auch ohne Speisen und Getränke, in Restaurants und Cafés saßen. Anders als bei den ersten Versuchen der fünfziger Jahre wuchs aus diesen Anfängen eine große Bewegung, es kam zu Demonstrationen und Verhaftungen, und am 28. August 1963 gar zu einem friedlichen „Marsch auf Washington", an dem 250 000 Menschen teilnahmen und Dr. Martin Luther Kings Rede „I have a dream" hörten. Schließlich bewegte sich die Regierung und erließ 1964 und 1965 den Civil Rights Act und den Voting Rights Act, um die wesentlichen Forderungen der Bürgerrechtler zu erfüllen. Lyndon B. Johnson legte zudem sein Konzept einer „Great Society" vor, ein Programm des sozialen Ausgleichs. Zwei Richtungen dieser Bewegung waren damit nicht zufrieden und trugen den Protest auf andere Ebenen: Die eine war die radikalisierte Version der Bürgerrechtsbewegung unter Malcom X und seiner „Nation of Islam", die sich gegen jede Kooperation mit dem weißen Establishment wandten; die andere war die Studentenbewegung, deren Ursprungsort in Berkeley lag. Studenten dieser kalifornischen Universität hatten im Mississippi-Gebiet Gewalt gegen Schwarze miterlebt, die sich als Wähler hatten registrieren lassen wollen, und brachten ihre Entrüstung mit zurück auf den Campus. Dort eskalierte – vor allem aufgrund unklugen Agierens der Uni-Leitung, die ihren Studenten das Protestieren verbieten wollte – die Situation im Lauf des Jahres 1964. Die Studenten verbanden nun die Anliegen der Bürgerrechtsbewegung mit linker System- und vor allem Kapitalismuskritik, wie sie in der noch jungen „Neuen Linken" formuliert wurde.

Ein zentrales Dokument dieser Entwicklung ist das sogenannte Port Huron Statement vom Sommer 1962. Die Organisation Students for a Democratic Society (SDS) stellt sich hierin gegen den Rassismus in den Südstaaten, gegen die Gefahr eines Atomkriegs und forderte eine „partizipatorische Demokratie" anstelle der bisherigen Elitenherrschaft. Sich selbst sprachen die Studenten die Aufgabe zu, die Verhältnisse durch Aufklärung zu ändern. Damit waren schon 1962 einige wesentliche Eckpunkte des kommenden Protests formuliert, und die Universitäten hatten aus Sicht der Studenten eine neue Rolle erhalten.

Ein zweites großes Thema der Protestbewegung kam Mitte der sechziger Jahre hinzu: 1965 traten die USA offen in den schon länger schwelenden Vietnamkrieg ein, und es begann ein langwieriger, blutiger und traumatischer Krieg, der nur vordergründig ein Krieg zwischen Kommunismus und westlicher Welt war, vielmehr starke Züge eines Dekolonisationskrieges trug und sich bis 1975 hinzog, als die USA sich schließlich geschlagen geben mussten. Im Protest gegen diesen Krieg fanden Studenten, Bürgerrechtsbewegung und ein neues, breiteres Protestpotenzial zusammen. Die überproportional hohen Einberufungsquoten junger Schwarzer in diesem Krieg trugen überdies zur Radikalisierung der Bürgerrechtsbewegung bei: „White people sending black people to make war on yellow people in order to defend the land they stole from red people." (Stokely Carmichael 1967). Rasch weitete sich die Anti-Vietnamkriegs-Bewegung auch nach Westeuropa aus, insbesondere nach Frankreich und in die Bundesrepublik Deutschland.

APO und Studentenunruhen

Nicht nur unter linken Intellektuellen, auch im gemäßigten Bürgertum und im ‚Establishment' fanden sich jeweils Anhänger. Diese politisch motivierte und auch politisch argumentierende Form des Protests wurde in den USA flankiert von einer anderen, apolitischen und stärker individualistischen Variante der Verweigerung: der sogenannten „Counterculture" (Gegenkultur). Ihre prominentesten Vertreter waren die Hippies.

Im Sommer 1967 trafen sich in San Francisco 100 000 Hippies zum ‚Summer of Love'. Die langhaarigen und bunt gekleideten Blumenkinder, die seit Mitte des Jahrzehnts in den USA und Europa zum Stadtbild gehörten, wollten eine neue Wertewelt ohne Materialismus, Unterdrückung und Krieg. Das zentrale Großereignis dieser kulturellen Strömung war ein gigantisches Musik-Festival in Woodstock, das vom 15.–18. August 1969 dauerte, wo Tausende auf einer Wiese feierten, bis sie schließlich im Schlamm versanken. Aus der Hippie-Bewegung, die nach dem Sommer von San Francisco verlosch, gingen verschiedene andere Richtungen hervor, zum Beispiel die Anhänger der psychedelischen Revolution, die Drogen nahmen, um ihr Bewusstsein zu erweitern.

In etwas kleinerem Maßstab fanden sich diese Phänomene auch in Westeuropa. Introvertierter und weniger hübsch anzusehen waren die sogenannten Gammler, die nun in vielen europäischen Metropolen auftauchten, ebenfalls langhaarige, aber heruntergekommene und ungewaschene junge Leute, die nichts taten. Sie arbeiteten nicht, sie lernten nichts und sie planten nichts, sie waren ‚ungeraten' und verwahrlost. Sie weigerten sich schlicht, ein ‚anständiges' bürgerliches Leben zu führen.

Die Proteste in Europa hatten jedoch durchaus eigene Wurzeln. Sie waren kein direkter Import aus den USA, sondern eher eine Wechselbeziehung bei jeweils eigenen Schwerpunkten: Den Anfang machten die Ostermarschierer, die 1957 in Großbritannien ihren Ausgang nahmen und sich von dort nach Westeuropa weiterverbreiteten. Hier versammelten sich aus Protest gegen die Atombombe verschiedene Gruppen zum Protest: kirchliche Gruppen, Gandhi-Anhänger, Anarchisten und die noch junge **‚Neue Linke'**.

> **Neue Linke**
> Die Neue Linke war seit Ende der fünfziger Jahre in Großbritannien und den USA entstanden; sie versuchte einen dritten Weg zu finden zwischen dem orthodoxen Kommunismus und dem Reformismus der Sozialdemokratie. Sie entwickelte sozialistische Konzepte, die eine Institutionalisierung, etwa durch einen Parteiapparat, ebenso ablehnten wie eine starre ideologische Dogmatik. Ihre Mitglieder waren meist Intellektuelle, Bürgerrechtler und Studenten. Allerdings gab es keine zentrale Theorie, kein einheitliches Konzept: Vielmehr versammelte sie ganz unterschiedliche Varianten unorthodoxen linken Denkens. Sie alle aber suchten nach linken Positionen jenseits der Alternativen Sowjetkommunismus und Kapitalismus; sie suchten die offene intellektuelle Auseinandersetzung anstelle der Unterordnung in eine Kaderpartei oder straffe Organisation; sie glaubten an den Individualismus statt an das Glück im Kollektiv. Hier lagen die Unterschiede zur alten Linken. Linke waren sie jedoch zweifellos, schon wegen ihrer fundamentalen Kapitalismuskritik und ihrer Kritik der bestehenden Herrschaftsformen.

Mit gewaltfreiem Widerstand wollten sie die Rüstungspolitik der Regierungen aufhalten. Sie alle wehrten sich gegen die Welt ihrer Eltern, gegen die politische und gesellschaftliche Ordnung der fünfziger Jahre. Sie verweiger-

Reform und Revolte

ten den antikommunistischen Konformitätszwang, wandten sich gegen den Materialismus einer Generation, für die Arbeit, Leistung, Wirtschaftswachstum und Wohlstand die wesentlichen Leitbilder zu sein schienen, und sie verweigerten sich dem Ideal der bürgerlichen Familie mit Haus, Garage und Pkw. Vor allem aber protestierten sie gegen die autoritären und hierarchischen Strukturen in Politik, Gesellschaft und Familie. Die protestierenden Jugendlichen waren meist Angehörige des Bildungsbürgertums und der Mittelschicht, waren weder arm noch ohne Perspektive.

Protestbewegungen in der Bundesrepublik

Auch in der Bundesrepublik Deutschland fanden sich diese Protestbewegungen und Varianten der „Counterculture": die Suche nach einem anderen Leben, einer neuen Gesellschaft, die Ablehnung des Establishments und studentische Proteste. Neben den Grundanliegen waren auch die Protestformen dieselben wie in anderen westlichen Ländern. Im Unterschied zu den USA und Westeuropa spielte in der Bundesrepublik jedoch die NS-Vergangenheit der Elterngeneration eine zentrale Rolle.

Auch in der Bundesrepublik mehrten sich um 1960 die Anzeichen, dass sich in der jüngeren Generation ein Protestpotenzial angesammelt hatte. Schon gegen Ende der fünfziger Jahre hatte es ‚Halbstarkenkrawalle' in der Arbeiterjugend gegeben. Nun sprang der Funke auf die Gymnasiasten und die Studenten über. 1962 kam es in München zu Unruhen. Die von Dieter Kunzelmann und seiner „Subversiven Aktion" organisierten „Schwabinger Krawalle" hatten keine konkrete Ursache, sondern waren als Provokation gedacht, als inszeniertes ästhetisch-politisches ‚Happening'. Durch eine solche Provokation sollten Normen und Regeln gezielt verletzt und gesellschaftliche Tabus gebrochen werden. Der Ärger der Bürger war beabsichtigt. Kunzelmann führte sein Leben als Happening gemeinsam mit einigen anderen in der „Kommune 1" weiter. In der Berliner Wohnung des Schriftstellers Uwe Johnson (1934–1984), der nach New York gezogen war, richteten sie zur Jahreswende 1966/67 eine ‚revolutionäre Kommune' ein. Eine Wohnform wurde zur Provokation: Die Bild-Zeitung berichtete regelmäßig, die Nation war schockiert. Die „Institution Familie" stand unter Beschuss. In dieser Frühform der später alltäglichen Wohngemeinschaften wurden die Klotüren ausgehängt, sexuelle Liberalisierung eingeübt und neue Herrschaftsstrukturen entwickelt. Man lebte gegen die deutschen Tugenden Ordnung, Sauberkeit und Fleiß an, Putzpläne standen noch nicht auf dem Programm. Johnsons Wohnung überstand die Aktion nicht unbeschadet.

Auch wenn solche Formen des antiautoritären Protests zunächst unbedeutend erscheinen mögen, so haben sie doch neue Elemente in die öffentliche Debatte eingeführt: den Unernst und die Ironie. Vielleicht haben sie damit die Bundesrepublik sogar nachhaltiger verändert als ihre dogmatisch sozialistisch argumentierenden Mitstreiter, die „1968er".

„1968": SDS und APO

Diese im engeren Sinn politische Form des antiautoritären Protests, die sich ebenfalls ab Anfang der sechziger Jahre herausbildete, fand jedoch bei den Zeitgenossen und bei den Historikern die größte Aufmerksamkeit. Gemeint ist mit der Chiffre „1968" die Politisierung und Radikalisierung des Protests, nicht nur in der Bundesrepublik. Diese Richtung war zur Neuen Linken zu rechnen und wurde in der Bundesrepublik vor allem durch den SDS repräsentiert. Der SDS war ursprünglich der Hochschulableger der SPD. 1960/61 kam es jedoch zum Bruch zwischen beiden Organisationen,

APO und Studentenunruhen

da die Studenten die im Godesberger Programm vollzogene Entwicklung der SPD zur Volkspartei und vor allem deren Akzeptanz der Marktwirtschaft vehement ablehnten. 1965 wurde der SDS zum inhaltlichen und organisatorischen Zentrum der westdeutschen Protestbewegung, die nun eine Studentenbewegung geworden war. Ausgehend von der Freien Universität Berlin verlagerte sich im Mai 1965 der antiautoritäre Protest an die Universitäten. Vorbild war die amerikanische Universität Berkeley, wo es im Herbst 1964 zu einem Aufbegehren gegen den autoritären Stil der Universitätsverwaltung gekommen war. Die Berliner Studenten forderten Mitbestimmung und die Demokratisierung ihrer Universität. Ähnlich wie in Berkeley sahen sie zwischen einer Reform der Hochschule und der Gesellschaft insgesamt einen engen Zusammenhang. Als es dann 1966 zur Bildung der Großen Koalition unter Bundeskanzler Kiesinger kam, wurde der Protest schärfer. Bei den Studenten entstand der Eindruck, innerhalb des Bundestags sei keine Opposition gegen die Regierung mehr möglich, die Gewaltenteilung sei praktisch aufgehoben, die Demokratie gefährdet. Opposition müsse nun, so glaubte man, durch die Protestbewegung auf der Straße ausgeübt werden, durch die „außerparlamentarische Opposition" (APO). Zu ihr zählten sich über den SDS und andere linke Kleingruppen hinaus auch nicht organisierte Studenten, Künstler, Schriftsteller und Intellektuelle, die für gesellschaftliche Reformen eintraten. Der Eindruck, es fehle eine Kontrolle staatlicher Organe durch das Parlament, wurde noch verschärft durch die nun unmittelbar bevorstehende Verabschiedung der Notstandsgesetze, durch die sich, in den Augen der SDS-Mitglieder, die Exekutive undemokratische Vollmachten verschaffen wollte. Im Mai 1968 kam es deswegen zu einer Welle von Demonstrationen und Protestkundgebungen, ehe die Gesetze am 30. Mai verabschiedet wurden. Die Sorge um den Missbrauch dieser Regelung erscheint aus heutiger Sicht überzogen. Damals jedoch sah die studentische Protestbewegung in der Bundesregierung einen Gegner einer demokratischen Gesellschaft. Dazu trug auch die Überzeugung der Studenten bei, die nationalsozialistische Vergangenheit sei nicht bewältigt, ja es seien gar die Verantwortlichen von damals noch immer an der Macht. Man forderte eine Aufarbeitung des Nationalsozialismus und warf der Elterngeneration sogar vor, ihm nachzutrauern: „Mein Papi will wieder Blockwart werden", hieß es. Die Erfolge der rechtsradikalen NPD in den Landtagswahlen in Hessen und Bayern 1966 und in Baden-Württemberg 1968, wo sie 9,8% erreichten, schienen diese Sichtweise zu bestätigen. Besondere Empörung löste die Tatsache aus, dass mit Kurt Georg Kiesinger ein Mann zum Bundeskanzler gewählt wurde, der 1933 in die NSDAP eingetreten war. Auch den Universitäten warf die Studentenbewegung vor, Mitläufer und Nationalsozialisten in ihren Ämtern belassen und autoritäre Strukturen beibehalten zu haben: „Muff aus Tausend Jahren – unter den Talaren". Tatsächlich hatten die Hochschulstrukturen und das Personal die Zäsur von 1945 einigermaßen unbeschadet überstanden, und erst um 1970 setzte durch den Generationswechsel und die anschließende Hochschulreform ein Wandel ein. Der Faschismusvorwurf wurde jedoch bald pauschal gegen die Politik und gegen Eltern, Lehrer und Professoren erhoben. Das Schweigen über die NS-Zeit schien alle zu einen, die in Machtpositionen standen. So verfestigte sich das Bild von der Bundesrepublik als „faschistischem Staat" in der Wahrnehmung der

Reform und Revolte

SDS-Mitglieder. Allerdings fällt aus der Rückschau die scharfe Diskrepanz auf zwischen der Konzentration des SDS auf den „Faschismus" der Gegenwart und dem weitgehenden Desinteresse an den Strukturen und Taten des realen Nationalsozialismus der Vergangenheit.

Kritische Theorie

Der studentische Protest wurde zunehmend mit einer theoretisch aufgeladenen sozialistisch-revolutionären Begründung versehen. Rudi Dutschke (1940–1979) und Bernd Rabehl (*1938), seit 1965 die wichtigsten Theoretiker im SDS, verbanden im Stil der Neuen Linken Elemente traditioneller linker Ideologien mit Positionen der **Kritischen Theorie**, wie sie von Max Horkheimer (1895–1973) und Herbert Marcuse (1898–1979) vertreten wurden. Zugleich behielten sie aber mit Regelverletzungen und medienwirksamen provokativen Aktionen die Methoden des antiautoritären Protests bei.

Kritische Theorie

„Kritische Theorie" meint die ideologiekritische Analyse der bürgerlich-kapitalistischen Gesellschaft, das heißt: die Aufdeckung ihrer Herrschafts- und Unterdrückungsmechanismen und die Entlarvung ihrer Ideologien, mit dem Ziel einer auf Vernunftprinzipien gründenden Gesellschaft mündiger Menschen. Gefragt wird nach den gesellschaftlichen und historischen Bedingungen der Theoriebildung. Ihre Autoren waren eine Gruppe neomarxistischer Sozialwissenschaftler, die am Frankfurter Institut für Sozialforschung tätig waren. Die wichtigsten Vertreter dieser „Frankfurter Schule" waren Max Horkeimer und Theodor W. Adorno. Ausgangspunkt waren Horkheimers 1937 erschienene Schrift „Traditionelle und kritische Theorie" und die von Horkheimer und Adorno gemeinsam verfasste Essay-Sammlung „Dialektik der Aufklärung" von 1947.

Das erklärte Ziel des SDS war es, das herrschende System durch eine Revolution zu beseitigten. Eine Koalition aus Arbeitern und Studenten sollte diese Revolution tragen und durch Aktionen die Massen mobilisieren. Die parlamentarische Demokratie wurde – etwa von Rudi Dutschke – für nicht demokratisch erklärt, da das Parlament die „wirklichen Interessen unserer Bevölkerung" nicht repräsentiere: Es bestehe, so Dutschke, „eine totale Trennung zwischen den Repräsentanten im Parlament und dem in Unmündigkeit gehaltenen Volk". Eine wichtige Säule dieses politischen Denkens war der Antiimperialismus. Europa, aber vor allem die USA beuteten danach die ehemaligen Kolonien in der „Dritten Welt" auch weiterhin aus und übten imperiale Gewalt aus. Die Gegenwehr dieser unterdrückten Völker müsse nun aus den Metropolen des Westens heraus unterstützt werden. Vor allem der Vietnamkrieg wurde als vorderste Front im revolutionären Befreiungskampf der Völker betrachtet: Hier sei Gewalt gerechtfertigt und Solidarität notwendig; es gelte sogar, den Kampf in die imperialistischen Metropolen zu tragen. Unter den gegebenen Umständen in der Bundesrepublik wandte sich Dutschke allerdings gegen den bewaffneten Guerillakampf. Vielmehr trat er für „subversive" und „antiautoritäre" „Regelverletzungen" als Aktionsformen ein, wobei eine „Konfrontation" mit dem Staat aber erforderlich sei.

Antiimperialismus

Rudi Dutschke zur Vietnam-Frage
aus: Bergmann, Dutschke, Lefèvre, Rabehl: Rebellion der Studenten oder Die neue Opposition, Rowohlt 1968, S. 72.

Der Widerspruch zwischen einem abstrakten moralischen Humanismus auf der einen Seite und dem Sich-Freuen über die amerikanischen Verlustziffern in Vietnam auf der anderen Seite, brachte eine erste tiefe Diskussion über das Problem der Gewalt im revolutionären Kampf. Es zeigte sich, daß nur ein kleiner Teil der Studentenschaft bereit war, eine solche Diskussion überhaupt zu führen ... Es fehlte auch bis zu diesem Zeitpunkt die sinnlich-manifeste Erfahrung der Repression in den Metropolen. Dennoch wurde immer deutlicher, daß das antiautoritäre Lager der Studentenschaft nicht mehr bereit war, einer „repressiven Toleranz" (Herbert Marcuse) Vorschub zu leisten, schon bereit war, Veranstaltungen mit Verschleierungscharakter wie die des RCDS mit dem südvietnamesischen Botschafter in der Bundesrepublik ganz einfach zu sprengen. Sprengen hieß, in sie einzugreifen, Aufklärung in der Übernahme zu entfalten, den Botschafter und die RCDS-Lakaien zu entlarven, um zu zeigen, daß wir nicht mehr bereit sind, nach monatelanger intensivster wissenschaftlicher Arbeit über die Situation in Vietnam die Lügen und Verzerrungen einer Marionette des südvietnamesischen Regimes noch hinzunehmen. Zu der Zeit war schon das Büchlein „Kritik der reinen Toleranz" mit dem Aufsatz von Herbert Marcuse über die repressive Toleranz erschienen. Dieser Aufsatz brachte unser Unbehagen über die Permanenz der Diskussion, die keine praktischen Konsequenzen hatte, auf den Begriff. Wir begriffen, daß die Bourgeoisie, die herrschende Klasse in jedem Lande der ‚freien Welt' es sich leisten kann, daß kritische Minoritäten über Probleme der eigenen und fremden Gesellschaft diskutieren, daß sie bereit sind, jede Diskussion zu gestatten, jede Diskussion, die theoretisch bleibt. Marcuses Aufsatz wurde so für viele Studenten eine sehr wichtige Produktivkraft in der Verarbeitung der Probleme des Spätkapitalismus am Beispiel der Dritten Welt, in diesem Falle Vietnams. Wir sehen, daß in dieser ganzen Auseinandersetzung immer wieder eine Dialektik von Erkenntnissen der Dritten Welt, Erkenntnissen der hochentwickelten kapitalistischen Welt und selbständige eigene Praxis in den Metropolen, die Lernprozesse und die Radikalisierung des Bewußtseins und die Radikalisierung der Aktionen ermöglichten. Ende 1966 wurde auch klar, daß es den Amerikanern in Vietnam nicht um eine Bekämpfung einer kommunistischen Aggression aus dem Westen ging, sondern daß sie Vietnam als exemplarisches Beispiel für die Bekämpfung sozialrevolutionärer Bewegungen in der ganzen Dritten Welt ansahen.

Der Vietnamkrieg spielte daher bei der Gesellschaftsanalyse der Protestbewegung eine zentrale Rolle. Er wurde als Folge des amerikanischen Imperialismus gedeutet, die Aggressivität des Kapitalismus angeprangert. 1968 wurde in Frankfurt ein Stück von Peter Weiss (1916–1982) uraufgeführt, das den Titel trug: „Diskurs über die Vorgeschichte und den Verlauf des lang andauernden Befreiungskrieges in Vietnam als Beispiel für die Notwendigkeit des bewaffneten Kampfes der Unterdrückten gegen ihre Unterdrücker sowie über die Versuche der Vereinigten Staaten von Amerika, die Grundlagen der Revolution zu vernichten." Der SDS organisierte im Mai 1966 einen Vietnam-Kongress in Frankfurt am Main. Herbert Marcuse trat als Hauptredner auf und erklärte, dass die Opposition zum Vietnamkrieg angesichts der NS-Vergangenheit eine „moralische Pflicht" sei. Es gelte, sich zu engagieren, Stellung zu beziehen, sich zu verweigern. Auch auf die Schriften Ernesto „Che" Guevaras (1928–1967), des kubanischen Revolutionärs, wurde zurückgegriffen. Guevara rief zum Widerstand gegen den Imperialismus auf. Er verstand dabei den Guerilakampf der Befreiungsbewegungen in Afrika, Asien und Lateinamerika als Kern der Revolution. In Kuba, Frankreich, Italien, den USA und der Bundesrepublik fanden Konferenzen und Protestak-

Reform und Revolte

Habermas' Kritik an der Studentenbewegung

tionen statt, auf denen gefordert wurde, den Befreiungskampf mit Widerstandsaktionen in den Metropolen des Westens zu unterstützen.

Gegen die Rigorosität und die dogmatische Denkweise des SDS und seiner Anhänger äußerten sich – neben einer geradezu hysterisch reagierenden Medienlandschaft – auch Kritiker, die der Neuen Linken nahestanden oder zumindest Sympathien aufbrachten für die Reformanliegen der Studentenbewegung. Der Frankfurter Philosoph Jürgen Habermas (*1929) kritisierte den Glauben, die Revolution stünde unmittelbar bevor, und warf der Studentenbewegung vor, symbolische Regelverletzungen, die an sich legitim seien, als revolutionäre Akte misszuverstehen. Es sei eine „Scheinrevolution": „Ein abstrakter Kampf gegen die Institutionen der Verfassung wäre sowohl unbegründet als auch selbstmörderisch ... Niemand darf sich präsumptiv mit einem in Zukunft hervorzubringenden Bewußtsein aufgeklärter Massen identifizieren, um heute schon stellvertretend für sie zu agieren." (Jürgen Habermas) Auch der Berliner Politikwissenschaftler Richard Löwenthal (1908–1991), der die Zeit des „Dritten Reichs" im britischen Exil verbracht hatte und in der Weimarer Zeit Mitglied einer sozialistischen Studentengruppe gewesen war, übte scharfe Kritik an der Studentenbewegung. Er warf ihr einen Rückfall vor „hinter die Errungenschaften der ersten Nachkriegsgeneration – das individuelle Verantwortungsbewußtsein, die nüchterne Selbstbemühtheit, die Toleranz und den Respekt vor der Person". Er beklagte das Auftreten einer neuen Intoleranz, einen „Mangel an Bereitschaft, die eigenen Thesen in freier Diskussion zu überprüfen", und „eine erneute Ablehnung der wesentlichen Institutionen des Westens, des liberalen Staates, der repräsentativen Demokratie". Beide Kritiker argumentierten vor dem Hintergrund eines westlich-liberalen Politikverständnisses, das in der Bundesregierung eben erst Verbreitung gefunden habe und nun schon wieder infrage gestellt werde.

Radikalisierung des Protests

Am 2. Juni 1967 trat der Protest in eine neue Phase ein. Während einer Demonstration gegen den Besuch des Schahs von Persien in der Bundesrepublik wurde vor der Deutschen Oper in Berlin der unbeteiligte Student Benno Ohnesorg (1940–1967) von einem Polizisten erschossen. Die Grenze zur Gewalt war überschritten, und die Proteste radikalisierten sich von da an stark. Erst 2009 hat sich herausgestellt, dass dieser Polizist, Karl-Heinz Kurras (*1927), Mitglied der SED und „Inoffizieller Mitarbeiter" (IM) der ostdeutschen Staatssicherheit war: Ein Stasi-Agent bei der westdeutschen Polizei erschießt einen „linken Demonstranten" und wird so zum Auslöser einer Eskalation der Studentenproteste. Dies erklärt allerdings nichts, reißt auch nicht den Schleier von irgendeiner Verschwörung, sondern zeigt nur noch deutlicher, wie heillos verworren die innerdeutschen Verhältnisse jener Zeit waren und wie unpräzise die Vorstellung eines Kampfes von „rechts" und „links" in diesem Zusammenhang bleiben muss. Die Folge dieses Todes jedenfalls war eine Eskalation der Proteste, die noch einmal verschärft wurde, als am 11. April 1968, kurz vor den Ostertagen, der Gelegenheitsarbeiter und gescheiterte Fremdenlegionär Josef Bachmann ein Attentat auf Rudi Dutschke verübt. In dem auch von der Presse aufgeheizten und aggressiven Klima war es schon wiederholt zu Morddrohungen gegen Dutschke gekommen, der sich als Sprecher und Symbolfigur der Studentenbewegung exponiert hatte. Der SDS machte deswegen die Springer-Presse, vor allem die

APO und Studentenunruhen

Bild-Zeitung, für den Mordanschlag verantwortlich, an dessen Folgen Dutschke elf Jahre später starb. Der Protest nahm von da an gewalttätige Formen an, es kam zu Straßenschlachten in Berlin, die bis weit in den Mai hinein andauerten. Dieser Mai 1968 war zugleich der Höhepunkt des Protests in ganz Europa. In Prag wurde der Versuch gemacht, einen demokratischen Sozialismus einzuführen, und in Paris lieferten sich Demonstranten Barrikadenkämpfe mit der Polizei, die französischen Gewerkschaften solidarisierten sich mit den Studenten und riefen gar den Generalstreik aus. Danach setzte jedoch allmählich der Zerfall der Protestbewegung ein. Noch im Mai 1968 wurden die westdeutschen Notstandsgesetze verabschiedet; im August 1968 wurde der „Prager Frühling" von sowjetischen Panzern niedergewalzt, und im November 1968 versprach der neu gewählte Präsident Richard Nixon (1913–1994), den Vietnamkrieg zu beenden. Schon im Frühjahr 1969 fand die APO nur noch geringe Resonanz, und der SDS löste sich im März 1970 auf. Die Mehrheit der APO-Mitglieder wandte sich daraufhin der SPD zu und unterstützte dort den Reformkurs Willy Brandts. Andere engagierten sich in den siebziger und achtziger Jahren in der Friedens-, der Frauen- oder der Ökobewegung, wo sie sich mit konkreten Reformanliegen beschäftigten; „Konkrete Utopie" statt Weltrevolution.

Gerade die Frauenbewegung entstand aus der Enttäuschung über das eklatante Desinteresse des SDS an dieser Variante der Emanzipation und der Partizipation: Über dem Kampf für die Befreiung der Arbeiterklasse hatte die „Befreiung der Frau" eindeutig zurückzustehen. Die „sexuelle Revolution" musste reichen; soweit die Partizipation der eigenen Freundin auf der männlichen Mitwirkung an Haushalt und Kindererziehung basieren sollte, hatte sie eben Pech gehabt. Dies führte zum Rückzug politisch engagierter Frauen aus der Studentenbewegung und zur Entstehung einer Frauenbewegung, die sich von sozialistischen Theorien und Zielen verabschiedete und den Weg in den radikalen Feminismus oder aber in die konkrete Alltagsarbeit der Kinderläden und Frauenbuchhandlungen ging.

Frauenbewegung und „1968"

Rede von Helke Sander (Aktionsrat zur Befreiung der Frauen) auf der 23. Delegiertenkonferenz des „Sozialistischen Deutschen Studentenbundes" (SDS) im September 1968 in Frankfurt am Main
aus: http://www.hdg.de/lemo/html/dokumente/KontinuitaetUndWandel_redeSanderZurNeuenFrauenbewegung/index.html

Wir werden uns nicht mehr damit begnügen, daß den Frauen gestattet wird, auch mal ein Wort zu sagen, das man sich, weil man ein Antiautoritärer ist, anhört, um dann zur Tagesordnung überzugehen. Wir stellen fest, daß der SDS innerhalb seiner Organisation ein Spiegelbild gesamtgesellschaftlicher Verhältnisse ist. Dabei macht man Anstrengungen, alles zu vermeiden, was zur Artikulierung dieses Konfliktes zwischen Anspruch und Wirklichkeit beitragen könnte, da dies eine Neu-Orientierung der SDS-Politik zur Folge haben müßte. Diese Artikulierung wird auf einfache Weise vermieden. Nämlich dadurch, daß man einen bestimmten Bereich des Lebens vom gesellschaftlichen abtrennt, ihn tabuisiert, indem man ihm den Namen Privatleben gibt. In dieser Tabuisierung unterscheidet sich der SDS in nichts von den Gewerkschaften und den bestehenden Parteien. Diese Tabuisierung hat zur Folge, daß das spezifische Ausbeutungsverhältnis, unter dem die Frauen stehen, verdrängt wird, wodurch gewährleistet wird, daß die Männer ihre alte, durch das Patriarchat gewonnene Identität noch nicht aufgeben müssen ...

II. Reform und Revolte

> Die Trennung zwischen Privatleben und gesellschaftlichem Leben wirft die Frau immer zurück in den individuell auszutragenden Konflikt ihrer Isolation. Sie wird immer noch für das Privatleben, für die Familie, erzogen, die ihrerseits von Produktionsbedingungen abhängig ist, die wir bekämpfen. Die Rollenerziehung, das anerzogene Minderwertigkeitsgefühl, der Widerspruch zwischen ihren eigenen Erwartungen und den Ansprüchen der Gesellschaft erzeugen das ständige schlechte Gewissen, den an sie gestellten Forderungen nicht gerecht zu werden, bzw. zwischen Alternativen wählen zu müssen, die in jedem Fall einen Verzicht auf vitale Bedürfnisse bedeuten ... Die Hilflosigkeit und Arroganz, mit der wir hier auftreten müssen, macht keinen besonderen Spaß. Hilflos sind wir deshalb, weil wir von progressiven Männern eigentlich erwarten, daß sie die Brisanz unseres Konfliktes einsehen. Die Arroganz kommt daher, daß wir sehen, welche Bretter ihr vor den Köpfen habt, weil ihr nicht seht, daß sich ohne euer dazutun plötzlich Leute organisieren, an die ihr überhaupt nie gedacht habt, und zwar in einer Zahl, die ihr für den Anbruch der Morgenröte halten würdet, wenn es sich um Arbeiter handeln würde ... Genossen, wenn ihr zu dieser Diskussion, die inhaltlich geführt werden muß, nicht bereit seid, dann müssen wir allerdings feststellen, daß der SDS nichts weiter ist als ein aufgeblasener konterrevolutionärer Hefeteig. Die Genossinnen werden dann die Konsequenzen zu ziehen wissen.

Folgen Wieder andere ehemalige „1968er" zogen sich einfach ins Privatleben zurück, holten ihre Studienabschlüsse nach und traten ins Berufsleben ein; manche von ihnen resignierten jedoch nicht, sondern begannen den viel beschworenen „Marsch durch die Institutionen": Sie versuchten, ihre Ideen und Ziele innerhalb der Schulen, Zeitungen, Universitäten, Parteiorganisationen und Ministerien durchzusetzen, in denen sie nun tätig wurden. Der Erfolg dieses Weges ist schwer zu bestimmen: Denn die Republik mit ihren Institutionen hat sich zweifellos seit den sechziger Jahren gewandelt und deutlich liberalisiert. Wie groß jedoch der Anteil der viel beschworenen „68er" daran war, wird nie exakt zu messen sein; und umgekehrt wurden deren einstige gesellschaftsrevolutionäre Positionen von den „Institutionen" und ihren Realitäten auch abgeschliffen und gemäßigt. Eine sehr kleine Gruppe aber wollte den „Marsch durch die Institutionen" nicht antreten, sondern den Kampf gegen das „imperialistische Herrschaftssystem" mit Gewalt weiterführen, und ging den Weg in den Terrorismus. Auf diese Gruppierungen kommen wir im nächsten Kapitel wieder zurück.

Was also bleibt von „1968"? Jürgen Habermas, der sich auf die Argumente der Bewegung eingelassen, sich mit ihr auseinandergesetzt und sie aus dieser Position heraus scharf kritisiert hatte, meint im Rückblick: „Wer die Augen nicht im Affekt verschließt, wird zugeben müssen: diese Revolte war für die politische Kultur der Bundesrepublik ein Einschnitt, in den heilsamen Folgen nur übertroffen von der Befreiung vom NS-Regime durch die Alliierten. Was 1945 für die Umwälzung unseres Verfassungszustandes bedeutet hat, bedeutet 1968 für einen aufgelockerten Zustand der politischen Kultur, für eine sich erst heute voll auswirkende Liberalisierung in den Lebens- und Umgangsformen ... Ohne den damals ausgelösten Einstellungsdruck hätten wir heute keine Grünen, keine scenes in den Großstädten, kein Bewußtsein davon, daß subkulturelle und ethnische Vielfalt unsere stromlinienförmige Kultur bereichert – wir hätten nicht das Maß an Urbanität, das sich allmählich herstellt, vermutlich hätten wir eine geringere Sensibilität

APO und Studentenunruhen

der Regierenden gegenüber Stimmungslagen in der Bevölkerung, vielleicht hätten wir in der CDU keinen sogenannten liberalen Flügel." Ein andermal hat Habermas auf dieselbe Frage – was von „1968" bleibe – geantwortet: „Rita Süssmuth": eine streitbare CDU-Familienministerin, die sich Mitte der achtziger Jahre in einem Ganzkörper-Kondom auf dem Spiegel-Titel abbilden ließ, um gegen die Ausbreitung von AIDS zu kämpfen. „1968" habe also langfristig auch die CDU grundlegend verändert, liberalisiert und pluralisiert.

Wenn Habermas den „liberalen Flügel" in der CDU als Folge einer veränderten politischen Kultur in der Bundesrepublik, ja als eine Folge des Drucks benennt, den „1968" auf Gesellschaft und Politik ausübte, dann meint er damit einen Wandlungsprozess der CDU und insgesamt des bürgerlichen Lagers in der Bundesrepublik, der beim Blick auf die späten sechziger Jahre leicht übersehen werden kann, konzentriert sich die Aufmerksamkeit doch meist auf die „Linken" in all ihren Schattierungen. Tatsächlich waren für die CDU die Jahre 1967 bis 1969 eine Zeit des Schocks und der Erneuerung. Der Machtverlust, ein Generationswechsel und das neue politische und gesellschaftliche Klima führten zu innerparteilichen Reformen. Eine Programmdiskussion setzte ein, und aus der Honoratioren- und Kanzlerpartei wurde eine eigenständige Mitgliederpartei. Volker Hetterich hat von einem seit Mitte der sechziger Jahre „allmählich fortschreitende[n] Prozeß der Parteibildung" der CDU gesprochen. Die CDU der fünfziger Jahre war Regierungs-, ja Kanzlerpartei gewesen, und insofern stark auf Bundeskanzler Adenauer ausgerichtet. Sie war geprägt von seinem Regierungsstil und seinem Politikverständnis, und damit von der „Kanzlerdemokratie" der Adenauer-Ära. Bis dahin hatte die CDU auch kein jeweils aktuelles Parteiprogramm vorgelegt, sondern sich auf die „christliche Sicht des Menschen" (Bruno Heck) verlassen, aus der sich die Leitlinien der Politik ja unmittelbar ergäben. In der Zeit der Großen Koalition kamen jedoch Forderungen auf, sich zur Abgrenzung von der SPD auf klare und neue Leitlinien festzulegen. 1968 wurde auf dem Berliner Parteitag das neue Programm der CDU vorgestellt. Die dortigen Debatten zeigten, wie groß das Interesse der CDU-Mitglieder an einer solchen Diskussion und an eigener Mitwirkung tatsächlich war. Nun ging die CDU auch als Partei auf die veränderten Bedürfnisse der Öffentlichkeit ein und passte ihren Wahlkampf dem neuen politischen Stil an.

Wandel der CDU

Bruno Heck, Rede auf dem 16. Bundesparteitag der CDU, 4.–7. November 1968 in Berlin
aus: Niederschrift, Bonn o. J., S. 46–60, hier S. 55.

Beim Wahlkampf in Baden-Württemberg haben wir eine neue, eine wichtige Erfahrung gemacht: Meine Freunde, das Verhältnis der Wähler zu den Parteien hat sich geändert. In allen Versammlungen, teilweise sogar in den Kundgebungen, spielte die Diskussion eine wesentlich größere Rolle als je zuvor. Die Wähler wollen auch heute, vielleicht sogar mehr als früher, hören, was wir zu sagen haben, aber sie wollen zugleich auch Antwort auf ihre Fragen, auf Fragen, die sie stellen, und sie wollen auch, daß wir darauf hören, was sie denken und was sie meinen. Die Wähler sind heute informierter, interessierter und kritischer als früher. Sie wollen mehr beteiligt sein, meine Freunde, und das sicher nicht nur auf die Wahlen

Reform und Revolte

> hin, sondern ganz allgemein, und da sind wiederum zuerst wir, die Parteien, gefordert. Hier gilt es – ich sage das ganz offen – Versäumtes nachzuholen. Es muß zu einem ständigen politischen Dialog zwischen uns und den Wählern kommen. Dafür müssen wir unsere ganze Arbeit neu formieren.

Das Berliner Programm der CDU brachte jedoch keine grundlegenden inhaltlichen Neuerungen. Erst der Machtverlust von 1969, als die CDU erstmals in ihrer Geschichte Oppositionspartei im Bund wurde, führte auch zu inhaltlichen Neuorientierungen: Man kann argumentieren, dass erst diese Zäsur tief greifende Reformen in der Union möglich gemacht hat. Die Partei geriet in eine Phase des strukturellen wie programmatischen Umbruchs. Hier tat sich der junge Helmut Kohl (*1930) als Reformer besonders hervor. Themen wie die Bildungsreform, die Anerkennung der DDR und damit die „Neue Ostpolitik" wurden nun kontrovers diskutiert. Allerdings scheiterte die Programmreform schließlich an einer Blockade zwischen reformwilligen und -unwilligen Parteiflügeln. Die niederschmetternde Wahlniederlage der Union von 1972 erwies sich dabei als Hilfestellung für die Reformer, die nun argumentierten, man habe die „geistige Führung" verloren, da man sich nicht auf den gesellschaftlichen Wandel eingelassen habe. Die alte Milieubindung reichte nun nicht mehr aus, die CDU musste sich für breitere gesellschaftliche Gruppen öffnen, wie es auch die SPD am Ende der fünfziger Jahre getan hatte, und neue Themenfelder besetzen. Den Beginn machte eine personelle Erneuerung. 1973 wurde Helmut Kohl zum Bundesvorsitzenden der CDU gewählt, der wiederum Reformer wie etwa Kurt Biedenkopf an sich zog. Noch im selben Jahr begann die Partei mit der Arbeit an ihrem ersten Grundsatzprogramm, das 1978 nach intensiven innerparteilichen Debatten unter dem Titel „Freiheit, Solidarität, Gerechtigkeit" verabschiedet wurde. Auch wenn die reformerischen Ansätze, die stark auf soziale Themen abgestellt hatten, dabei wieder abgeschwächt wurden, war es doch das Selbstverständnis einer Volkspartei, das hier zum Ausdruck kam. Am Ende der siebziger Jahre war jedoch der Reformschwung auch in der CDU wieder vorüber; Kanzlerkandidat Franz Josef Strauß lehnte die sozialpolitische Richtung dieses Programms vehement ab, CSU-Generalsekretär Edmund Stoiber (*1941) sprach gar von „Sozialklimbim".

Auch hier stand die Union im Kontext der politischen und gesellschaftlichen Entwicklung der gesamten Republik: Die Reformeuphorie in Politik und Gesellschaft hatte zu Beginn der siebziger Jahre ungekannte Höhen erreicht und war dann aus wirtschaftlichen und strukturellen Gründen, aber auch aus Gründen eines veränderten Weltbilds geradezu abgestürzt und Skepsis und Resignation gewichen.

III. Strukturwandel und Krise

1971	Einführung des BAföG
1972	Zweite Rentenreform
1972	Bericht des Club of Rome: „Grenzen des Wachstums"
1973	britischer EG-Beitritt
27.04.1972	konstruktives Misstrauensvotum der CDU/CSU-Fraktion
März 1973	Ende von Bretton Woods
06.10.1973	„Jom-Kippur-Krieg"
16.10.1973	Beginn der ersten Ölpreiskrise
25.11.1973	erster „autofreier Sonntag"
1974	Ausbau der Sozialhilfe
06.05.1974	Rücktritt Willy Brandts wegen der Guillaume-Affäre
1979	Zweiter Ölpreisschock
12./13.01.1980	Gründungsparteitag der GRÜNEN in Karlsruhe
1981	griechischer EG-Beitritt
November 1981	Baubeginn der Startbahn West des Frankfurter Flughafens
1983	Einzug der GRÜNEN in den Bundestag
1986	EG-Beitritt von Spanien und Portugal
1988	erstes transatlantisches Glasfaserkabel

Die siebziger Jahre gelten in der zeithistorischen Forschung mittlerweile als Zäsur: Das „goldene Zeitalter" ging zu Ende, eine Phase des fast ununterbrochenen Wirtschaftswachstums, des stetig steigenden Wohlstands und der ungetrübten Zukunftsgewissheit, die seit etwa 1948 angedauert hatte. Diese Erfahrung verlässlicher Prosperität hatte die fünfziger und sechziger Jahre geprägt, und man hatte sie im Westen, besonders in der Bundesrepublik, fälschlicherweise für eine neue Normalität gehalten. Die Annahme, Wirtschaftskrisen und lange Phasen des Abschwungs gehörten der Vergangenheit an, da man inzwischen in der Lage sei, die Wirtschaftsentwicklung zu steuern und zu kontrollieren, wurde im Lauf der siebziger Jahre gründlich falsifiziert. Hier endete jedoch weitaus mehr als die stetig hohen Wachstumsraten. Vielmehr fand im gesamten Westen ein umfassender und tief greifender Strukturwandel statt. Anselm Doering-Manteuffel und Lutz Raphael sprechen von einem „Strukturbruch", der „sozialen Wandel von revolutionärer Qualität" mit sich gebracht habe. Hans Günther Hockerts wiederum hat diesen Wandel als „Abschied von der industriegesellschaftlichen Hochmoderne" bezeichnet. Dieser Wandel ging nicht von einer einzigen Ursache aus, sondern fand zeitversetzt und verschränkt im Bereich der Politik, der Wirtschaft, der Gesellschaft und der Kultur statt. Er lässt sich auch nicht einer konkreten Jahreszahl zuordnen: Im Grunde waren es drei Jahrzehnte des Wandels, von etwa 1970 bis etwa 2000. Konrad Jarausch spricht auch für die siebziger Jahre selbst von einer „weichen Zäsur", da sich der Wandel allmählich und phasenverschoben in den verschiedenen Bereichen vollzog. Im Lauf der siebziger und achtziger Jahre wandelten sich jedenfalls

III. Strukturwandel und Krise

die Wirtschaftsstrukturen, die industrielle Produktionsweise und die internationale Währungsordnung; aber auch die Arbeits- und Lebenswelt sowie die Gesellschaftsstrukturen, die die Zeit des „Booms" seit 1948 geprägt hatten; und zugleich änderten sich auf fundamentale Weise die „leitenden Ordnungsmuster" (Anselm Doering-Manteuffel/Lutz Raphael) und die Normen, auf denen die gesellschaftliche, wirtschaftliche und politische Ordnung basierte. So endete hier die Gültigkeit und Wirkmächtigkeit der keynesianischen, liberal-korporatistischen Wirtschaftspolitik, in der der Staat bei Bedarf als Akteur in die Wirtschaft eingreift und in der Gewerkschaften und Arbeitgeber mit der Regierung kooperieren, um wirtschaftliche Stabilität zu sichern. Der Ursprung dieses nach dem amerikanischen Autobauer Henry Ford auch als „fordistisch" bezeichneten Modells lag in den USA der dreißiger und vierziger Jahre; es hatte sich in der Bundesrepublik im Lauf der sechziger Jahre etabliert und war seit der Großen Koalition die Grundlage staatlicher Wirtschaftspolitik gewesen. An seine Stelle traten ‚neoliberale', monetaristische, individualistische und marktorientierte Denkmodelle und Wirtschaftstheorien, die seit Mitte der Siebziger zur herrschenden Lehre wurden und spätestens um 1980 auch das Regierungshandeln der westeuropäischen Staaten und der USA bestimmten. Zugleich änderten sich auch die gesellschaftlichen Wertorientierungen und die politische Kultur. Die siebziger und achtziger Jahre waren von einem wachsenden Individualismus und zugleich von einem tiefen Krisenempfinden geprägt. Nicht nur die Bedrohung durch Terroristen und das Ende der Entspannung zwischen den Supermächten führte zu Verunsicherungen. Strukturwandel, wirtschaftliche Stagnation und die stete Angst vor Umweltzerstörung und – in den achtziger Jahren – vor dem unmittelbar bevorstehenden atomaren Winter, ließen „Fortschritt" und „Wachstum" nicht mehr als Versprechen, sondern als Bedrohung erscheinen: Die Zukunftsgewissheit der „Boom-Jahre" ging verloren und mit ihr der Glaube an die Planbarkeit des Fortschritts, an die technisch-rationale Steuerbarkeit gesellschaftlicher und wirtschaftlicher Entwicklung. Die Moderne selbst, der technische Rationalismus und auch das Wirtschaftswachstum als problemlösende Methode wurden nun hinterfragt. Auf sinnstiftende „große" Erzählungen, das gemeinsame Anliegen, die eine erklärende oder alle Ungerechtigkeiten aufhebende Theorie wurde nun zunehmend verzichtet, sowohl von Sozialwissenschaftlern und Theatermachern als auch von der Jugendkultur. Auch diese splitterte sich zunehmend auf, und in den frühen achtziger Jahren war, anders als in den fünfziger oder frühen sechziger Jahren, gar nicht mehr klar, wie „die Jugend" so „drauf war": War man Punk oder Popper, wenn man rebellieren wollte? Wollte man denn überhaupt noch rebellieren? Auch die Begriffe und die Kategorien, in denen man die Welt deutete, veränderten sich seit den siebziger Jahren, und sie wurden zugleich endlos reflektiert. Und doch raffte sich in den frühen Achtzigern die Friedensbewegung noch einmal auf und wurde – mit dem großen gemeinsamen Anliegen, die Welt zu retten – noch einmal zur Massenbewegung. Es war die letzte ihrer Art, danach kam die Love Parade.

1. Strukturwandel

Das Menetekel für den wirtschaftlichen Wandel, der nun einsetzte, war zunächst ein politisches Ereignis: die Ölkrise vom Oktober 1973. Sie löste einen Konjunktureinbruch im gesamten Westen aus und gilt als tief greifende Zäsur für die Wirtschaft der westlichen Industrienationen. Am 6. Oktober 1973 brach der „Jom-Kippur-Krieg" zwischen Israel und seinen Nachbarländern Syrien und Ägypten aus, der vierte Nahostkrieg, den Israel durch seine militärische Überlegenheit und die Unterstützung der USA in kurzer Zeit gewann. Daraufhin verhängten die Erdöl exportierenden arabischen Staaten, die in der OPEC organisiert waren, einen Lieferboykott gegen die USA und die übrigen westlichen Länder, und zugleich drosselten sie die Ölförderung, sodass der Ölpreis in die Höhe schoss. Dies wirkte sich rasch schmerzlich auf die Konjunktur in den westlichen Industrieländern aus. In der Bundesrepublik sank das Wirtschaftswachstum ab, die Inflation und die Arbeitslosenzahlen stiegen rasant an. Es war das Ende der stetigen hohen Wachstumsraten der westdeutschen Wirtschaft und das Ende der Vollbeschäftigung. Um Treibstoff zu sparen, griff die Bundesregierung Anfang November zu einer dramatischen Maßnahme: Im Energiesicherungsgesetz wurden den Bundesbürgern vier „autofreie Sonntage" (vom 25. November bis zum 16. Dezember 1973) verordnet. Nur Fahrzeuge mit einer Ausnahmegenehmigung, wie Notdienste, Taxis und Lebensmittellieferanten, durften noch die Straßen benutzen. Die Westdeutschen machten sich prompt einen Spaß daraus und bevölkerten mit Kind und Hund zu Fuß die deutschen Autobahnen; Ferienstimmung machte sich breit. Aus dem Rückblick wurden die leeren Autobahnen jedoch zum Symbol – weniger für den ungewohnten Versuch, Benzin zu sparen, als vielmehr für das Ende des ungebrochenen Wirtschaftswachstums und der Zukunftssicherheit. Denn der Wandel reichte tiefer und war auch nicht allein durch die Ölkrise ausgelöst worden.

Ölpreiskrise

Tatsächlich hatten sich im gesamten Westen schon länger wirtschaftliche Probleme bemerkbar gemacht. 1971 war die amerikanische Währung durch den Vietnamkrieg so sehr unter Druck geraten, dass Anpassungen im Währungssystem von Bretton Woods nötig wurden, das auf stabilen Wechselkursen beruhte. Der schwache Dollar führte unter anderem zu starken Devisenzuflüssen in der Bundesrepublik Deutschland und damit zu steigender Inflation. Das Problem ließ sich durch vorübergehende Maßnahmen der Europäer nicht beheben, weswegen sich im März 1973 sechs europäische Volkswirtschaften, darunter auch die Bundesrepublik Deutschland, vom Dollar als Leitwährung lösten; die Weltwährungsordnung von Bretton Woods kollabierte. Die von den Europäern erhoffte Stabilisierung der Währungen blieb jedoch aus, sodass die Bundesbank zu einer sehr restriktiven Geldpolitik überging, was sich wiederum negativ auf die westdeutsche Wirtschaft auswirkte. Die Inflation stieg von 2,1% im Jahr 1969 auf 7% im Jahr 1973; das Wirtschaftswachstum sank von 4,8% im Jahr 1973 auf 0% im Jahr 1974; die Arbeitslosenzahlen stiegen von 179 000 (1969) auf 582 000 (1974) und auf 1 Million (1975) (Zahlen nach Andreas Rödder). Aber die Probleme waren keineswegs nur konjunktureller Natur. Anfang der siebziger

Ende von Bretton Woods

III. Strukturwandel und Krise

Jahre machte sich vielmehr im gesamten Westen ein tief greifender Strukturwandel bemerkbar, der in der Bundesrepublik Deutschland besonders hart ausfiel, da der lange Nachkriegsboom für die Stabilisierung und auch das Selbstgefühl der Bonner Republik eine große Rolle gespielt hatte. In den siebziger und achtziger Jahren kamen hier, nach Andreas Rödder, fünf Faktoren zusammen, die dem Nachkriegsboom ein Ende bereiteten und das „rheinische Modell des Kapitalismus" in die Krise geraten ließen. Diese Faktoren waren die genannten Probleme der Weltwährungsordnung, die Tertiarisierung der Wirtschaft, die Konjunkturentwicklung, die Internationalisierung bzw. Globalisierung der Wirtschaft und die Strukturprobleme der westdeutschen Wirtschaftsordnung. Die Folge war eine lang anhaltende Strukturkrise, die sogenannte Stagflation, also Inflation ohne Wirtschaftswachstum, sowie strukturelle Arbeitslosigkeit, die auch nicht abschmolz, als die Konjunktur wieder anzog: die sogenannte *jobless growth*.

Wandel der Industriegesellschaft

Mit „Tertiarisierung" wird ein grundlegender struktureller Wandel der Wirtschaft bezeichnet, eine Verlagerung der Beschäftigungsstrukturen von der Industrie, dem sekundären Sektor (die Landwirtschaft ist der primäre Sektor), hin zum Sektor der Dienstleistungen. Damit ist keineswegs gemeint, dass sich die Mehrzahl der Arbeitsplätze nun außerhalb der Industrie finden ließ, etwa in der Verwaltung oder den Medien – dies war nur ein Teil der Entwicklung. Vielmehr wandelte sich auch der Charakter der Industriearbeit selbst, wo immer weniger schwere körperliche Arbeit benötigt wurde, die ungelernte Arbeiter verrichteten, und wo auch die Nachfrage nach gelernten Arbeitern zurückging; an ihre Stelle traten nun auch innerhalb der industriellen Produktionsabläufe zunehmend spezialisierte Fachkräfte, die mit Elektronik, Datenverarbeitung und Verwaltungsaufgaben betraut waren. Für den „Malocher", der für die Schwerindustrie seit dem 19. Jahrhundert unabdingbar gewesen war, den Kumpel in der Kohlenzeche, den Stahlarbeiter am Hochofen, den Werftarbeiter und den Mann am Fließband der Autoindustrie, wurden die Arbeitsplätze knapp. Dies lag zum einen an der technischen Entwicklung, der Datenverarbeitung, der Rationalisierung und Automatisierung der Produktionsabläufe, und zum andern an der Globalisierung, also daran, dass durch die Konkurrenz aus Billiglohnländern und die neue Verflechtung des Weltmarktes viele arbeitsintensive Produkte in der Bundesrepublik gar nicht mehr kostendeckend hergestellt werden konnten. Arbeit war hierzulande teuer geworden, durch hohe Löhne und Sozialabgaben, und andere Weltregionen drängten mit billigen Produkten und Rohstoffen auf den Markt. Im nun einsetzenden Wettlauf um Konkurrenzfähigkeit und insbesondere durch den Siegeszug der Mikroelektronik blieb vor allem die traditionelle Industriearbeiterschaft auf der Strecke.

Weltwirtschaftsgipfel

Gegen diese Probleme waren die herkömmlichen wirtschaftspolitischen Instrumente nicht wirksam. Die Erfolgsrezepte der späten sechziger und frühen siebziger Jahre, nämlich staatliche Planung einerseits und korporatistische Modelle des Interessenausgleichs zwischen Gewerkschaften, Arbeitnehmern und Staat andererseits griffen nicht mehr, da sie ganz auf die nationale Ebene ausgerichtet waren. Nationale, auf die eigene Volkswirtschaft ausgerichtete Regierungspolitik half hier aber nicht weiter, denn die Ursachen des Strukturwandels lagen außerhalb des eigenen Handlungsspielraumes. Dies führte zu Versuchen der westlichen Industrienationen, gemein-

Strukturwandel

same Strukturen zu entwickeln, um auf die neuen Probleme reagieren zu können: 1975 wurde angesichts der währungspolitischen Instabilität und der Folgen der Ölkrise der erste Weltwirtschaftsgipfel einberufen. Auf Schloss Rambouillet bei Paris trafen sich vom 15. bis 17. November 1975 die Regierungschefs der sechs großen westlichen Industrienationen Bundesrepublik Deutschland, Frankreich, Großbritannien, Italien, Japan und USA, um über die zukünftige Währungspolitik und die Energiepolitik zu beraten. Bei diesem Anlass wurde die „G 6" (Gruppe der Sechs) gegründet, aus der 1976 nach dem Beitritt Kanadas die G 7 und schließlich nach dem Mauerfall, als Russland dazustieß, die G 8 wurde. Diese Gipfeltreffen finden bis heute regelmäßig statt, mittlerweile in Anerkennung der Globalisierung und Pluralisierung der Weltpolitik als „G 20": Die wirtschaftlich bedeutendsten der vormaligen sogenannten Drittweltländer, allen voran China, Indien und Brasilien, wurden in die Runde der „Großen" aufgenommen. Diese Treffen dienen dem Austausch über Klima-, Umwelt- und Bevölkerungspolitik ebenso sehr wie über Wirtschafts- und Finanzpolitik. Der Beginn dieser Runden in den siebziger Jahren ist kein Zufall: In diesem Jahrzehnt wurden die globalen Verflechtungen der Weltwirtschaft erstmals unübersehbar. Seit den siebziger Jahren kann man tatsächlich von einer Weltwirtschaft sprechen, mit einem hohen Grad von wirtschaftlicher Integration, regionaler Spezialisierung und Arbeitsteilung.

Ein Beispiel ist der Beginn der Globalisierung der Lebensmittelproduktion, die ihren Anfang in den siebziger Jahren hatte und bis heute stark angewachsen ist. Die Speisekarte beim „Italiener" um die Ecke macht das deutlich: Die Krabben in den Frutti di Mare werden vor Island gefischt, nach Malaysia verschifft, dort äußerst kostensparend gepult, nach Frankfurt geflogen und, sagen wir, in Ulm in die Pfanne geworfen; der Salat dazu kommt im Winter aus Kenia oder aus spanischen Gewächshäusern, die Tomaten aus Israel oder Belgien, der Weißwein aus Sizilien oder Südafrika, die Hitze unter der Pfanne aus russischen Erdgasfeldern oder vom Persischen Golf. Den Anfang machten in den siebziger Jahren, als die italienischen und griechischen Restaurants ihren Siegeszug antraten, so exotische neue Lebensmittel wie Schafskäse, Olivenöl und Südfrüchte. Anfangs waren dies Ananas, Kokosnüsse und Datteln; Kiwi, Papayas und Mangos kamen erst im Lauf der achtziger Jahre auf. Ein anderes Beispiel für die globale Verflechtung, das den Zeitgenossen der siebziger Jahre sehr viel stärker auf den Nägeln brannte, war die Abhängigkeit der gesamten Weltwirtschaft von Erdöl und seinen wenigen Förderländern. Auch die globale Mobilität stieg seit diesem Jahrzehnt massiv an, sowohl in Form von Massentourismus als auch von Arbeitsmigration, und zugleich wuchsen die globalen Kommunikationsstrukturen.

Globalisierung

Der Flughafen Frankfurt am Main war schon Ende der fünfziger Jahre zum ersten deutschen Düsenverkehrsflughafen ausgebaut worden; dies war eine Reaktion auf das Aufkommen der Jets. 1960 war Frankfurt der zweitgrößte Flughafen in Europa und bediente im Jahr 2,2 Mio Fluggäste. Schon im Lauf der sechziger Jahre stieg das Passagieraufkommen stark an, aber als dann 1970 die ersten Großraumflugzeuge von Frankfurt aus starteten, begann eine Ära unerhörten Wachstums: 1970 waren 9,4 Millionen Passagiere abzufertigen, 1980 schon 17,7 Millionen, 1990 waren es 29,6 Millionen und

Startbahn West

III. **Strukturwandel und Krise**

2009 knapp 51 Millionen Fluggäste im Jahr. Diese Zunahme der Zahl der Passagiere und die gestiegene Bedeutung des Flugverkehrs für den Frachttransport und die Postbeförderung verlangte aus Sicht der Betreiber nach einem weiteren Ausbau des Flughafens, der sich zum wichtigsten Drehkreuz des kontinentaleuropäischen Flugverkehrs entwickelt hatte und darüber völlig überlastet war. Eine dritte Startbahn, die Startbahn West, sollte gebaut werden. Dies führte zu einem jahrelangen erbitterten Streit zwischen Flughafenbetreibern und Vertretern von Politik und Wirtschaft auf der einen, Anwohnern, Umweltschützern und Anhängern der Neuen Linken auf der anderen Seite. Der Streit um den Ausbau des Flughafens zog sich von 1973 bis 1981 vor Gericht hin und eskalierte dann mit dem Baubeginn 1981: Bis zur Inbetriebnahme der Startbahn im April 1984 kam es zu Demonstrationen und gewalttätigen Auseinandersetzungen am Bauzaun, die auch zwei Tote forderten. Für viele Gegner der Startbahn West ging es nicht um den Fluglärm, sondern um die wirtschaftliche Globalisierung und die technische Moderne, die durch diesen Flughafen symbolisiert wurden.

Nicht nur das weltweite Reiseaufkommen und damit die Mobilität der wohlhabenderen Teile der Weltbevölkerung stiegen seit den siebziger Jahren massiv an; auch die Möglichkeiten der weltweiten Kommunikation entwickelten sich in bis dahin unvorstellbarer Weise. Seit 1980 gab es erste Versuche mit unterseeischen Glasfaserkabeln; die ersten funktionstüchtigen wurden 1986 durch den Ärmelkanal gelegt, das erste transatlantische Glasfaserkabel wurde 1988 in Betrieb genommen. Diese Kabel übertrugen Signale als Lichtwellen, also nicht mehr elektrisch, sondern optisch, und konnten im Vergleich zu den alten Kupferkabeln ein Vielfaches an Information transportieren. Sie wurden zur Grundlage der globalen Informationsübertragung und insbesondere des World Wide Web. Schon vor dem Ausbau des Internet ermöglichten sie gute und günstige Telefonverbindungen in alle Welt.

„global governance" und europäische Integration

Die Welt begann zu „schrumpfen": Diese *global shrinkage* war eine der Folgen der Globalisierung, der weltweiten Verflechtung auf wirtschaftlicher und kultureller Ebene, der die meist auf der Ebene der Nationalstaaten organisierte Politik bis heute im Grunde hinterherhinkt. Erste Schritte, politische Handlungsfähigkeit unter diesen Bedingungen zu erhalten oder wiederzugewinnen, waren die bereits erwähnten internationalen Gipfeltreffen. Eine andere Form, die im Grunde diesen neuen globalen, jedenfalls den Rahmen des Nationalstaats und des Regierungshandelns sprengenden Entwicklungen besser entsprach, war die sogenannte *global governance* (im Sinne von „Die Welt regieren ohne Weltregierung": Volker Rittberger). Diese Politikform hat ebenfalls ihren Ursprung im Strukturwandel der siebziger Jahre und ist mehr als ein übernationaler Zusammenschluss von Regierungsakteuren. Sie verbindet vielmehr nationalstaatliche, internationale und private Träger, die sich zur Lösung bestimmter Probleme zusammenschließen. Ein Beispiel ist heute die AIDS-Bekämpfung in Afrika, wo UNO, EU, einzelne Länderregierungen und private Stiftungen und Organisationen vor Ort Hilfe leisten oder auf global agierende Pharmakonzerne und deren Preispolitik einwirken. Die Anfänge dieser Art globaler Politik finden sich in den siebziger Jahren, als im Zuge der Ölkrise, der instabilen Weltwährungspolitik, der Dekolonisierung in der sogenannten Dritten Welt und der beginnenden Umweltproblematik

Strukturwandel

eine neue Perspektive zunächst in die Wirtschafts- und Finanzpolitik Einzug hielt, die sich dann auf andere Themenfelder ausweitete und deren Kern in der Erkenntnis lag, dass der einzelne Nationalstaat und die einzelne Volkswirtschaft unter den strukturell neuen Bedingungen Einbußen an politischer Handlungsfähigkeit würden in Kauf nehmen müssen. Die Westeuropäer gingen in dieser Zeit mit der Erweiterung der Europäischen Gemeinschaft einen radikaleren Weg der supranationalen Integration, auch wenn diese bis Anfang der neunziger Jahre im Kern auf die Binnenmarkt- und Handelspolitik beschränkt blieb. Zu den ursprünglich sechs Mitgliedern der EG (Frankreich, Italien, Belgien, Niederlande, Luxemburg und die Bundesrepublik Deutschland) gesellte sich 1973 Großbritannien, und im Zuge der Süderweiterung trat 1981 Griechenland bei, 1986 folgten Spanien und Portugal. Die südeuropäischen Länder hatten sich seit Mitte der siebziger Jahre ihrer autoritären Regime entledigt und den Wandel zur Demokratie eingeleitet. Hierbei sollten sie durch die EG-Mitgliedschaft unterstützt werden. Zugleich sollten durch eine gezielte Strukturpolitik der EG das große Wohlstandsgefälle und die sozialen wie politischen Differenzen innerhalb Europas ausgeglichen werden. Denn die Motivation für die europäische Integration hatte nun, seit den siebziger Jahren, eine neue Dimension bekommen: Sie diente nun nicht mehr in erster Linie der Sicherung des Friedens in Europa – durch die wirtschaftliche Integration Westdeutschlands in die Bündnisstrukturen des Westens und angesichts der Bedrohung durch die Sowjetunion im Kalten Krieg –, sondern der Stärkung Westeuropas unter den Bedingungen einer globalisierten Wirtschaft; auch in dieser Hinsicht war die Nachkriegszeit vorüber. Diese supranationalen Zusammenschlüsse waren Antworten auf Krise und Strukturwandel, die zugleich einen grundlegenden Perspektivwandel abbildeten: Der Nationalstaat war als alleiniger Akteur nicht mehr Herr aller Politikfelder. Sie waren jedoch auch kein Allheilmittel gegen die Konjunktureinbrüche und die sozialen wie wirtschaftlichen Folgen des Strukturwandels.

Zu dessen sozialen und sozialstrukturellen Folgen gehörte auch eine dauerhafte Überforderung des Sozialstaats, insbesondere in der Bundesrepublik Deutschland. Hier basierten die sozialen Sicherungssysteme auf der Vorstellung traditioneller lebenslanger, immobiler Arbeitsverhältnisse, die von nun an erodierten. Seit den sechziger Jahren war der westdeutsche Sozialstaat in mehrfacher Hinsicht ausgeweitet worden. In der Annahme, man könne auch in Zukunft mit jährlichen Wachstumsraten von 5% rechnen, wurde er auch in den frühen siebziger Jahren immer weiter ausgebaut. Der Höhepunkt der Expansion lag etwa um 1972/73: 1971 wurde das **Bundesausbildungsförderungsgesetz** (BAföG) eingeführt, und 1972 kamen mit der zweiten Rentenform flexible Altergrenzen für die Altersrente; 1974 wurde die Sozialhilfe ausgebaut, die Sätze an die Einkommensentwicklung der Arbeitnehmer angepasst.

Überforderung des Sozialstaats

> **Bundesausbildungsförderungsgesetz**
> Das Bundesausbildungsförderungsgesetz (BAföG) trat am 1. September 1971 in Kraft und wurde 1983 nochmals verändert. Es regelt die staatliche Ausbildungsförderung in der Bundesrepublik Deutschland. Es begründet einen Rechtsanspruch auf Förderung der individuellen Ausbildung, sofern „dem Auszubildenden die für seinen Lebensunterhalt und seine Ausbildung erforderlichen Mittel anderweitig

Strukturwandel und Krise

> nicht zur Verfügung stehen". Das Gesetz steht im Kontext der Bildungsreform der sozialliberalen Koalition, sein Ziel war es, größeren Teilen der Gesellschaft Zugang zu Bildung und Ausbildung zu ermöglichen. Dabei ging es um eine „Aktivierung der Bildungsreserven" ebenso wie um Chancengleichheit. Allerdings wuchs der Kreis der Förderungsberechtigten rasch an, da einerseits die Studierendenzahlen im Zuge der Bildungsreform anstiegen und andererseits der Kreis der Empfänger ausgeweitet wurde, u.a. auf Auszubildende und Schüler. Zugleich geriet die Wirtschaft in eine Rezession. So kam es zu Kürzungen der zur Verfügung stehenden Mittel und zur Umwandlung von einem nicht rückzahlbaren Zuschuss zu einem zinslosen Darlehen (ab 1990 wieder hälftig als Zuschuss und Darlehen), was die Intentionen des Gesetzes jedoch konterkarierte. 1972 erhielten 44,6% aller Studierenden Leistungen nach BAföG, 1996 (alte Bundesländer) nur noch 14%. Mittlerweile liegen die Zahlen jedoch wieder höher.

Nun kam der Ausbau des Sozialstaats ins Stocken. Durch den raschen Anstieg der Arbeitslosigkeit fehlten einerseits die Beiträge und es musste andererseits mehr ausbezahlt werden, als man erwartet hatte. In der Regierungszeit Helmut Schmidts ging es dann um Bestandserhalt, nicht mehr um den Ausbau der sozialen Sicherungssysteme, die in Zeiten der Hochkonjunktur konzipiert worden waren und in der Ära der Reformpolitik nicht nur den Kreis der Leistungsempfänger stetig ausgeweitet, sondern zugleich die Aufgaben des Sozialstaates immer weiter gefasst hatten. Zurückdrehen ließ sich dies in Zeiten der Stagnation kaum, es wurde auch nicht ernsthaft versucht; ein weiterer Ausbau kam nun jedoch ebenso wenig infrage. Zwar wurden Leistungen gekürzt und Beiträge erhöht; die Strukturen der westdeutschen Sozialsysteme aber wurden nicht angetastet. Dabei konnten die schon erkennbare demographische Entwicklung einerseits und die Rationalisierung und Umstrukturierung der Arbeitswelt, die rasch zu einer hohen „Sockelarbeitslosigkeit" führte, eigentlich keinen Zweifel daran lassen, dass es sich hier nicht um eine vorübergehende Krise im Tal der Rezession handelte, sondern dass die strukturellen Grundlagen der sozialen Sicherungssysteme in Gefahr gerieten. Alle Beteiligten aber reagierten, als handele es sich um ein konjunkturelles Problem. Im Rückblick auf die siebziger Jahre nimmt es sich erstaunlich aus, dass gerade im Zeitpunkt der einsetzenden Wirtschaftskrise und, was bedeutender ist, mit dem Beginn des langfristigen Strukturwandels der westlichen Industriegesellschaften, ein Maximum an sozialstaatlicher Verpflichtung eingegangen wurde, Verpflichtungen, die allesamt auf lange Dauer angelegt waren, aber nur bei gleichbleibend hohem Wachstum und vor allem bei geringer Arbeitslosigkeit zu schultern gewesen wären. Aber was uns von heute aus als Zäsur erscheint, war 1972 noch gar nicht erkennbar und wurde 1973/74 als vorübergehender Konjunktureinbruch gedeutet. Tatsächlich erholte sich 1975 die Konjunktur noch einmal, die Krise schien überwunden. Die keynesianische Globalsteuerung schien sich ein weiteres Mal zu bewähren.

Ende der keynesianischen Wirtschaftspolitik

Erst mit dem zweiten Ölpreisschock von 1979/80 war der Glauben an die Globalsteuerung, überhaupt die Annahme, die Wirtschaft lasse sich nach rationalen Vorgaben steuern, endgültig dahin. Diesmal trieben die Revolution im Iran und der anschließende militärische Angriff des Irak auf den Iran den Ölpreis wieder in die Höhe; dazu kamen Förderausfälle. Nicht der Konjunktureinbruch war von nun an die Anomalie, die es zu erklären galt, sondern die lange Phase krisenfreien Wachstums. Krisen ließen sich eben nicht, wie es die keynesianische Wirtschaftstheorie behauptet hatte, durch staatliches Eingreifen und Instrumente wie Planung und Steuerung meistern; solcherlei Machbarkeit erschien nun als Irrglaube. Darauf schien auch das endgültige Scheitern der Konzertierten Aktion im Jahr 1978 hinzuweisen: Dieser Versuch, Gewerkschaften, Arbeitgeberverbände, Regierung, Gebietskörperschaften und Bundesbank durch institutionalisierte Gespräche zur Zusammenarbeit und zum Konfliktausgleich zu bringen und dadurch wirtschaftspolitische Entscheidungen abstimmen und eben auch steuern und planen zu können, war seit 1976 durch Konflikte zwischen den Tarifparteien ins Stocken geraten. Wegen einer Verfassungsklage mehrerer Arbeitgeberverbände gegen das Mitbestimmungsgesetz von 1976 stellten die Gewerkschaften 1977 ihre Teilnahme zuerst vorläufig ein; auf dem DGB-Kongress von 1978 wurde daraus schließlich eine endgültige Absage an die Konzertierte Aktion. Das Modell des „liberalen Korporatismus" als Instrument der Konfliktregelung, in dem „gesellschaftliche Organisationen zur Zusammenarbeit gegenüber Regierungen und konkurrierenden Interessen fähig und bereit sind" (Roland Czada), schien am Ende. Damit schienen auch der ‚Konsenskapitalismus' und insgesamt der Keynsesianismus als Leitidee abgelöst. An seiner Stelle boten sich nun Wirtschaftstheorien an, die nicht mehr auf die Nachfrageseite setzten, sondern die Angebotsseite, also den freien Unternehmer, in den Mittelpunkt stellten. Die Anhänger der sogenannten **Chicago School** betonten die Effizienz des freien Marktes und lehnten jegliche Staatseingriffe in die Wirtschaft ab. Damit sollten sich nicht nur wirtschaftliche, sondern auch politische und soziale Probleme lösen lassen. Zu den wichtigsten Vordenkern dieser Richtung gehörte seit den vierziger Jahren Friedrich August von Hayek und seit den sechziger Jahren Milton Friedman. Sie formulierten einen umfassenden Gegenentwurf zum Keynesianismus. Nachdem Hayek 1974 den Nobelpreis erhielt, wuchs die Aufmerksamkeit für diese Richtung, und um 1979 begann die Umsetzung ihrer Ideen in konkrete Politik.

Chicago School
aus: Milton Friedman 1974, zit. in: Johan van Overtveldt: The Chicago School. How the University of Chicago assembled the thinkers who revolutionized economics and business, Chicago 2007, S. 1–17, hier S. 6.

In der wirtschaftstheoretischen Diskussion meint ‚Chicago' einen Ansatz, der wirtschaftswissenschaftliche Theorie für ein wichtiges Werkzeug hält, um eine erschreckend große Zahl an konkreten Problemen zu analysieren, statt mathematische Theoriegebäude von großer Schönheit aber geringer Erklärungskraft zu errichten; es meint einen Ansatz, der auf der Überprüfung allgemeiner theoretischer Überlegungen besteht und gleichermaßen Tatsachen ohne Theorie und Theorie ohne Tatsachen ablehnt. In der wirtschaftspolitischen Diskussion meint ‚Chicago' die Überzeugung von der Effizienz freier Märkte im Hinblick auf Ressourcenallokation, Skepsis gegenüber Staatseingriffen in die Wirtschaft und die Betonung der Quantitätstheorie des Geldes für die Inflation.

Allerdings wurde dies in der Bonner Republik nie konsequent umgesetzt, dazu waren die konsensliberalen Traditionen zu stark und die sozialstaatlichen Interessen zu wehrhaft. In den USA unter der Präsidentschaft Ronald

III. Strukturwandel und Krise

Ende der Kanzlerschaft Brandts

Reagans (1911–2004) und in Großbritannien unter Margaret Thatcher (*1925) ging man dagegen sehr weit, um den Staat aus der wirtschaftlichen und sozialen Verantwortung zu nehmen.

Was aber auch nach der konjunkturellen Erholung sehr deutlich als Folge der Wirtschaftskrise und des Strukturwandels spürbar wurde, war das Ende der reformpolitischen Euphorie. Die wirtschaftliche Entwicklung nahm schon Anfang der siebziger Jahre dem zentralen innenpolitischen Anliegen der Regierung Brandt, den inneren Reformen, jeglichen Handlungsspielraum und ließ die gesellschaftspolitischen Ziele der sozialliberalen Koalition Makulatur werden. Dies trug mit dazu bei, dass Willy Brandt 1974 erschöpft und resigniert aufgab und die Kanzlerschaft niederlegte. Dabei hatte Brandt 1972 auf dem Gipfel seines Erfolges gestanden. Die Wahlen von 1972 hatte er im Triumph gewonnen. Dies waren vorgezogene Neuwahlen gewesen, die notwendig wurden, weil die sozialliberale Koalition ihre Mehrheit im Parlament verloren hatte: Im Streit um die neue Ostpolitik hatten einige nationalliberale Abgeordnete die Partei und die Fraktion gewechselt. Nun sah die Opposition die Möglichkeit, die Regierung Brandt zu stürzen. Durch ein **konstruktives Misstrauensvotum** der CDU/CSU-Fraktion am 27. April 1972 versuchte die Union, Rainer Barzel (CDU) zum Bundeskanzler zu wählen, scheiterte aber an zwei fehlenden Stimmen. Dass diese zwei Stimmen von der Stasi gekauft worden waren, stellte sich erst lange Zeit danach heraus. Gerüchte über einen Stimmenkauf kursierten allerdings schon damals und schadeten dem Ansehen der SPD und Brandts, die fälschlicherweise in Verdacht gerieten, in der Not zu Bestechung gegriffen zu haben.

E **Konstruktives Misstrauensvotum**

Das konstruktive Misstrauensvotum ist eine Antwort des Grundgesetzes (Art. 67 GG) auf die Strukturprobleme der Weimarer Reichsverfassung. Das Verfahren regelt im parlamentarischen System die Abwahl des Bundeskanzlers durch das Parlament, beschränkt aber zugleich diese Möglichkeit: Der Bundestag spricht mit der Mehrheit seiner Mitglieder dem Amtsinhaber das Misstrauen aus und erzwingt dadurch dessen Rücktritt, jedoch nur, wenn im selben Abstimmungsvorgang „konstruktiv" auch ein Nachfolger oder eine Nachfolgerin gewählt werden. Diese Regelung soll eine Destabilisierung des politischen Systems wie in der Weimarer Republik vermeiden. Dort hatte der Art. 54 WRVerf. zu zahlreichen Regierungskrisen geführt, da er zwar die Abwahl ermöglichte, nicht aber zur Festlegung auf eine neue Regierung zwang. In der Bundesrepublik Deutschland kam das konstruktive Misstrauensvotum bisher zweimal zur Anwendung: 1972 scheiterte die Opposition mit ihrem Misstrauensantrag gegen Kanzler Willy Brandt; 1982 erreichten Union und FDP die nötige Mehrheit zur Abwahl Helmut Schmidts, mit der zugleich Helmut Kohl zum Bundeskanzler gewählt wurde.

Angesichts dieser knappen und unsicheren Regierungsmehrheit stellte Willy Brandt am 22. September 1972 im Bundestag die Vertrauensfrage, um eine Auflösung des Parlaments und damit Neuwahlen zu ermöglichen. Bei diesen Wahlen vom 19. November 1972 wurden mehr Wählerinnen und Wähler mobilisiert als je zuvor in der Geschichte der Bundesrepublik: Die Wahlbeteiligung erreichte 91,1%; auch das Ausmaß der öffentlichen Anteilnahme am Wahlkampf, in Form von Diskussionen, Kundgebungen und Veröffentlichungen war neu: Intellektuelle und Schriftsteller beteiligten sich in großer Zahl und unterstützten vor allem die SPD, die im Wahlkampf den Kandida-

Strukturwandel

ten Brandt in den Mittelpunkt stellte: „Willy wählen" lautete die Botschaft. Hier wurde die breite Politisierung der Gesellschaft spürbar. Inhaltlich ging es im Wahlkampf von 1972 um die Sanktionierung der Neuen Ostpolitik sowie der Reformpolitik der sozialliberalen Koalition durch die Wählerschaft, die nun mit einem klaren Votum ausgestattet werden sollten. Dies gelang auch: Die SPD wurde mit 45,8% stärkste Partei und konnte mit der FDP die Koalition fortsetzen. Brandt und sein politischer Kurs waren damit deutlich gestärkt und bestätigt worden. Brandt selbst jedoch war nach diesem Wahlkampf ausgebrannt und erschöpft. Gesundheitliche Probleme – eine Stimmbanderkrankung – zwangen Brandt ins Krankenhaus, während Herbert Wehner und Helmut Schmidt an ihm vorbei die Koalitionsverhandlungen führten und dabei explizite Wünsche Brandts geflissentlich ignorierten. Nicht nur der Kanzler, sondern die gesamte Reformpolitik der sozialliberalen Koalition verloren von da an an Schwung, und zwar noch bevor die Wirtschaftskrise den finanziellen Spielraum für die inneren Reformen zunichte gemacht hatte.

Der Tenor der zweiten Amtszeit war ein anderer als in den Jahren 1969–1972. Der Fortschrittsoptimismus war einer Zukunftsskepsis gewichen, die dem Konjunktureinbruch zeitlich vorgelagert war. Die Planungseuphorie war verflogen, auch in der sozialliberalen Koalition. Der damalige Kanzleramtsminister Horst Ehmke (*1927) berichtet: „Die Aufgabenplanung lief sich fest und schlief ... 1972 ein." Er macht dafür die Blockadehaltung der Bürokraten in den Ministerien verantwortlich. „Wir, damit meine ich die gesamte SPD-Mannschaft, waren mit unserem Versuch gescheitert, bevor er noch richtig begonnen hatte." Das Ziel war gewesen, durch eine Politik der inneren Reformen „Zukunft demokratisch zu gestalten". Das Mittel dazu sollte ein in sich stimmiges Reformprogramm sein, und um dieses umzusetzen, sollten zunächst organisatorische Verbesserung in den betroffenen Fachministerien durchgeführt werden: Es ging um die Erfassung der bestehenden politischen Vorhaben und um Aufgabenplanung, möglichst mithilfe moderner Datenverarbeitung. Die Bonner Ministerialbürokratie kooperierte anfangs, und produzierte vor allem sehr viel Papier, bis sich dann die Kritiker in den Ministerien sammelten und sich gegen die „langfristige Aufgaben- und Ressourcenplanung" stemmten, allerdings ohne den offenen Aufstand zu proben. Sie definierten kurzerhand, so Ehmke, alles in „Reform" um, was sie gerade taten und blockierten mit dieser „Reform"-Flut sehr effektiv die eigentliche Reformpolitik.

Ende der Reformeuphorie

Die Planungseuphorie wich von da an der Skepsis, ob sich der Staat mit seinen Aufgaben nicht übernommen hatte. Zunehmend erschien die Politik machtlos gegenüber den Krisen, die von allen Seiten hereinzubrechen schienen: Ölpreiskrise, Konjunktureinbruch und Massenarbeitslosigkeit schienen resistent gegenüber staatlicher Planung. Typisch für diese wachsende Skepsis gegenüber staatlicher Planung als Lösung für wirtschaftliche und soziale Probleme war die sogenannte Unregierbarkeitsdebatte (Gabriele Metzler). Führende Sozialwissenschaftler, Juristen und Historiker diagnostizierten, dass der westdeutsche Staat zu effizientem Regierungshandeln nicht mehr in der Lage sei, da die Aufgabenlast zu groß geworden sei und da die Erwartungen und Anforderungen der Gesellschaft an den Staat und die schiere Komplexität des politischen Steuerns selbst diesen völlig überforderten. Zugleich aber schränkten die neuen Forderungen nach demokratischer Mitsprache durch die Bürger die Handlungsspielräume staatlicher Verwaltung ein. Der Staat sei mithin zum Opfer von wachsender Aufgabenzahl, steigender Komplexität und der Fundamentaldemokratisierung der Gesellschaft geworden. Die drohende ‚Unregierbarkeit' wurde als Krisenszenario dargestellt, das zur allgemeinen Krisenwahrnehmung der siebziger Jahre gehörte und diese weiter verschärfte. Unter Helmut Schmidts Kanzlerschaft wurden schließlich die Planung und auch die gesamte Reformpolitik leise ad acta gelegt.

Rücktritt Brandts Willy Brandt gab 1974 auf. Den Anlass zu seinem Rücktritt bot die **Guillaume-Affäre**.

Guillaume-Affäre
Günter Guillaume (1927–1995), ein enger Mitarbeiter Brandts, wurde als DDR-Spion enttarnt. Der NVA-Offizier und Stasi-Mitarbeiter und seine Frau waren 1956 im Auftrag des Ministeriums für Staatssicherheit als scheinbare Flüchtlinge in die Bundesrepublik eingereist. Seine Aufgabe war es, Informationen über die SPD zu liefern. Er machte Karriere innerhalb der SPD und stieg 1972 schließlich zum persönlichen Referenten des Bundeskanzlers auf. Zuständig war er dabei für die Parteiarbeit Brandts, der ja zugleich Parteivorsitzender der SPD war. Als der Verfassungsschutz im Frühjahr 1973 Guillaume als Spion enttarnte, wurde er zunächst in Brandts engster Umgebung belassen, um in Ruhe gegen ihn ermitteln zu können. Erst im April 1974 wurden Guillaume und seine Frau verhaftet und zu Freiheitsstrafen verurteilt. Die Leichtfertigkeit des Geheimdienstes und der Mitarbeiter Brandts, die den Spion für ein weiteres Jahr in solcher Nähe zum Bundeskanzler beließen, ist heute kaum noch nachzuvollziehen. Brandt unterschätzte zunächst die Sprengkraft der Angelegenheit, da Guillaume keinen Zugang zu Informationen gehabt hatte, die die Sicherheit der Bundesrepublik hätten gefährden können. Allerdings hatte das Bundeskriminalamt im Zuge der Ermittlungen zahlreiche Details aus Brandts Privatleben zusammengetragen, die ihn nun – durch die politische Opposition ebenso wie durch die DDR – erpressbar erscheinen ließen.

Brandt sah sich nicht nur in der Guillaume-Affäre durch die eigenen Parteifreunde nicht mehr unterstützt, er war zudem durch das Scheitern der Reformpolitik enttäuscht und gesundheitlich angeschlagen und trat deswegen am 5. Mai 1974 zurück. Aus Sicht der Stasi war der Rücktritt Brandts eine „Panne" (Markus Wolf), da man mit ihm den Hauptvertreter der Ostpolitik aus dem Feld geschlagen hatte, an der der DDR ja ebenfalls sehr gelegen war. Zur Zermürbung Brandts hatte wohl auch der SPD-Fraktionsvorsitzende Herbert Wehner beigetragen: Das Verhältnis zwischen dem Fraktions- und dem Parteivorsitzenden war zerrüttet. Wehners vergebliche Bemühungen, den nach der Bundestagswahl erschöpften Brandt zu engagiertem Handeln zu bewegen, insbesondere bei der Ausgestaltung der Ostpolitik, ließen ihn zunehmend aggressiv werden und gipfelten in einer regelrechten Kanzlerbeschimpfung Wehners, der auf einer Moskaureise im Herbst 1973 gegenüber Spiegel-Reportern über Brandt äußerte: „Der Herr badet gerne lau", und schlimmer noch: „was der Regierung fehlt, ist ein Kopf". Wehners Rolle in der SPD jener Zeit ist bis heute Gegenstand von Kontroversen. Dem „Zuchtmeister" der Partei wird seine Vergangenheit in der Kommunistischen Partei, vor allem während des Exils, vorgeworfen. Dennoch gehörte er die gesamten siebziger Jahre über der Führungs-„Troika" der SPD an: Schmidt als Kanzler, Brandt als Parteivorsitzender und Wehner als Fraktionschef.

Ende des Machbarkeitsglaubens und ‚Zweite Moderne'

Brandts Nachfolge an der Spitze der sozialliberalen Koalition übernahm der bisherige Finanzminister **Helmut Schmidt** (*1918). Schmidt, ein ausgewiesener Wehr- und Wirtschaftsexperte, hatte sich als Fraktionsvorsitzender in der Großen Koalition und dann als Finanzminister in der sozialliberalen Koalition einen Namen gemacht, er galt seit der Hamburger Flutkatastrophe von 1962 als „Macher" und war der logische Nachfolger Willy Brandts als Kanzler.

Kanzlerschaft Schmidts

> **Helmut Schmidt**
> Helmut Schmidt wurde 1918 in Hamburg geboren, nahm als Offizier am Zweiten Weltkrieg teil und trat 1946 in die SPD ein. Er war von 1953 bis 1962 und von 1965 bis 1987 Bundestagsabgeordneter der SPD; von 1961 bis 1965 war Schmidt Innensenator in Hamburg, wo er sich durch sein effizientes Handeln bei der Flutkatastrophe von 1962 einen Namen machte. Ab 1967 im Parteipräsidium der SPD, ab 1968 stellvertretender Parteivorsitzender. 1967 bis 1969 hatte er den Fraktionsvorsitz der SPD im Bundestag inne. In der sozialliberalen Koalition wirkte er erst als Verteidigungsminister (1969 bis 1972), 1972 als Wirtschafts- und Finanzminister und 1972 bis 1974 als Finanzminister. Im Mai 1974 wird Schmidt mit den Stimmen von SPD und FDP zum Bundeskanzler gewählt, als Nachfolger Willy Brandts, der wegen der Guillaume-Affäre zurückgetreten war. 1976 und 1980 Wiederwahl als Bundeskanzler. Schmidt genießt auch international Ansehen als Wirtschafts- und Verteidigungsexperte. 1982 durch ein konstruktives Misstrauensvotum abgewählt, Nachfolger wird Helmut Kohl. Seit 1983 ist Helmut Schmidt Mitherausgeber der Wochenzeitschrift Die Zeit.

Auch wenn die sozialliberale Koalition bestehen blieb, markierte der Kanzlerwechsel doch einen klaren politischen Kurswechsel. Dies lag an den veränderten wirtschaftlichen und politischen Rahmenbedingungen, aber auch am gesellschaftlichen Stimmungswandel und an der Persönlichkeit der beiden Kanzler. Hatte Brandt für gesellschaftspolitische Visionen gestanden, für eine umfassende gesellschaftliche und auch kulturelle Reform, so stand Schmidt für einen pragmatischen Rationalismus, der von der Philosophie Karl Poppers beeinflusst war: „Wer Visionen hat", so Schmidt, „sollte zum Arzt gehen." „Realismus" und „Nüchternheit" waren die Stichworte, unter denen er seine Regierung antrat. Eckart Conze hat Helmut Schmidt als „Kanzler in der Krise" bezeichnet. Seine Regierungszeit war in der Tat durch Krisen überschattet: Es war eine Zeit der wirtschaftlichen Stagnation, insbesondere nach der zweiten Ölkrise von 1979, der Bedrohung des Staates durch den Terrorismus der RAF und des erneuten Aufflammens des Kalten Krieges am Ende der siebziger Jahre. So lag der Schwerpunkt der Regierung Schmidt auf der Krisenbewältigung.

2. Ende des Machbarkeitsglaubens und ‚Zweite Moderne'

Mit dem Strukturwandel der siebziger Jahre geriet weitaus mehr in die Krise als die Konjunktur: Es war das Ende der Zuversicht, des Glaubens an den Fortschritt und an die technische Machbarkeit. Erstaunlich ist dabei, dass

III. Strukturwandel und Krise

dieser Perspektivwandel dem Konjunkturbruch, den die Ölpreiskrise von 1973 einläutete, zeitlich vorausging.

„Grenzen des Wachstums"

1972 erschien der Bericht des Club of Rome zur Lage der Menschheit. Dabei handelte es sich um eine Studie amerikanischer Wissenschaftler, die vom Club of Rome, einem privaten ‚Think Tank', in Auftrag gegeben worden war und sich mit der Zukunft der Weltwirtschaft beschäftigte. Der Titel des Buches: „Die Grenzen des Wachstums" wurde sofort zum Schlagwort für eine neue Weltsicht. Kernthese der Studie war, dass das globale Bevölkerungs- und Wirtschaftswachstum die Ressourcen des Planeten überfordere. Die Menschheit plündere ihren eigenen Lebensraum aus und bringe sich selbst damit in große Gefahr. Nur durch eine „radikale Änderung unserer Denkgewohnheiten, Verhaltensweisen und Gesellschaftsstrukturen", durch die Herstellung eines „stabilisierten Gleichgewichts" könne der „absehbare ... Zusammenbruch des Mensch-Umwelt-Systems" verhindert werden. „Fortschrittsglaube und Leistungswillen dürfen sich nicht länger an der Zuwachsrate des Bruttosozialprodukts ausrichten", mahnten die Autoren. Hier wurde erstmals in solcher Deutlichkeit Wachstum – der Wirtschaft wie der Bevölkerung – nicht mehr als Lösung, sondern als Problem dargestellt. Das Buch wurde bis heute in aller Welt 30 Millionen mal verkauft. Die deutsche Ausgabe erschien 1973 und erhielt im selben Jahr den Friedenspreis des Deutschen Buchhandels – das erste Mal, dass ein Sachbuch mit diesem Preis ausgezeichnet wurde. Tatsächlich war die Wirkung enorm, denn das Buch gab einer pessimistischen Grundstimmung Ausdruck, die sich bereits anzubahnen begann, ehe im Gefolge der Ölkrise dann der ökonomische Strukturwandel spürbar wurde. Die Szenarien, die der Bericht des Club of Rome zeichnete, fügten sich in die Anfänge eines neuen „Krisennarrativs" (Ralph Jessen) und gaben diesem das nötige Vokabular an die Hand. Sie waren in erster Linie das Symptom eines perspektivischen Umkippens der Wahrnehmung. Kurz zuvor, an Weihnachten 1968, hatte die Mannschaft von Apollo 8 ein Foto der Erde von der Mondumlaufbahn aus aufgenommen, das sich ins kollektive Gedächtnis der Menschheit eingebrannt hat: Die Erde schwebt wie eine kleine blaue Murmel im schwarzen All, weit entfernt, einsam und sehr zerbrechlich. Es mag diese Perspektive gewesen sein, der Blick auf den Planeten als Ganzes, der die Vorstellung vom „Raumschiff Erde" mit seinen endlichen und kostbaren Ressourcen geprägt hat. Es galt nicht mehr, die Erde zu erobern und dem Menschen Untertan zu machen, sondern sie zu bewahren; aber nicht mehr, wie in den Vorstellungen des Naturschutzes, als Garten, als Zierde, sondern als Umwelt, als alleinige Lebensgrundlage des Menschen. Die Mondfahrt, symbolischer Gipfel des technischen Fortschritts und des Zukunftsoptimismus, lieferte die Bildersprache für die Warnung vor dem Raubbau an der Erde, den Wachstum und technologischer Fortschritt mit sich brächten. Zugleich basierte die Studie des Club of Rome aber noch voll und ganz auf dem Vertrauen in die Steuerbarkeit und Planbarkeit von Entwicklungen. Die Prognosen des Berichts beruhten auf der computergestützten Auswertung von fünf Variablen: Weltbevölkerung, Industrialisierung, Umweltverschmutzung, Nahrungsmittelproduktion und Ressourcenverbrauch. Daraus wurde auf der Basis von „System Dynamics" ein „Weltmodell" errechnet. System Dynamics ist eine Methode zur Modellsimulation komplexer dynamischer Systeme, die mithilfe damals hochmoderner Computerprogramme die Auswirkungen einzelner Faktoren auf das ganze System ermitteln und Handlungsempfehlungen liefern kann. Technokratie, Systemdenken und rationale Planung als Basis politischen Handelns – hier hatte der Glaube an Machbarkeit und Fortschritt noch immer seinen festen Platz, auch wenn das inhaltliche Ergebnis dieser Modellrechnung Kritik am Wachstumsglauben war. Die Rettung sollte nicht im Verzicht auf Wirtschaftswachstum liegen, sondern im Einsatz von Wissenschaft und Computertechnologie zur rationalen Gestaltung der Zukunft. Die Wissenschaft bot rationale Lösungen für soziale und wirtschaftliche Probleme: Hier lässt sich von einer „Verwissenschaftlichung des Sozialen" (Lutz Raphael) sprechen. Es gelte, so die Autoren von „Grenzen des Wachstums", ein stabiles Gleichgewicht zwischen den fünf Variablen zu schaffen: Die Idee von der „Nachhaltigkeit" des Wirtschaftens war in der Welt. Die Probleme der Menschheit, so die Mitglieder des Club of Rome, ließen sich zudem nicht mehr im Rahmen nationalstaatlicher Politik lösen, sondern verlangten nach einer internationalen, ja globalen Perspektive.

Bericht des Club of Rome 1972
aus: Meadows, Die Grenzen des Wachstums, S. 17.

Wenn die gegenwärtige Zunahme der Weltbevölkerung, der Industrialisierung, der Umweltverschmutzung, der Nahrungsmittelproduktion und der Ausbeutung von natürlichen Rohstoffen unverändert anhält, werden die absoluten Wachstumsgrenzen auf der Erde im Laufe der nächsten hundert Jahre erreicht. Mit großer Wahrscheinlichkeit führt dies zu einem ziemlich raschen und nicht aufhaltbaren Absinken der Bevölkerungszahl und der industriellen Kapazität. Es erscheint möglich, die Wachstumstendenzen zu ändern und einen ökologischen und wirtschaftlichen Gleichgewichtszustand herbeizuführen, der auch in weiterer Zukunft aufrechterhalten werden kann. Er könnte so erreicht werden, daß die materiellen Lebensgrundlagen für jeden Menschen auf der Erde sichergestellt sind und noch immer Spielraum bleibt, individuelle menschliche Fähigkeiten zu nutzen und persönliche Ziele zu erreichen. Je eher die Menschheit sich entschließt, diesen Gleichgewichtszustand herzustellen, und je rascher sie damit beginnt, um so größer sind die Chancen, daß sie ihn auch erreicht.

Jedoch schwand auch dieses Vertrauen in die Steuerbarkeit und Planbarkeit, ja in rationale und wissenschaftliche Lösungen der Probleme der Menschheit im Lauf der siebziger Jahre, die Skepsis und die Sorge aber blieben: Im Westen war mit der Verunsicherung durch den Strukturwandel und die Wirtschaftskrise auch die Zukunftsgewissheit verloren gegangen. Überfluss und Wohlstand waren durch Raubbau und Umweltverschmutzung erkauft worden; die „Wegwerfgesellschaft" hatte verschmutzte Flüsse und eine hohe Schadstoffbelastung der Luft hinterlassen. Bis Anfang der siebziger Jahre war man im Westen davon ausgegangen, der technologische Fortschritt werde auch diese Probleme lösen helfen; die Beherrschung der Natur durch den Menschen müsse eben noch verbessert werden. Nun mehrten sich Stimmen, die in eben diesem Anspruch der Naturbeherrschung die Ursache der Probleme sahen, und nicht mehr die Lösung. Nun wurde eine grundsätzliche Kritik an der industriellen, technischen Moderne und ihrer Rationalität formuliert. Fortschrittsskepsis machte sich breit, die in ihrer Extremform auch apo-

Fortschrittsskepsis

kalyptische Zukunftsängste freisetzte. Ein zentraler Kristallisationspunkt dieser Ängste in den späten siebziger und frühen achtziger Jahren war die militärische wie zivile Nutzung der Nukleartechnik. Atomkraftgegner sahen in Kernkraftwerken wie in Atombomben eine Bedrohung allen Lebens auf der Erde, ein Frankenstein-Monster des wissenschaftlich-technischen Fortschritts, das sich gegen seine Erfinder gekehrt habe. Die Reaktor-Unfälle in Harrisburg 1979 und in Tschernobyl 1986 bestärkten und verbreiteten diese Sichtweise auf tragische Weise. So schien gerade die wissenschaftlich-rationale Grundhaltung der Moderne mit ihrer Konzentration auf Wachstum, Entwicklung und Fortschritt Probleme nicht mehr nur zu lösen, sondern selbst neue Probleme zu schaffen, vor allem neue Risiken zu generieren. Dieses neue Zeitempfinden schlug sich in zahlreichen Versuchen nieder, neue Epochenbegriffe und Zuschreibungen zu finden. Der Soziologe Ulrich Beck prägte etwa die Begriffe der „zweiten" oder „reflexiven Moderne" und der „Risikogesellschaft". Er sprach von einem „Bruch innerhalb der Moderne"; er konstatierte eine Abkehr von der industriegesellschaftlichen Moderne und die Entstehung einer neuen gesellschaftlichen Gestalt.

Risikogesellschaft
aus: Beck, Risikogesellschaft, Vorwort.

Aus gegebenem Anlaß (Mai 1986)
Weit weg, im Westen der Sowjetunion, also von nun an: in unserer näheren Umgebung, passiert ein *Unfall* – nichts Gewolltes, Aggressives, vielmehr ein allerdings vermeidenswertes Ereignis, das in seinem Ausnahmecharakter aber normal, mehr noch: menschlich ist. Nicht das Versagen bewirkt die Katastrophe, sondern die Systeme, die die Humanität des Irrtums in unbegreifliche Zerstörungskräfte verwandeln ... Diese Erfahrung, an der unsere bisherige Lebensform einen Augenblick lang zerschellte, spiegelt das Ausgeliefertsein des Weltindustriesystems an die industriell integrierte und verseuchte Natur wider. Die Gegenüberstellung von Natur und Gesellschaft ist eine Konstruktion des 19. Jahrhunderts, die dem Doppelzweck diente, die Natur zu beherrschen *und* zu ignorieren ... Das *ist* das Ende des 19. Jahrhunderts, das Ende der *klassischen* Industriegesellschaft mit ihren Vorstellungen von nationalstaatlicher Souveränität, Fortschrittsautomatik, Klassen, Leistungsprinzip, Natur, Wirklichkeit, wissenschaftlicher Erkenntnis usw.

Vorwort (April 1986)
Dem liegt die Einschätzung zugrunde, daß wir Augenzeugen – Subjekt und Objekt – eines Bruches *innerhalb* der Moderne sind, die sich aus den Konturen der klassischen Industriegesellschaft herauslöst und eine neue Gestalt – die hier so genannte (industrielle) „Risikogesellschaft" ausprägt.
Dem in allen Teilen des Meinungsmarktes hinreichend entfalteten Schreckenspanorama einer sich selbst gefährdenden Zivilisation ist nichts hinzuzufügen; ebensowenig den Bekundungen einer neuen Ratlosigkeit, der die ordnenden Dichotomien einer selbst noch in ihren Gegensätzen „heilen" Welt des Industrialismus abhanden gekommen sind ... Ähnlich wie im 19. Jahrhundert die Modernisierung die ständisch verknöcherte Agrargesellschaft aufgelöst und das Strukturbild einer Industriegesellschaft herausgeschält hat, löst Modernisierung heute die Konturen der Industriegesellschaft auf, und in der Kontinuität der Moderne entsteht eine andere gesellschaftliche Gestalt ... Modernisierung im Erfahrungshorizont der *Vormoderne* wird verdrängt durch die Problemlagen von Modernisierung *im Selbstbezug.* Wurden im 19. Jahrhundert ständische Privilegien und religiöse Weltbilder, so werden heute das Wissenschafts- und Technikverständnis der klassischen In-

Ende des Machbarkeitsglaubens und ‚Zweite Moderne'

> dustriegesellschaft entzaubert, die Lebens- und Arbeitsformen in Kleinfamilie und Beruf, die Leitbilder von Männer- und Frauenrolle usw. Modernisierung *in* den Bahnen der Industriegesellschaft wird ersetzt durch eine Modernisierung *der Prämissen* der Industriegesellschaft ...
>
> Es geht also nicht mehr oder nicht mehr ausschließlich um die Nutzbarmachung der Natur, um die Herauslösung des Menschen aus traditionalen Zwängen, sondern es geht auch und wesentlich um Folgeprobleme der technisch-ökonomischen Entwicklung selbst. Der Modernisierungsprozeß wird „reflexiv", sich selbst zum Thema und Problem.

Tatsächlich fanden sich rasch neue gesellschaftliche Formationen, die versuchten, ihre Kritik an der industriegesellschaftlichen Moderne in konkretes Handeln umzusetzen: Dies waren die sogenannten neuen sozialen Bewegungen. Die wichtigsten unter ihnen waren die Friedensbewegung, die Frauenbewegung und die Umweltschutzbewegung. Dies waren keine festen Organisationen, die etwa Mitglieder und ein Büro besessen hätten, sondern lose verbundene Gruppen, die sich in der gleichen Sache engagierten, ähnlich dachten und zu Demonstrationen oder Veranstaltungen zusammenkamen. Manche gruppierten sich auch um Veröffentlichungen oder verbanden mehrere lokale Organisationen miteinander. Sie waren auch nicht politisch im engeren Sinn, wollten nicht in die Parteien gehen und in den politischen Institutionen wirken, sondern soziale Anliegen im gesellschaftlichen Raum vertreten, indem sie auf ihre Themen aufmerksam machten und öffentlichen Druck auf die Verantwortlichen ausübten. Die Bezeichnung dieser Gruppierungen als ‚neue soziale Bewegungen' hebt den Gegensatz zu den „alten" sozialen Bewegungen hervor, mit denen die Arbeiterbewegung in ihren Flügeln Gewerkschaften und Partei gemeint war. Zu Beginn der siebziger Jahre, in der Erschöpfungsphase nach „1968", wandten sich viele ehemalige Angehörige der Studentenbewegung von den großen weltverbessernden und gesamtgesellschaftlichen Zielen ab und begannen, sich vor Ort um konkrete einzelne Anliegen zu kümmern: „Konkrete Utopie" war das neue Schlagwort. Ihnen ging es nicht mehr um die klassengesellschaftlichen Interessenkonflikte der Industriegesellschaft, um die Auseinandersetzung zwischen Arbeit und Kapital, die ja dem alten „Rechts-Links-Schema" politischer Konflikte zugrunde gelegen hatte, sondern um ganz neue Themen wie die „Lebensqualität" und die Möglichkeit des Einzelnen, sich zu „verwirklichen", sein Leben also frei von Zwängen und Autoritäten selbst in die Hand zu nehmen.

Neue soziale Bewegungen

Die Anhänger dieser Bewegungen teilten im Grunde die Gesellschaftskritik der „1968er", schrieben deren Ziele aber unter veränderten Bedingungen fort. Auch sie lehnten es ab, ihr Leben ganz im Zeichen von Arbeit und Konsum zu verbringen, und suchten eine Alternative zum Materialismus der Industriegesellschaft. Jedoch ging es ihnen nicht mehr um den Kampf gegen kapitalistische Eigentumsverhältnisse, sondern darum, „‚anders zu leben', oder bescheidener, zumindest zu überleben, was angesichts der staatlichen Aufrüstung nach innen und außen sowie der drohenden Ökokatastrophe ja keine Selbstverständlichkeit mehr ist" (Jürgen Bacia/Klaus-Jürgen Scherer). Die ‚proletarische Revolution' bot hier keine Antwort mehr. Viele hatten auch einfach genug von der linken Dogmatik der Studentenbewegung, von ihren umfassenden Lösungen und Theorien. Eine Aufspaltung der Gruppen und Pluralisierung der Sichtweisen setzte ein. Man zog sich ins Alltagsleben zurück und kümmerte sich um konkrete Reformanliegen. Die Theorie wurde durch die Praxis ersetzt.

Regierungserklärung Bundeskanzler Willy Brandts, 18. Januar 1973
aus: Stüwe, Die großen Regierungserklärungen, S. 188f.

Meine Damen und Herren, ich möchte nun einige grundsätzliche Bemerkungen machen: Wirtschaftliches Wachstum und steigender Wohlstand haben seit dem Zweiten Weltkrieg den Lebensstandard unserer Bürger wesentlich verbessert. Mehr Produktion bedeutet aber noch nicht automatisch mehr Freiheit für den einzelnen. Lebensqualität ist mehr als Lebensstandard. Sie ist Bereicherung unseres Lebens über Einkommen und Konsum hinaus. Sie setzt ein neues Verständnis von Allgemeininteresse voraus. Sie hängt immer mehr davon ab, wieviel gute Nachbarschaft es bei uns gibt und was die Gemeinschaftseinrichtungen zu leisten vermögen.
Weder die einzelnen noch die Gemeinschaft können auf Kosten der Natur leben. Sonst wird die Entwicklung unserer Umwelt inhuman, zumal dort, wo die Experten von „Verdichtungsräumen" sprechen.
Lärm, Luft- und Wasserverschmutzung und Störungen des Naturhaushaltes stellen in der Tat die Vorteile des wirtschaftlichen Wachstums in Frage. Doch ich warne vor dem gedanklichen Kurzschluß, den Ausweg etwa in einer generellen Einschränkung des Wachstums und der Produktivität zu sehen. Es geht vielmehr um die Frage des Wo, Wie und Wofür des wirtschaftlichen Wachstums – und um die Einsicht, daß Wachstum und ökonomisches Prinzip im Dienste des Menschen stehen müssen. Wenn die „Verhältnisse" nicht über uns herrschen sollen, sondern wenn wir sie beherrschen wollen, dann müssen wir ein wenig schärfer nachdenken, mitunter sogar härter arbeiten als bisher. Umweltschutz, Raumordnung, Stadtentwicklung, Verkehrsausbau, und damit die Verbesserung der Lebens-, Arbeits-, Freizeit- und Erholungsmöglichkeiten müssen in engem Zusammenhang gesehen werden.

Frauenbewegung

Den Anfang machte die neue Frauenbewegung. Für die Studentenbewegung, die sich den Kampf gegen autoritäre Herrschaftsstrukturen auf die Fahnen geschrieben hatte, hatte die Emanzipation der Frauen nicht im Mittelpunkt des Interesses gestanden – trotz der Versuche der Frauen im SDS, auf ihre Anliegen aufmerksam zu machen. Die sozialistische Weltrevolution hatte, auch in der Version der Neuen Linken, auf die Befreiung der Arbeiterschaft abgezielt, und die war nun einmal, zumindest in der allgemeinen Wahrnehmung, männlich. Geschlecht war keine valide Kategorie in den Theoriegebäuden der Neuen Linken, in denen es um den Gegensatz von Arbeit und Kapital ging, von Faschismus und Sozialismus. Dabei hatten die Kommilitonen übersehen, dass just die industriegesellschaftlichen Arbeitsverhältnisse, auf die sich Marx und Engels in ihren Gesellschaftsdeutungen bezogen hatten, und die ja auch nach wie vor den sozialstaatlichen Strukturen zugrunde gelegt wurden, am Erodieren waren. Das Grundmodell des Familienernährers, der Frau und Kinder durch ein lebenslanges Erwerbsverhältnis versorgte und auch mitversicherte, geriet ins Wanken. Dem wirtschaftlichen Strukturwandel entsprach ein sozialer und ein ideeller; auch die APO hatte gegen die Lebensverhältnisse und Weltbilder des „Establishments" angekämpft und keineswegs den Arbeiterbewegungs-Sozialismus des 19. Jahrhunderts oder gar den Betonsozialismus des Ostblocks beschworen. Studentinnen entwickelten nun andere Lebensentwürfe als ihre Mütter, oft von diesen angefeuert, für die es aber noch keine breite soziale Akzeptanz und keine etablierten Strukturen gab. Der Haushalt war nach wie vor die Sache „der Frau", auch wenn sie Richterin oder Journalistin war oder werden wollte. Dieser spezifische Aspekt im Wandel der Lebensverhältnisse aber war den Dutschkes, Rabehls und Kunzelmanns fremd geblieben. Sexuelle Revolution in allen Ehren, aber vor dem Wäscheberg endete dann doch die Befreiung von gesellschaftlichen Zwängen, zumindest für die Frauen.

Simone de Beauvoir: Über den Kampf für die Befreiung der Frau.
aus: Interview: Alice Schwarzer, in: Kursbuch 35, April 1974, S. 49f.

Ich bin mir erst mit vierzig, als ich über mich schreiben wollte, meiner Lage als Frau bewußt geworden. Es war übrigens Sartre, der mir sagte: „Wenn Sie über sich schreiben wollen, tragen Sie vor allem der Tatsache Rechnung, daß Sie eine Frau sind. Sie haben nicht die gleiche Erziehung, Sie wurden nicht auf dieselbe Art und Weise in die Welt geworfen." Ja, habe ich gesagt, das stimmt. Und ich habe begonnen, über meine eigene Erziehung nachzudenken, über meine eigene Entwicklung und alles, was in meinem Leben anders war als im Leben eines Mannes. Dann habe ich die Frauen um mich herum betrachtet – ich sah damals viele Schriftsteller und Frauen von Schriftstellern – und festgestellt, daß diese Schriftstellerfrauen auch unterdrückt waren. Sie waren sympathisch, intelligent und fast Freundinnen für mich, aber trotz allem sehr unterdrückt. Und sie akzeptierten ihre Unterdrückung. Sie hatten nicht dieselben Chancen wie die Männer. Ich habe begriffen, daß die Lage der Frauen vollkommen anders ist als die der Männer. Das hatte ich nicht geahnt, denn meine Freundinnen zuvor waren z.B. Lehrerinnen, befanden sich also annähernd auf der gleichen Ebene wie die Männer. Hier aber sah ich wirklich Frau-Frauen, relative Wesen. Also habe ich ‚Das andere Geschlecht' geschrieben und ein geschärftes Bewußtsein der von Frauen erlittenen doppelten Unterdrückung gewonnen. Aber ich glaubte ganz naiv – wie viele Leute zu der Zeit –, daß es genüge, die Probleme des Klassenkampfes zu lösen, eine gerechte Welt zu schaffen, eine sozialistische und rationale Welt, damit sich zugleich auch die Frauen emanzipiert fänden. Nach und nach erst habe ich festgestellt, daß das nicht stimmt.

In der westdeutschen Gesellschaft insgesamt galt immer noch die Regel, dass das Verhältnis von Männern und Frauen, vor allem das von Eheleuten, doch wohl etwas Privates war und nichts Politisches. Feministische Gruppen reagierten zunächst mit scharfer und grundlegender Kritik an der „patriarchalischen Unterdrückung" und begaben sich dadurch in die gesellschaftliche Isolation. Sie formulierten radikale Gegenentwürfe zu den herrschenden Verhältnissen, wurden aber gerade deswegen nicht gehört und bewirkten wenig Änderungen. Erst als 1971 Alice Schwarzer in Anlehnung an radikale feministische Gruppen in Frankreich, den USA und anderen Ländern eine Kampagne gegen den „Abtreibungsparagraphen" 218 StGB in Gang setzte, hatte die westdeutsche Frauenbewegung ein Thema gefunden, mit dem sie aus der Isolierung herausfand. Schwarzer initiierte in der Illustrierten ‚Stern'

III. Strukturwandel und Krise

vom 6. Juni 1971 die Selbstbezichtigung von 374 teils prominenten Frauen: „Wir haben abgetrieben!" Der Skandal war groß, und eine grundlegende Debatte um Abtreibung und das Selbstbestimmungsrecht der Frauen setzte ein. Die Frauenbewegung wuchs sprunghaft an, zahlreiche lokale Frauengruppen, Projekte und Initiativen entstanden, die gegen die Diskriminierung von Frauen in ihrem gesellschaftlichen und beruflichen Umfeld angingen. Bücher wurden geschrieben, Verlage und Buchläden gegründet. Das ‚Tabu Privatleben' wurde nun zum öffentlichen Thema. Langfristig änderten sich schließlich gesellschaftliche Verhaltensmuster, die Rechte und Spielräume von Frauen erweiterten sich allmählich, auch wenn sich ein radikaler Teil der feministischen Bewegung in die Isolation zurückbegab. Neue Vorstellungen von Partnerschaft und Familie, von der Rollenverteilung innerhalb der Familien und von gemeinsamen Lebensentwürfen entstanden, meist durch Ausprobieren; und oft genug scheiterten die Entwürfe dann doch in der Praxis, denn die Arbeitsverhältnisse in der Bundesrepublik erlaubten nur selten, und nur unter hohen organisatorischen Kosten, eine Verbindung von Familie und Beruf für beide Eltern; dies galt auch für die Väter, denn wer etwa in den achtziger Jahren als Mann versuchte, den Beruf hinter die Familie zurückzustellen, sah sich rasch mit den gängigen Vorurteilen seiner Vorgesetzten und Kollegen konfrontiert. Betreuung von Kleinkindern außer Haus war in der Bundesrepublik – anders als in der DDR und daran mag es gelegen haben – unüblich. Weibliche Emanzipation und „Selbstverwirklichung", wie man es nannte, hingen also oft genug an der Großmutter im Haushalt.

Ökobewegung

Der zweite Hauptzweig der Neuen Sozialen Bewegungen war die Ökologische oder Ökobewegung. Ihr gelang es ebenfalls, wenn nicht noch besser, ihre Themen in das Bewusstsein einer breiten Öffentlichkeit zu bringen. In den siebziger Jahren war die Umweltverschmutzung ein schon optisch sehr präsentes Thema. Die Ränder aller Autobahnen und vieler Landstraßen waren je einen Meter tief von schwarzbraunem Gras und totem Buschwerk gesäumt; auf vielen Flüssen schwammen gelblich-braune Schaumberge oder blauschwarze ölige Häute, die in allen Farben schillerten. Auch wenn das „Waldsterben" erst in den achtziger Jahren zum großen Thema wurde, hatte sich schon im Jahrzehnt davor die Wahrnehmung von großen Umweltkatastrophen und alltäglicher Verschmutzung doch zu einem Gesamtbild in den Köpfen der interessierten Öffentlichkeit verbunden. Vorläufer dieser Haltung finden sich in der Naturschutzbewegung seit dem späten 19. Jahrhundert, wobei es nun aber weniger darum ging, Stücke von „Natur" zu bewahren – weil sie schön war und für die Erziehung der Kinder wie für die Erholung der Arbeiterschaft und des Bürgertums notwendig – und sie so vor dem Menschen und seiner industriellen und urbanen Expansion zu schützen, als vielmehr darum, den Menschen selbst zu retten, indem man ihn an der weiteren Zerstörung seiner für ihn selbst lebensnotwendigen „Umwelt" hinderte. Der Mensch war in dieser neuen Sicht Teil eines sensiblen Ökosystems, das er selbst zu zerstören drohte – aus Unwissenheit, Gier oder schlichter Dummheit. Die Ökobewegung vereinte all jene, die sich engagieren, etwas „tun" wollten; sie bestand aus einer facettenreichen und bunten Mischung verschiedenster Gruppen und Themen. Die auffälligste unter ihnen war wohl die Bewegung gegen die Atomkraftwerke, die „Anti-AKW-Bewegung". Ihren

Anti-AKW-Bewegung

Ende des Machbarkeitsglaubens und ‚Zweite Moderne'

Anfang nahm sie auf einem Acker im südbadischen Whyl, wo ein Kernkraftwerk gebaut werden sollte. Hier fanden sich 1974/75 Bauern aus der Region, die um ihre Felder besorgt waren, zusammen mit Umweltschützern und ‚Alternativen', die auf die Gefahren der Atomenergie aufmerksam machten und die Macht der ‚Atomlobby' aus Wirtschaft und Politik brechen wollten.

> **Das KKW wird nicht gebaut**
> aus: Walter Mossmann: „Die Bevölkerung ist hellwach!", in: Kursbuch 39, April 1975, S. 151 f.
>
> Die neue Entwicklung in Whyl seit dem 17. Februar ist überregional bekannt geworden: Baubeginn, Platzbesetzung, Räumung mit gewaltigem Polizeiapparat gegen gewaltlose Menschen, Rückeroberung des Platzes, eine offenkundige Niederlage der Regierung ... Inzwischen hat der Fall Whyl ... Modellcharakter, nicht nur für die Bundesrepublik. Die entscheidende Voraussetzung für den bisherigen Verlauf der Geschichte ist die Autonomie der Bewegung ... Autonomie heißt zuerst: Lösung aus der Abhängigkeit von Partei- und Verbands-Vertretern, Ergebnis eines selbständigen Lernprozesses. Alle konventionellen Mittel müssen erst ausprobiert werden, bis nachgewiesen ist: Nur Selbstorganisation hilft und Übertretung ungerechter Gesetze. Autonomie heißt auch, Widerstand gegen den Zugriff kommunistischer Parteigruppen, die aus mehreren Gründen verdächtig sind: Sie wollen die Bewegung, an der fast alle teilnehmen, Zielen unterordnen, die fast niemand will. Sie haben die Weisheit mit Löffeln gegessen, kennen aber die Dörfer nicht ... Als die Polizei sich im Whyler Wald hinter Panzerdrahtrollen und Stacheldraht-Zäunen verbarrikadiert hatte, hängten Bauern Schilder auf: „Achtung! Nach 50 Metern beginnt die DDR". „Was Filbinger macht", sagt einer, „das ist schwarzer Kommunismus." Kommunismus, ein Synonym für Unfreiheit, als Alternative zum Kapitalismus schwer zu begreifen ... Die Krankheit der Initiativgruppen, Schwanken, Zögern, Vertrauensseligkeit, Angst vor Auswüchsen usw. kann nur in den Gruppen an den Orten kuriert werden, und das ist eine mühselige Arbeit. Die Verbreiterung der Basis über Aktionen hinaus, in den lokalen Organisationen, kann jedenfalls durch überhaupt keine Parteiorganisation ersetzt werden. Nach soviel Siegen sind jetzt Rückschläge möglich, gerade Brüche in der Bewegung. Aber das KKW wird nicht gebaut.

Sie gaben den Auftakt für eine überregionale Bewegung der Atomkraftgegner. Diese machten mit spektakulären Aktionen gegen den Bau von Atomkraftwerken und Wiederaufbereitungsanlagen von sich reden, etwa in Brokdorf, wo sich der Protest gegen den Bau eines Kernkraftwerks über Jahre hinzog. Diese Proteste eskalierten zunehmend. Zwischen 1985 und 1989 kam es im oberpfälzischen Wackersdorf bei Protesten gegen die geplante Wiederaufbereitungsanlage zu Straßenschlachten zwischen Atomkraftgegnern und der Polizei, wobei Verletzte und sogar Tote zu beklagen waren. Hierbei spielte das Fernsehen eine zunehmend wichtige Rolle, denn die Bilder von den Bauzäunen – zunächst bei Atomkraftwerken und Wiederaufbereitungsanlagen, bald aber auch an der Startbahn West des Frankfurter Flughafens – zeigten, je nach Standpunkt, das „brutale und reaktionäre Vorgehen" der Polizei gegen die Bürger, oder die Gewalttätigkeit „linker Chaoten" gegen den Staat, heizten die Debatte weiter an und garantierten den Atomkraftgegnern zumindest öffentliche Aufmerksamkeit. An der Energiepolitik der Bun-

Die GRÜNEN

desregierung änderte sich jedoch zunächst nichts. Erst der Weg ins Parlament, über die GRÜNEN, ermöglichte schließlich gesetzgeberischen Einfluss auf Laufzeit und Genehmigung von Kernkraftwerken: Denn aus dem Umfeld der Ökobewegung und der Atomkraftgegner ging 1979/80 schließlich auch die Partei ‚Die GRÜNEN' hervor, die bald in Landtagen zu finden war und am 6. März 1983 den Einzug in den Deutschen Bundestag schaffte. Sie war am Ende die einflussreichste all dieser neuen Gruppierungen, da es ihr gelungen ist, ihre Themen in die politischen Institutionen einzuspeisen und schließlich auch zur Regierungspolitik zu machen. Seit 1985 regierten die GRÜNEN in SPD-geführten Koalitionen in Bundesländern mit; 1998 kam es dann zur ersten rot-grünen Bundesregierung unter Gerhard Schröder und Joschka Fischer.

Als sich am 12. und 13. Januar 1980 in Karlsruhe die GRÜNEN als Bundespartei konstituierten, änderte sich das Parteiensystem der Bundesrepublik Deutschland grundlegend.

Die GRÜNEN: Das Bundesprogramm, (Grundsatzprogramm 1980)
I Präambel
aus: Die Grünen (Hrsg.): Bundesprogramm der Grünen, 2. Aufl., Bonn 1980, S. 4.

Einleitung
Wir sind die Alternative zu den herkömmlichen Parteien. Hervorgegangen sind wir aus einem Zusammenschluß von grünen, bunten und alternativen Listen und Parteien. Wir fühlen uns verbunden mit all denen, die in der neuen demokratischen Bewegung mitarbeiten: den Lebens-, Natur- und Umweltschutzverbänden, den Bürgerinitiativen, der Arbeiterbewegung, christlichen Initiativen, der Friedens- und Menschenrechts-, der Frauen- und 3.-Welt-Bewegung. Wir verstehen uns als Teil der grünen Bewegung in aller Welt. Die in Bonn etablierten Parteien verhalten sich, als sei auf dem endlichen Planeten Erde eine unendliche industrielle Produktionssteigerung möglich. Dadurch führen sie uns nach eigener Aussage vor die ausweglose Entscheidung zwischen Atomstaat oder Atomkrieg, zwischen Harrisburg oder Hiroshima. Die ökologische Weltkrise verschärft sich von Tag zu Tag: Die Rohstoffe verknappen sich, Giftskandal reiht sich an Giftskandal, Tiergattungen werden ausgerottet, Pflanzenarten sterben aus, Flüsse und Weltmeere verwandeln sich in Kloaken, der Mensch droht inmitten einer späten Industrie und Konsumgesellschaft geistig und seelisch zu verkümmern, wir bürden den nachfolgenden Generationen eine unheimliche Erbschaft auf. Die Zerstörung der Lebens- und Arbeitsgrundlagen und der Abbau demokratischer Rechte haben ein so bedrohliches Ausmaß erreicht, daß es einer grundlegenden Alternative für Wirtschaft, Politik und Gesellschaft bedarf. Deshalb erhob sich spontan eine demokratische Bürgerbewegung. Es bildeten sich Tausende von Bürgerinitiativen, die in machtvollen Demonstrationen gegen den Bau von Atomkraftwerken antreten, weil deren Risiken nicht zu bewältigen sind und weil deren strahlende Abfälle nirgends deponiert werden können; sie stehen auf gegen die Verwüstung der Natur, gegen die Betonierung unserer Landschaft, gegen die Folgen und Ursachen einer Wegwerfgesellschaft, die lebensfeindlich geworden ist.
Ein völliger Umbruch unseres kurzfristig orientierten wirtschaftlichen Zweckdenkens ist notwendig. Wir halten es für einen Irrtum, daß die jetzige Verschwendungswirtschaft noch das Glück und die Lebenserfüllung fördere; im Gegenteil, die Menschen werden immer gehetzter und unfreier. Erst in dem Maße, wie wir uns von der Überschätzung des materiellen Lebensstandards freimachen, wie wir wieder die Selbstverwirklichung ermöglichen und uns wieder auf die Grenzen unserer Natur besinnen, werden auch die schöpferischen Kräfte frei werden für die

Ende des Machbarkeitsglaubens und ‚Zweite Moderne'

> Neugestaltung eines Lebens auf ökologischer Basis. Wir halten es für notwendig, die Aktivitäten außerhalb des Parlaments durch die Arbeit in den Kommunal- und Landesparlamenten sowie im Bundestag zu ergänzen. Wir wollen dort unseren politischen Alternativen Öffentlichkeit und Geltung verschaffen. Wir werden damit den Bürger- und Basisinitiativen eine weitere Möglichkeit zur Durchsetzung ihrer Anliegen und Ideen eröffnen.

Anders als anderen Kleinparteien gelang es den GRÜNEN, sich dauerhaft im Bundestag und den Landtagen zu etablieren und schließlich auch auf Bundesebene Regierungsverantwortung mit zu übernehmen. Die Rolle der FDP als „Kanzlermacher", als Koalitionspartner, an dem keine der beiden großen Volksparteien vorbeikam, sofern sie nicht eine absolute Mehrheit erreichte, war – wenn auch zunächst nur theoretisch – vorüber. Die GRÜNEN unterschieden sich jedoch deutlich von den etablierten Parteien: Nicht nur im Erscheinungsbild und in der bemerkenswerten Art, wie sie zu Mehrheitsentscheidungen innerhalb der Partei gelangten oder wie sie Ämter und Mandate handhabten, sondern auch, zumindest anfangs, im Demokratieverständnis. Sie verstanden sich bei ihrer Gründung als „Anti-Parteien-Partei", als Partei der Gegner der parlamentarischen, repräsentativen Demokratie, die ihnen als Institution der Industriemoderne und der staatlichen Machtausübung über die Gesellschaft galt. Stattdessen vertraten sie ein Modell der Basisdemokratie, das durch das „gebundene Mandat" eine feste Rückbindung aller Amts- und Mandatsträger an die Parteibasis vorsah und die Abgeordneten bei allen Entscheidungen an die Abstimmungsergebnisse der Parteitage band; zudem „rollierten" anfangs die parlamentarischen Mandate im Zweijahrestakt, das hieß, alle Abgeordneten wurden nach zwei Jahren wieder ersetzt. Damit sollten Hierarchien und die Etablierung fester Machtstrukturen auch bei den eigenen Leuten vermieden werden. Persönliche Machtakkumulation wurde außerdem durch die strikte Trennung von Amt und Mandat, also von Parteiämtern und Bundes- oder Landtagsmandaten, zu verhindern versucht. Ungewohnt war auch die innerparteiliche Quotierung, nach der alle Ämter paritätisch von beiden Geschlechtern zu besetzen waren. Kandidatenlisten bei Wahlen wurden ebenfalls strikt abwechselnd von Männern und Frauen besetzt. Das war damals unerhört, aber weitaus größer war in den Augen der Öffentlichkeit der Tabubruch im Bereich der Etikette, oder wenn man so will, des symbolischen Handelns: Die ersten Bundestagsabgeordneten der GRÜNEN zogen in selbst gestrickten Pullis aus Lamawolle, in Turnschuhen und gegebenenfalls mit Bärten in das Plenum ein und schmückten ihre Sitze mit Sonnenblumen. In Hessen ließ sich der erste grüne Minister der Bundesrepublik, Umweltminister Joschka Fischer (*1948), in Turnschuhen vereidigen. Die Gegenkultur hatte sichtbar Einzug in die westdeutschen Parlamente gehalten. Am Ende aber kamen sich beide Seiten entgegen: Aus den basisdemokratischen GRÜNEN mit ihrem Misstrauen gegen die Repräsentativdemokratie und das „Establishment" wurden überzeugte Verfechter der liberalen parlamentarischen Demokratie, die sich schließlich auch in teils ausgesprochen gut geschnittene Anzüge bequemten; und die übrigen Parteien nahmen zahllose Impulse und Themen auf, die aus der grünen Bewegung ins Parlament gekommen waren. Umweltschutz,

Frauen- und Minderheitenrechte, alternative Energiepolitik und Pazifismus sind heute, wenn auch nicht immer mehrheitsfähig, so doch breit akzeptierte politische und gesellschaftliche Positionen.

Der eigentliche Unterschied zwischen den frühen GRÜNEN und den etablierten Parteien lag jedoch tiefer als die Formen politischer und sozialer Praxis. Er lag vielmehr in der Wahrnehmung der aller Politik zugrunde liegenden Ordnungsmuster, vor allem in der Frage, welche Grundkonflikte man in der Gesellschaft zu sehen glaubte. Da Parteien nämlich die Organe der politischen Willensbildung sind, ist es ihre Aufgabe, die bestehenden Interessengegensätze und -konflikte innerhalb der Gesellschaft zu repräsentieren und im Rahmen der parlamentarischen Demokratie auszutragen. Nur sahen eben die GRÜNEN andere Interessenkonflikte als CDU, SPD und FDP: Aus ihrer Sicht ging es nämlich nicht mehr um den aus dem 19. Jahrhundert überkommenen Konflikt zwischen Arbeit und Kapital, der dem bisherigen „Rechts-Links-Schema" politischer Auseinandersetzungen zugrunde gelegen hatte; dies war gemeint mit dem grünen Slogan „Nicht rechts, nicht links, sondern vorn" (Silke Mende). Es ging mittlerweile vielmehr um Modernisierungsskepsis, um eine Ablehnung des Wachstums zugunsten von Nachhaltigkeit; um Lebensqualität statt Lebensstandard; um individuelle Selbstverwirklichung, die nicht mehr, wie noch in der Reformpolitik der sozialliberalen Koalition, in erster Linie auf Bildungschancen und die mit ihnen verbundene Möglichkeit der politischen wie gesellschaftlichen Teilhabe und des wirtschaftlichen Aufstiegs abhob, sondern auf ein Überdenken der Grundwerte, nach denen man strebte – aus Sicht einiger GRÜNER aber ging es sogar um viel mehr: Um das Überleben der Menschheit nämlich. Ihre Klientel war meist akademisch gebildet, jung und relativ wohlhabend, aber zugleich ein bunter Haufen: Hier sammelten sich Öko-Konservative, Linksautonome, kommunistische Kadergruppen, revolutionäre Neue Linke und protestantische Pazifisten. Die Partei vereinigte außerdem die Anliegen der Ökologie-, Frauen- und Friedensbewegung. Diese große inhaltliche und ideologische Bandbreite spiegelte sich in den beiden Parteiflügeln wider: ‚Realos' und ‚Fundis' blieben sich auf Jahre hinaus so uneins, dass die Entscheidungsfindung auf Parteitagen mitunter fast unmöglich war.

Realos und Fundis

Die Begriffe Realos und Fundis bezeichnen die Anhänger zweier gegensätzlicher Positionen innerhalb der Partei der GRÜNEN. Mit Realos werden die Anhänger „realpolitscher" Positionen bezeichnet, die seit Gründung der Partei zu einer Regierungsbeteiligung bereit waren. Der Begriff geht auf den 1981 in Frankfurt unter anderen von Joschka Fischer und Daniel Cohn-Bendit gegründeten Arbeitskreis Realpolitik zurück. Dieser der Frankfurter Spontiszene nahestehende Arbeitskreis bezeichnete seine innerparteilichen Gegner, etwa Jutta Ditfurth aus der Ökologiebewegung oder Parteilinke wie Rainer Trampert, als Fundis, also als Fundamentalisten; später bezeichneten die Begriffe die Pole im innerparteilichen Streit um die Trennung von Amt und Mandat sowie um die Ämterrotation. Grundsätzlich ging es beiden Gruppierungen um die Fragen, wie grundsätzlich die Systemkritik durch eine Partei ausfallen kann, die selbst im Bundestag sowie in Länder- und Kommunalvertretungen aktiv ist, und ob man aus grünen Positionen heraus an einer Regierung mitwirken sollte.

Ende des Machbarkeitsglaubens und ‚Zweite Moderne'

Die GRÜNEN und ihre bunte Mischung anfangs eigentlich unvereinbarer Strömungen waren daher die angemessene politische Ausdrucks- und Organisationsform der politischen Kultur der „reflexiven Moderne", des Zeitalters des Strukturbruchs, der ja auch ein Wandel des politischen Denkens war.

Dies hatten sie mit den Neuen Sozialen Bewegungen, aus denen sie stammten, gemein. Anders als diese, die sich lokal oder überregional mit ganz konkreten Themen beschäftigten, also *single-issue movements* waren und sich dezidiert außerhalb der bestehenden politischen Institutionen organisierten, gingen die GRÜNEN aber den Weg zurück in die Parlamente und damit in die Institutionen des demokratischen Staates. Dieser Weg war und blieb lange sogar innerhalb der Partei umstritten, führte aber langfristig vermutlich zu mehr Wandel und mehr Umdenken im gesamten politischen Spektrum als es die einzelnen Gruppierungen und Bürgerinitiativen außerhalb der Parlamente vermocht hätten. Auch Letztere sind allerdings aus der politischen Kultur der Bundesrepublik seit den siebziger Jahren nicht mehr wegzudenken, sie sind ein relativ selbstverständliches Instrument konkreter lokaler Interessenpolitik geworden, das neben den Formen der kommunalen und parlamentarischen politischen Praxis seinen Platz hat und diese ergänzt. Der fundamental systemoppositionelle Charakter dieser Politikform hat sich dabei inzwischen verflüchtigt.

Die Jahre der parteiorganisatorischen Formierung der GRÜNEN war zugleich die Zeit der höchsten Mobilisierung der westdeutschen Friedensbewegung. Sie kam zeitlich am spätesten, war aber nach Zahlen die größte der neuen sozialen Bewegungen. Sie formierte sich gegen den NATO-Doppelbeschluss von 1979. Ihre Vorgeschichte liegt in der „Ohne-Mich-Bewegung" der fünfziger Jahre gegen die Wiederbewaffnung der Bundeswehr und gegen die atomare Ausrüstung der Bundeswehr; außerdem bei den Ostermarschierern, eine Bewegung gegen jegliche atomare Waffen, die Ende der fünfziger Jahre in Großbritannien ihren Anfang nahm und ab 1960 auch in der Bundesrepublik zu finden war. Im Kontext des NATO-Doppelbeschlusses zwischen 1979 und 1983 mobilisierte diese neue soziale Bewegung Hunderttausende Westdeutsche und fand bei einem Drittel der Bevölkerung, also weit über ihre aktiven Mitglieder hinaus, offene Zustimmung.

Diese neuen sozialen Bewegungen, vor allem die Öko- und die Friedensbewegungen, drückten ein seit Anfang der siebziger Jahre in der westdeutschen Gesellschaft verbreitetes Krisenempfinden aus, das nicht allein mit dem wirtschaftlichen Einbruch zu erklären ist. Es wurde intensiver und fand eine immer breitere Basis, je mehr es in die achtziger Jahre ging.

Zugleich aber wurden diese Gruppierungen als Symptom und Motor für einen, wie es zeitgenössische Sozialwissenschaftler und Publizisten nannten, „Wertewandel" in der westdeutschen Gesellschaft gedeutet. Viele interpretierten nämlich das Erscheinen der Neuen Sozialen Bewegungen als einen neuen, für die Deutschen höchst ungewöhnlichen Ausdruck von Individualismus und zivilgesellschaftlichem Engagement. Die westdeutsche Gesellschaft war in Bewegung geraten, ein Wertewandel hatte eingesetzt: Das Streben nach individueller Entfaltung war an die Stelle der traditionellen Pflichtorientierung getreten; traditionelle bürgerliche Werte wie Fleiß und Anpassung an die gesellschaftliche Ordnung verloren an Zustimmung.

Wertewandel

III. Strukturwandel und Krise

Die Meinungsforscherin Elisabeth Noelle-Neumann (1916–2010) resümierte 1978: „Im raschen Absinken fanden wir, was 250 Jahre lang als bürgerliche Tugenden gepflegt worden war. Der Abbau vollzog sich in der Arbeiterschaft, aber darüber hinaus in allen Bevölkerungsschichten und immer am radikalsten bei der jungen Generation." Unter bürgerlichen Werten solle dabei verstanden werden: „der hohe Wert von Arbeit, von Leistung; Überzeugung, daß sich Anstrengung lohnt, Glaube an Aufstieg und Gerechtigkeit des Aufstiegs; Bejahung von Unterschieden zwischen den Menschen und ihrer Lage; Bejahung des Wettbewerbs, Sparsamkeit als Fähigkeit, kurzfristige Befriedigung zugunsten langfristiger zurückzustellen; Respekt vor Besitz; Streben nach gesellschaftlicher Anerkennung, Prestige, damit verbunden Anerkennung der geltenden Normen von Sitte und Anstand; Konservatismus, um das Erworbene zu behalten; in gemäßigter Weise auch Bildungsstreben": Es kam zu einer Pluralisierung der Wertvorstellungen und Lebensstile; was „sich gehörte" war nicht mehr klar vorgegeben. Viele stellten nun das traditionelle Geschlechterverhältnis infrage; außerdem traten für eine Mehrheit der Bevölkerung Umweltfragen in den Vordergrund.

In mittlerweile kritisch beurteilten, aber damals einflussreichen Studien untersuchten Sozialwissenschaftler wie Ronald Inglehart (The Silent Revolution, 1977) oder Gabriel Almond und Sidney Verba (The Civic Culture Revisited, 1980) die westdeutsche Gesellschaft auf ihre politischen und staatsbürgerlichen Überzeugungen hin. Sie konstatierten ein Ausbreiten postmaterieller Werte" und den Rückzug der „autoritären Persönlichkeit" in Westdeutschland. Die Deutschen waren, so wurde ihnen nun von der Sozialwissenschaft bescheinigt, auf dem Weg zur pluralistischen Zivilgesellschaft und damit auf dem besten Weg aus ihrer Vergangenheit. Tatsächlich vollzog die westdeutsche Gesellschaft hier eine gesamt(west)europäische Entwicklung mit. Diese war jedoch mit den siebziger Jahren und dem Verzicht auf den Glauben an Fortschritt und Wirtschaftswachstum nicht abgeschlossen: Der französische Philosoph François Lyotard (1924–1998) prägte für die spürbar gewandelten Denkwelten und Selbstbilder den Begriff von der „Postmoderne". In seinem 1979 erschienenen Buch „La Condition postmoderne: Rapport sur le savoir" konstatierte er ein neues Misstrauen gegenüber sogenannten Meta-Erzählungen, also gegenüber umfassenden Theorien und Weltdeutungen, wie sie von Aufklärung, Idealismus, Historismus und Marxismus entwickelt worden waren: Dazu gehörten die Vorstellung vom historischen Fortschritt, der menschlichen Entwicklung auf ein Ziel hin und die „Erzählung" vom Weg aller menschlichen Gesellschaften zu Freiheit, Mitbestimmung und Teilhabe, zu Demokratie und Menschenrechten. Dazu gehörte auch die Annahme, naturwissenschaftliche Erkenntnis könne am Ende alle Fragen beantworten, die Technik alle Probleme lösen. Lyotard stellte nun die These auf, solche einheitlichen, rationalen Weltdeutungen seien nicht mehr möglich; denn den „Großen Erzählungen" würde nun die Fähigkeit und das Recht abgesprochen, alle zu repräsentieren und für alle zu gelten. Anstelle solcher universaler Weltdeutungen sei nun ein schärferes Gespür für Unterschiede, für Differenzen und Diversitäten, auch für Unvereinbarkeiten und unauflösbare Widersprüche zwischen Weltsichten, Haltungen und Zielen getreten. Niemand gebe mehr die richtige Antwort vor. Die Geschichte hat kein Ziel; der Roman hat keinen Helden und kein Happy

Postmoderne

Ende des Machbarkeitsglaubens und ‚Zweite Moderne'

End. Diese Haltung schlug sich in der Literatur und der Literaturtheorie, im Theater, in bildender Kunst und Architektur nieder, aber auch in den Sozialwissenschaften und der Geschichtswissenschaft, wo nun die Entscheidungen einzelner „großer Männer" irrelevant erschienen, und sogar im Zuge des ‚linguistic turn' der Bezug von Texten zu einer außertextlichen Wirklichkeit infrage gestellt wurde. Michel Foucault (1916–1984), Gilles Deleuze (1925–1995), Jacques Lacan (1901–1981), Roland Barthes (1915–1980) und Jacques Derrida (1930–2004) waren die wichtigsten Vertreter dieser ‚poststrukturalistischen' Richtung.

Diese neue Denkrichtung schlug sich im Lauf der achtziger Jahre in den USA und in Westeuropa in vielfältiger Weise nieder und wurde zur Gegenströmung jener Richtungen, die im Gefolge von „1968" die „Weltrevolution" oder in den Neuen Sozialen Bewegungen die „konkrete Utopie" verfolgten. Die Postmoderne in Literatur und Kunst, in Philosophie, Geschichtswissenschaft und Soziologie setzte dem „Zwang zur Verweigerung" und zum Parteiergreifen, dem Dogmatismus der ‚Weltverbesserer' eine scheinbare Beliebigkeit entgegen, indem sie in ihren Werken auf klare Botschaften, ja sogar auf handelnde Subjekte verzichteten. Der Philosoph Odo Marquard (*1928) sprach von der „Weigerungsverweigerung". Viele, auch solche, die mit der Postmoderne nichts anzufangen wussten, hatten das permanente Engagement satt. Sie waren die Aufgeregtheit leid und wollten die Welt nicht mehr retten müssen. In den achtziger Jahren machte sich unter Jugendlichen ein Desinteresse an der Politik breit, die Wahlbeteiligung in dieser Altersgruppe ging zurück. Sorgfältig auf Provokation frisierte Punks saßen schließlich in den siebziger und achtziger Jahren in westeuropäischen Innenstädten und erteilten den Lebensplanungen und Zukunftserwartungen ihrer Elterngeneration eine – auch musikalisch – dröhnende Absage: Ihr „No Future" war nicht anklagend gemeint, bezog sich nicht auf Sorgen wie jene der Atomkraftgegner oder auf die Angst um Lehrstelle und Arbeitsplatz, sondern war ein bewusster Affront.

Sex Pistols, God save the Queen
aus: http://www.sing365.com/music/lyric.nsf/god-save-the-queen-lyrics-sex-pistols/49061afe8eb8d78a4825691b000aa568

God save the Queen
The fascist regime
It made you a moron
A potential H-bomb

No future, no future, no future for you

God save the Queen
We mean it man
We love our Queen
God says

God save the Queen
She aint no human being
There is no future
In Englands dreaming

God save the Queen
Tourists are money
And our figurehead is not what it seems
God save history
God save your mad parade

Strukturwandel und Krise

> When theres no future
> How can there be sin
> Were the flowers in the dustbin
> Were the poison in your human machine
> Were the future
> Your future
>
> Lord God have mercy
> All crimes are paid
>
> God save the Queen
> We mean it man
> There is no future
> No future for you
> No future for me

Aber auch das aus damaliger Sicht andere Extrem, die „Popper", waren ein Phänomen, das sich mit dieser Zeitströmung in Verbindung bringen lässt: Hier versammelten sich bemüht affektierte Jugendliche mit bizarren Föhnfrisuren, die den Verzicht auf große Teile des Sehfelds verlangten, und in Bundfaltenhosen aus gelbem Breitcord, deren Hauptinteresse dem Fabrikat ihrer Poloshirts galt. Auch dies lässt sich als bewusster Verzicht auf Weltverbesserung, überhaupt auf jegliche Form sinnvollen Anliegens, deuten, das die betroffene Elterngeneration – die ja meist Jahrgänge der vierziger Jahre und damit in den sechziger Jahren Jugendliche gewesen waren – ganz gezielt zur Verzweiflung trieb. Gemeinsam war diesen Gruppen der Verlust des sinnstiftenden Lebensinhalts, des lebensgeschichtlichen Zeitpfeils, der Zukunftserwartung; sie verstanden sich selbst nicht mehr als planend handelndes Subjekt, und auf eine „Moral von der Geschicht'" pfiffen sie, jeweils auf ihre Weise.

IV. Innere und äußere Sicherheit

15./17.01.1975	Weltwirtschaftsgipfel in Ramboulliet: Gründung der G6
07.04.1977	Ermordung von Generalbundesanwalt Siegfried Buback und seinen Begleitern
30.07.1977	Ermordung Jürgen Pontos, Vorstandssprecher der Dresdner Bank
05.09.1977	Entführung von Arbeitgeberpräsident Hanns-Martin Schleyer durch die RAF
13.10.1977	Entführung der Lufthansa-Maschine ‚Landshut'
18.10.1977	Befreiung der ‚Landshut'-Passagiere, Selbstmord von Andreas Baader, Gudrun Ensslin und Jan-Carl Raspe
19.10.1977	Ermordung Hanns-Martin Schleyers
28.10.1977	Rede Helmut Schmidts vor dem International Institute for Strategic Studies in London
15./18.06.1978	SALT II-Abkommen
05./06.01.1979	Gipfeltreffen von Guadeloupe
28.03.1979	Reaktor-Unfall im Kernkraftwerk Three Mile Island bei Harrisburg
01.04.1979	Ayatollah Khomeini proklamiert Iranische Republik
12.12.1979	NATO-Doppelbeschluss
27.12.1979	Einmarsch der UdSSR in Afghanistan
August 1980	Streik in der Danziger Lenin-Werft
10.10.1981	300 000 bei „Friedensdemonstration für Abrüstung und Entspannung in Europa" in Bonn
13.12.1981	Verhängung des Kriegsrechts in Polen
01.10.1982	Helmut Kohl wird Bundeskanzler
10.12.1983	Beginn der Dislozierung nuklearer Mittelstreckenwaffen in der BRD
26.04.1986	Reaktorunfall in Tschernobyl

Die Kanzlerschaft Helmut Schmidts zwischen 1974 und 1982 war eine „Kanzlerschaft in der Krise" (Eckart Conze), die neben den Wirtschaftskrisen vom Terrorismus der RAF einerseits, und dem Ende der internationalen Entspannung, welches im NATO-Doppelbeschluss kulminierte, andererseits geprägt war. Diese Themen berührten sich im Bemühen der Regierung „innere und äußere Sicherheit" herzustellen, oft auch um den Preis innenpolitischer und gesellschaftlicher Verunsicherung und neuer Ängste: Die Sicherheit vor den Terroristen der Rote-Armee-Fraktion musste bezahlt werden mit Rasterfahndung und Berufsverboten, die vielen den Staat als den eigentlichen Gegner erscheinen ließ; die außenpolitische und militärische Sicherheit, die der NATO-Doppelbeschluss gegen sowjetische Mittelstreckenraketen bieten sollte, verstärkte die Ängste der Bundesbürger vor dem Atomkrieg. Eckart Conze hat diese „Suche nach Sicherheit" zu einem Leitmotiv der westdeutschen Geschichte insgesamt und insbesondere der siebziger Jahre erklärt.

IV. Innere und äußere Sicherheit

1. Die Bedrohung durch die RAF

Internationaler Terrorismus

Nicht alle, die im Umfeld von „1968" politisiert worden waren und gegen Kapitalismus und Autoritäten aller Art protestiert hatten, gingen den Weg in die Neuen Sozialen Bewegungen, in die Parlamente oder an die Universitäten, in die Schulen und Zeitungen. Eine äußerst kleine Gruppierung radikalisierte sich in ihrer Ablehnung des Staates, des Kapitalismus und der liberaldemokratischen Gesellschaftsordnung bis hin zum offenen Hass auf das „System", wie vor ihnen schon die Nationalsozialisten die parlamentarische Demokratie bezeichnet hatten, und zur Gewalt gegen alle, die es in ihren Augen repräsentierten oder auch nur zufällig im Weg standen. Der westdeutsche Terrorismus der siebziger Jahre war kein Einzelfall. In den USA waren in den späten sechziger und frühen siebziger Jahren die „Weathermen" durch Bombenanschläge gegen Regierungsgebäude hervorgetreten; in Italien verübten in den siebziger und achtziger Jahren die „Brigate Rosse" zahlreiche Mordanschläge und Banküberfälle, und auf den Britischen Inseln terrorisierte die katholische IRA ihre Gegner mit Bomben und Hinrichtungen. Auch in der arabischen Welt griffen Palästinenser und ihre Unterstützer im Kampf gegen den Staat Israel immer häufiger zum Mittel des Terroranschlags: „Weiche" Ziele, nämlich Privatpersonen anstelle von Soldaten und anderen Vertretern der Staatsmacht zu ermorden, erschien diesen Gruppierungen lohnender, konnten sie doch so Angst und Schrecken innerhalb der jeweiligen Gesellschaften erzeugen. Manche dieser Terrgruppen arbeiteten auch zusammen, sofern sich daraus Nutzen ergab, und waren im Grunde transnationale Phänomene, die aber jeweils in einem spezifisch nationalen Kontext entstanden waren.

RAF

Die „Rote Armee Fraktion" (RAF), wie sie sich in bewusster Anlehnung an die Schrecken nannten, die während des Zweiten Weltkriegs von der Roten Armee und den Bombardierungen der Royal Air Force ausgegangen waren, hatte ihre Wurzeln in den Jahren um 1968; ihre Gründer entstammten dem Umfeld der Studentenproteste und teilten deren radikale Gesellschaftskritik. Dennoch ging die RAF nicht aus diesen hervor, sondern kann allenfalls als ein pervertiertes „Produkt ihrer Zerfalls- und Transformationsgeschichte" (Wolfgang Kraushaar) betrachtet werden. Der Weg in die terroristische Gewalt war ja gerade die ultimative Absage an jede Form von politischer Auseinandersetzung, war die Verweigerung des Dialogs und der Verzicht auf argumentative Kritik. Es gibt jedoch einzelne Linien und Wege, die aus der Politisierung der Studentenunruhen über das offene Nachdenken über Gewalt bis hin zur Aggression der RAF führen.

So hatte etwa die Berliner „Kommune 1" im Mai 1967 auf einem Flugblatt einen Brandanschlag auf ein Kaufhaus in Brüssel gutgeheißen: „Ein brennendes Kaufhaus mit brennenden Menschen vermittelte zum ersten Mal in einer europäischen Großstadt jenes knisternde Vietnam-Gefühl (dabei zu sein und mitzubrennen), das wir in Berlin bislang noch missen müssen." Im Frühjahr 1968 verübten dann **Andreas Baader** (1943–1977) und **Gudrun Ensslin** (1940–1977) Brandanschläge auf Frankfurter Kaufhäuser.

Die Bedrohung durch die RAF

Bei aller gemeinsamen Kritik am Vietnamkrieg ging jedoch nur eine verschwindend kleine Gruppe den Weg in die Gewalt. Andreas Baader wurde 1970 gefasst und zu einer Haftstrafe verurteilt. Als ihn **Ulrike Meinhof** (1943–1976) gemeinsam mit anderen im Juni 1970 gewaltsam befreite, entstand die „Baader-Meinhof-Bande", die sich nun RAF nannte. Ihre führenden Köpfe waren Baader, Meinhof und Ensslin.

Meinhof, Baader, Ensslin

Ulrike Meinhof, geboren 1934 in Oldenburg, studierte Philosophie, Pädagogik, Soziologie und Germanistik in Marburg und Münster, war 1958 in der Friedensbewegung (Anti-Atomtod-Märsche) aktiv und von 1958 bis 1964 Mitglied der KPD; seit 1960 als Redakteurin und Chefredakteurin bei ‚konkret' tätig, einer linksgerichteten Hamburger Zeitschrift. Von 1961 bis 1967 war sie mit Klaus Rainer Röhl, dem Herausgeber von ‚konkret', verheiratet und hatte zwei Kinder. Im Umfeld von 1968 radikalisierte sich Meinhofs Position; über ihre Berichterstattung zu den Kaufhausbrandstiftungen kam sie in Kontakt mit Andreas Baader und Gudrun Ensslin. Anlässlich der gewaltsamen Befreiung Andreas Baaders aus der Haft im Mai 1970 ging sie in die Illegalität. Mit Baader, Ensslin und Horst Mahler gründete sie die Rote Armee Fraktion, mit der sie bewaffnete Banküberfälle und Sprengstoffanschläge gegen Einrichtungen der USA in Deutschland beging. Auf Meinhof gehen einige der zentralen theoretischen Positionen der RAF zurück („Stadtguerilla"). 1972 wurde sie verhaftet und in einem ersten Prozess zu acht Jahren Haft verurteilt. Während eines zweiten Prozesses nahm sich Meinhof am 8. Mai 1976 in ihrer Zelle in der Justizvollzugsanstalt Stammheim das Leben.

Andreas Baader, geboren 1943 in München, ohne Schul- und Berufsabschluss, ging 1963 nach West-Berlin, wo er im studentischen Milieu verkehrte und Gudrun Ensslin kennenlernte, mit der er im April 1968 Kaufhausbrandstiftungen beging. Deswegen inhaftiert und zu drei Jahren Haft verurteilt, floh er vor Haftantritt nach Italien und wurde nach seiner Rückkehr verhaftet. Bei einer Ausführung wurde er von Meinhof und anderen gewaltsam befreit, ging anschließend in die Illegalität und gründete mit Ensslin und Meinhof die RAF. Zunächst ging er mit Gleichgesinnten in ein terroristisches Ausbildungslager in Jordanien. Nach seiner Rückkehr folgten Banküberfälle und Sprengstoffanschläge mit Toten und Verletzten. 1972 erneut verhaftet und nach einem langwierigen Prozess zu lebenslänglicher Haft verurteilt. Von dort aus versuchten er und seine Mithäftlinge mithilfe ihrer Anwälte weiterhin die RAF zu lenken. Baader beging nach dem gescheiterten Freipressungsversuch durch die Entführung Hanns-Martin Schleyers und der Lufthansa-Maschine ‚Landshut' zeitgleich mit Gudrun Ensslin und Jan-Carl Raspe am 18.10.1977 in seiner Zelle in Stammheim Selbstmord.

Gudrun Ensslin, geboren 1940 in Bartholomä, stammte aus einer protestantischen Pfarrersfamilie, studierte in Tübingen Anglistik, Germanistik und Pädagogik und machte in Schwäbisch Gmünd das Staatsexamen als Volkschullehrerin. Anschließend ging sie als Stipendiatin der Studienstiftung des deutschen Volkes zur Promotion in Germanistik an die Freie Universität Berlin. Gemeinsam mit dem Schriftsteller Bernward Vesper hatte sie einen Sohn, der 1967 geboren wurde. Ensslin schloss sich dem Sozialistischen deutschen Studentenbund (SDS) an und radikalisierte sich zunehmend im Umfeld von „1968" und durch die Begegnung mit Andreas Baader. Sie war an den Kaufhausbrandstiftungen im April 1968 beteiligt, wurde deswegen verhaftet und zu drei Jahren Haft verurteilt, floh aber ins Ausland. Nach der Befreiung Baaders aus der Haft gehörte sie zu den Gründern der RAF. Sie ging mit Gleichgesinnten nach Jordanien in ein terroristisches Ausbildungslager, verübte anschließend in Deutschland mehrere Banküberfälle und

Bombenattentate, bei denen vier Menschen ums Leben kamen, wurde 1972 verhaftet und 1977 zu lebenslänglicher Haft verurteilt. Nach dem gescheiterten Freipressungsversuch durch die Entführung Hanns-Martin Schleyers und der Lufthansa-Maschine ‚Landshut' beging Gudrun Ensslin zeitgleich mit Andreas Baader und Jan-Carl Raspe am 18.10.1977 in ihrer Zelle in Stammheim Selbstmord.

Diese „erste Generation" der RAF beging Morde und Banküberfälle, stahl Waffen und verbrämte dies mit theoretischen Auslassungen, die sprachlich bizarr und zunehmend selbstreferenziell waren. Nach den Schriften Mao Tse-tungs und des südamerikanischen Guerrillaführers Carlos Marighella wollten sie mit ihren Gewalttaten die Massen in Deutschland mobilisieren und zum revolutionären Krieg gegen Staat und „Bourgeoisie" bewegen. Durch seine Reaktion auf diese Gewalt sollte sich der „faschistische Staat" als Polizeistaat zu erkennen geben, weswegen sich die Massen dann gegen ihn stellen würden. Sich selbst verstanden sie als „Stadtguerilla", die den revolutionären Kampf aus der „Dritten Welt" in die Großstädte des Westens trugen. Vorbild waren die „Tupamaros" aus Uruguay und andere südamerikanische Guerillakämpfer. Das Ausbleiben dieser Unterstützung der „Massen" mag zur Radikalisierung der RAF beigetragen haben; in jedem Fall kann man von einer grundstürzenden Fehleinschätzung der deutschen Gesellschaft und ihrer Befindlichkeiten sprechen. 1972 kam es zu einer ganzen Serie von Bombenattentaten mit vier Toten und zahlreichen Verletzten. Ziele der Anschläge waren die Polizei, die US-Armee, der Springer-Verlag und ein Bundesrichter. In der Folge wurden Baader, Meinhof, Ensslin, Holger Meins (1941–1974) und Jan-Carl Raspe (1944–1977) verhaftet. Der Prozess gegen sie in Stuttgart-Stammheim dauerte fast zwei Jahre und endete mit lebenslangen Haftstrafen für Baader, Ensslin und Raspe. Meinhof und Meins waren bereits tot: Ulrike Meinhof hatte sich 1976 in ihrer Zelle das Leben genommen, Holger Meins war 1974 bei einem Hungerstreik gestorben. Von da an ging es der nun zweiten Generation der RAF, zu der unter anderen Christian Klar (*1952) und Brigitte Mohnhaupt (*1949) gehörten, in erster Linie darum, die inhaftierten Terroristen freizupressen; die RAF hatte nun kein Ziel mehr außerhalb ihrer selbst, mit dem sich ihr „revolutionärer Kampf" noch irgend hätte rechtfertigen lassen. Waffenraub, Geldbeschaffung und „Gefangenenbefreiung" waren nun ihre Ziele. Der Versuch, die „erste Generation" aus dem Stammheimer Gefängnis freizupressen, kulminierte im Jahr 1977, als eine ganze Serie von Terrorakten die Republik erschütterte und verunsicherte.

Die ersten Opfer dieser Serie waren Generalstaatsanwalt Siegfried Buback (1920–1977) und seine Begleiter Helmut Göbel und Georg Wurster, die am 7. April 1977 von einem Motorrad aus in ihrem Wagen erschossen wurden. Das nächste Opfer war Jürgen Ponto (1923–1977), Vorstandssprecher der Dresdner Bank, der am 30. Juli in seinem Haus ermordet wurde. Am 5. September wurde Arbeitgeberpräsident Hanns-Martin Schleyer (1915–1977) entführt. Dieser Weg zur Befreiung der Stammheimer Häftlinge erschien den Entführern vielversprechend, da schon einmal ein Entführungsopfer, der im Frühjahr 1975 von einer der RAF nahestehenden Organisation gekidnappte Berliner CDU-Vorsitzende Peter Lorenz (1922–1987), gegen inhaftierte Terroristen ausgetauscht worden war. Damals machte die Bundesre-

Die Bedrohung durch die RAF

gierung die ernüchternde Erfahrung, dass das Nachgeben zwar die Geisel gerettet, aber nur wenige Wochen später zu einem erneuten Erpressungsversuch geführt hatte: Im April 1975 wurde die deutsche Botschaft im Stockholm von einem sich nach dem verhungerten Holger Meins nennenden RAF-Trupp überfallen. Diesmal ging die Bundesregierung nicht auf die Forderungen der Geiselnehmer ein; zwei Botschaftsangehörige wurden ermordet, zwei Terroristen starben, als ihr mitgebrachter Sprengstoff unerwartet explodierte. Die Entführung Hanns-Martin Schleyers und die mit ihr in Verbindung stehende Entführung einer Lufthansa-Maschine im Oktober 1977 bildeten das dramatische Ende dieser Terrorserie, das als „Deutscher Herbst" bezeichnet wird.

Schleyers Fahrzeuge gerieten in Köln bei der abendlichen Heimfahrt in einen Hinterhalt von vier oder fünf bewaffneten RAF-Mitgliedern. Er selbst wurde aus seinem Wagen entführt, sein Fahrer Heinz Marcisz und die Polizeibeamten Reinhold Brändle, Roland Pieler und Helmut Ulmer, die zu seinem Schutz in einem zweiten Fahrzeug folgten, wurden erschossen. Schleyer wurde verschleppt und bis zum 18. Oktober in verschiedenen Wohnungen gefangen gehalten. Schon kurz nach der Entführung ging die Forderung nach Freilassung der RAF-Häftlinge an die Bundesregierung. Schleyer wurde zum Opfer der RAF, da er als Präsident von BDI und BDA der oberste Arbeitgeber-Vertreter der Bundesrepublik war; da er außerdem NSDAP-Mitglied gewesen war, schien er das Feindbild der RAF perfekt zu verkörpern.

„Deutscher Herbst"

Die Bundesregierung bildete zwei Krisenstäbe: Dem „Großen Krisenstab", der einmal die Woche tagte, gehörten die Partei- und Fraktionsvorsitzenden, die Regierungschefs der vier Bundesländer, aus deren Gefängnissen RAF-Häftlinge freigepresst werden sollten, sowie die Mitglieder der „kleinen Lage" an; Letztere war der kleinere Krisenstab, der sich täglich traf: Er versammelte den Justizminister, den Staatsminister, Staatssekretär Schüler, den Regierungssprecher, den BKA-Präsident und den Generalbundesanwalt. Damit wurden die Verfassungsorgane der Bundesrepublik umgangen oder praktisch kurzgeschlossen. Drei Ziele wurden verfolgt: Schleyer sollte lebend befreit werden; die Entführer ergriffen und vor Gericht gestellt werden; auf die Forderungen der Erpresser sollte nicht eingegangen werden, um „die Handlungsfähigkeit des Staates und das Vertrauen im In- und Ausland nicht zu gefährden" (Butz Peters). Alle drei Ziele würden, das war allen Beteiligten klar, nur bei einem Fahndungserfolg erreicht werden können. Das Mittel zu diesem Zweck war die sogenannte Rasterfahndung: Dies war eine Ermittlungstechnik, die schon Anfang der siebziger Jahre eingeführt worden war und vor allem auf der computergestützten seriellen Erfassung von Daten beruhte. In diesem Netz aus Daten, so hoffte man, würden sich die Terroristen verfangen, da ihre Bewegungen – Geldtransfer, Wohnungsanmietungen und dergleichen – sichtbar werden müssten. Tatsächlich gingen die entscheidenden Hinweise auf den Aufenthaltsort Schleyers in der schieren Masse der Informationen und im Kompetenzwirrwarr der vielen beteiligten Institutionen unter. Fahndungspannen machten die Hoffnung zunichte, Schleyer zu retten, ohne dass sich der Staat erpressbar machte.

Während fieberhaft nach Schleyer gesucht wurde, traf am 13. Oktober die nächste Katastrophenmeldung in Bonn ein: Ein Flugzeug der Lufthansa mit

103

IV. Innere und äußere Sicherheit

86 Passagieren und fünf Besatzungsmitgliedern an Bord war auf dem Rückflug von Mallorca von vier bewaffneten palästinensischen Terroristen entführt worden, die sich „Commando Martyr Mahmoud" nannten und dieselbe Forderung stellten wie die Entführer Schleyers. Tatsächlich kooperierten die deutschen und die palästinensischen Terrorgruppen seit einigen Jahren miteinander; RAF-Mitglieder hatten in arabischen ‚Terrorcamps' gelernt, mit der Waffe umzugehen. Die palästinensischen Entführer der ‚Landshut' und ihre Auftraggeber erhofften sich von ihrer Aktion wohl Aufmerksamkeit und zugleich einen Schlag gegen den Westen und insbesondere gegen die Bundesrepublik und damit gegen einen Verbündeten Israels. Dass die deutschen Terroristen durch dieses ‚antiimperialistische' Bündnis mit Gruppierungen kooperierten, die Israel von der Landkarte tilgen wollten, während sie selbst zugleich dem westdeutschen Staat „Faschismus" vorwarfen, scheint ihnen nicht als Widerspruch erschienen zu sein. Es begann ein Irrflug der ‚Landshut' über das Mittelmeer nach Ostafrika, während die Bundesregierung die Flugzeugentführer hinhielt und versuchte, von den Behörden des jeweiligen Aufenthaltslandes die Erlaubnis zur Erstürmung des Flugzeugs zu erwirken. Die Bedingungen an Bord waren unerträglich, und die Angst wuchs, als Flugkapitän Klaus Schumann in Aden von den Geiselnehmern erschossen wurde. In Mogadischu, der Hauptstadt Somalias, gelang es schließlich dem Abgesandten der Bundesregierung, Kanzleramtsminister Hans-Jürgen Wischnewski (1922–2005), genannt „Ben Wisch", das Einverständnis der somalischen Regierung zu erwirken: In der Nacht auf den 18. Oktober wurde das Flugzeug von der deutschen **GSG 9**, einer Antiterroreinheit des Bundesgrenzschutzes, gestürmt.

E

GSG 9
Die GSG 9 wurde 1972 als Antiterroreinheit des Bundesgrenzschutzes gegründet. Hintergrund war der Anschlag palästinensischer Terroristen auf die israelische Mannschaft während der olympischen Sommerspiele in München 1972, bei dem die Befreiungsversuche der deutschen Behörden katastrophal gescheitert waren. Am 5. September hatte ein Kommando der palästinensischen Terrororganisation „Schwarzer September" die israelische Olympia-Mannschaft überfallen, zwei Sportler ermordet und neun Athleten in ihre Gewalt gebracht. Ziel des Anschlags war der erfolglose Versuch, 232 palästinensische Gesinnungsgenossen und die RAF-Mitglieder Andreas Baader und Ulrike Meinhof sowie den japanischen Terroristen Kozo Okamoto aus der Haft freizupressen. Zur als „Massaker von München" bekannt gewordenen Tragödie kam es schließlich auf dem Flughafen Fürstenfeldbruck, von wo die Terroristen nach Kairo ausgeflogen werden wollten. Das palästinensische Terrorkommando hatte aus Funk und Fernsehen erfahren können, dass eine Befreiungsaktion bevorstand. Die deutschen Behörden und die Polizei waren zudem auf derartige Situationen nicht vorbereitet und mit dem Einsatz überfordert. So waren die am Flughafen eingesetzten fünf Scharfschützen gegenüber den acht Entführern in der Unterzahl, hatten keinen Funkkontakt untereinander und waren nicht mit Nachtsichtgeräten ausgestattet. Ein Polizeikommando an Bord des Flugzeuges, das die Terroristen ausfliegen sollte, war nicht für Antiterror-Einsätze ausgebildet und zog sich noch vor der Ankunft der Entführer mit ihren Geiseln zurück. Weitere, auf dem Dach des Flughafengebäudes und dem Rollfeld postierte Polizeibeamte waren unzureichend bewaffnete Streifenbeamte ohne besondere Fähigkeiten als Präzisionsschützen. Als die Polizei gegen 23 Uhr den Zugriff begann und das Feuer auf die auf dem Rollfeld befindlichen Terroristen eröffnete, kam es zur Katastrophe: Während der folgenden zweistündi-

Die Bedrohung durch die RAF

> gen Schießerei wurden alle Geiseln, ein deutscher Polizist und fünf Terroristen getötet. Aus diesem Fiasko zog die Bundesregierung die Konsequenz, eine auf Anti-terror-Einsätze spezialisierte Sondereinheit des Bundesgrenzschutzes zu schaffen, die am 26. September unter dem Kommando des Oberstleutnant im BGS Ulrich Wegener als „Grenzschutztruppe 9" eingerichtet wurde. Weltweite Bekanntheit erlangte die GSG 9 fünf Jahre später, als sie am 18. Oktober 1977 in Mogadischu alle Geiseln an Bord der von palästinensischen Terroristen der PFLP entführten Lufthansa-Maschine ‚Landshut' lebend befreien konnte. (Dominik Nagl)

Alle Geiseln wurden wohlbehalten befreit, drei der vier Terroristen kamen ums Leben. So groß die Erleichterung der Bundesregierung über diese Nachricht war, so groß war nun zugleich die Sorge um das Leben Schleyers, denn den deutschen Terroristen musste klar sein, dass sie nun nicht mehr mit einem Einlenken der Bundesregierung, also der Freilassung Baaders, Ensslins, Raspes und Möllers rechnen konnten. Tatsächlich nahmen sich Baader, Ensslin und Raspe in der folgenden Nacht das Leben – Möller überlebte den Selbstmordversuch –, und am Tag darauf wurde Hanns-Martin Schleyer ermordet. Er wurde am 19. Oktober 1977 in Mulhouse im Elsass im Kofferraum eines Autos aufgefunden, nachdem eine zynische Nachricht der Mörder bei der Bundesregierung eingegangen war.

Die Mythenbildung hatte unmittelbar nach der Ermordung Hanns-Martin Schleyers begonnen: Die Stammheimer Häftlinge hatten ihren Selbstmord so inszeniert, dass er als Mord erscheinen sollte. Ihr Ziel war es, auch im Tod das verhasste „System" als mörderischen Polizeistaat zu „entlarven". Dazu hatten sie die Hilfe ihrer Anwälte genutzt, die ihnen Waffen in die Zellen geschmuggelt hatten, und auf die Entrüstung ihrer Sympathisanten gesetzt, die die Legende von den „Morden in Stammheim" verbreiteten. Tatsächlich blieb diese Legende gerade unter jungen Leuten bis in die neunziger Jahre hinein lebendig. Ein solches Verhalten des Staates erschien nicht nur für Anhänger der radikalen Linken plausibel. Und dies, darauf macht Eckart Conze aufmerksam, sagt viel über das innenpolitische Klima der Bundesrepublik jener Jahre.

Die RAF hatte schon seit Mitte der siebziger Jahre an ihrem Nimbus als Opfer des Staates gefeilt. Die inhaftierten RAF-Mitglieder nutzten die Medienöffentlichkeit gezielt, um öffentliche Aufmerksamkeit für ihren Hungerstreik zu erlangen und die Haftbedingungen, die sie als „Isolationsfolter" bezeichneten, anzuprangern. Andreas Elter spricht von einer „Kommunikationsstrategie der RAF und ihrer Anwälte", deren Ziel es war, „der Öffentlichkeit die ‚Fratze' des Staates zu offenbaren und die Sympathisantenszene zu mobilisieren" (Andreas Elter). Zielgruppe waren vor allem Intellektuelle. In diesen Kontext gehört auch der Besuch des französischen Philosophen Jean-Paul Sartre bei Andreas Baader in Stammheim. Im Oktober 1974 hatte Ulrike Meinhof an Sartre geschrieben und um einen Besuch bei und ein Interview mit Andreas Baader gebeten. Der Besuch fand am 4. Dezember 1974 statt.

IV. Innere und äußere Sicherheit

Brief der RAF an Jean-Paul Sartre, Oktober 1974
aus: Andreas Elter: Die RAF und die Medien, in: Kraushaar, Die RAF und der linke Terrorismus, S. 1060.

um das interview mit andreas zu machen ist es nicht notwendig, daß du uns in allem zustimmst. was wir von dir wollen ist, daß du uns den schutz deines namens gibst und deine fähigkeit als marxist, philosoph, journalist, moralist für das interview einsetzt, um uns die möglichkeit zu geben, dadurch bestimmte politische inhalte für die praxis des antiimperialistischen, bewaffneten kampfes zu transportieren.

Besuchsantrag von Jean-Paul Sartre (Übersetzung)
aus: BArch B362/3387 [http://www.bundesarchiv.de/oeffentlichkeitsarbeit/bilder_dokumente/00933/index-18.html.de]

Paris, 3. November 1974
Sehr geehrter Herr Richter,
Ich, der Unterzeichnete Jean-Paul Sartre, beantrage die Erlaubnis für ein Gespräch mit dem Gefangenen Andreas Baader, dem ich einige Fragen stellen möchte, die für das Verständnis der Welt der 70er Jahre wesentlich sind: Die Konzeption der revolutionären Aktion, die sie tragende Ideologie und die wichtigsten Wirkungen, die von ihr zu erwarten sind.
Ich kann nicht genügend deutsch, um ohne Dolmetscher auszukommen. Ich schlage Ihnen, sehr geehrter Herr Richter, als Dolmetscher meinen Freund Daniel Cohn-Bendit vor.

Mit ausgezeichneter Hochachtung
gez.: Jean-Paul Sartre

Folgen | Für die Entführung und Ermordung Schleyers und seiner Begleiter wurden schließlich Peter-Jürgen Boock (*1951), Willi-Peter Stoll (1950–1978), Sieglinde Hofmann (*1945), Stefan Wisniewski (*1953), Brigitte Mohnhaupt (*1949), Christian Klar (*1952), Rolf Clemens Wagner (*1944), Adelheid Schulz (*1955), Rolf Heißler (*1948), Angelika Speitel (*1952) und Knut Folkerts (*1952) verurteilt. Der Höhepunkt des RAF-Terrors war vorüber; nicht jedoch die Geschichte der RAF. Die „zweite" und „dritte Generation" mordeten in den achtziger Jahren weiter. Ihre Opfer waren Wirtschaftsvertreter, Regierungsmitglieder und Diplomaten. Die DDR gewährte ausgestiegenen RAF-Mitgliedern jahrelang Unterschlupf, bis diese 1990 schließlich enttarnt und verhaftet wurden. 1998 erklärte sich die RAF schließlich selbst für „Geschichte" und löste sich auf. 34 Tote und viele Verletzte gingen in den 30 Jahren ihrer Existenz auf ihr Konto. Gescheitert war sie schon 1977.

Hatte sich nun der westdeutsche Staat im Kampf gegen den Terrorismus verändert? Rasterfahndung, Datensammlung, Strafrechtsreformen, Extremistenerlass und verschärfte Haftbedingungen führten zur berechtigten Sorge, aus dem Konzept der „wehrhaften Demokratie" sei ein Staat geworden, der durch Misstrauen gegen die eigenen Bürger geprägt sei; die „freiheitlich-demokratische Grundordnung" bezeichne im Grunde nur noch ein Kontrollinstrument gegen unangepasste Bürger.

Der NATO-Doppelbeschluss und das Ende der Entspannung IV.

> **Entscheidung des Bundesverfassungsgerichts vom 22. Mai 1975**
> aus: Jürgen Seifert, Haus oder Forum. Wertsystem oder offene Verfassung, in: Habermas, Stichworte, Bd. 1: Nation und Republik, S. 329.
>
> Die politische Treuepflicht – Staats- und Verfassungstreue – fordert mehr als nur eine formal korrekte, im übrigen uninteressierte, kühle, innerlich distanzierte Haltung gegenüber Staat und Verfassung; sie fordert vom Beamten insbesondere, daß er sich eindeutig von Gruppen und Bestrebungen distanziert, die diesen Staat, seine verfassungsmäßigen Organe und die geltende Verfassungsordnung angreifen, bekämpfen und diffamieren. Vom Beamten wird erwartet, daß er diesen Staat und seine Verfassung als einen hohen positiven Wert erkennt und anerkennt, für den einzutreten sich lohnt. Politische Treuepflicht bewährt sich in Krisenzeiten und in ernsthaften Konfliktsituationen, in denen der Staat darauf angewiesen ist, daß der Beamte Partei für ihn ergreift. Der Staat – und das heißt hier konkreter, jede verfassungsmäßige Regierung und die Bürger – muß sich darauf verlassen können, daß der Beamte in seiner Amtsführung Verantwortung für diesen Staat, für „seinen" Staat zu tragen bereit ist, daß er sich in dem Staat, dem er dienen soll, zu Hause fühlt – jetzt und jederzeit und nicht erst, wenn die von ihm erstrebten Veränderungen durch entsprechende Verfassungsänderungen verwirklicht worden sind.

Q

Der Preis für den Sieg über die RAF sei mithin zu hoch gewesen. Diese Debatte um die Aufgaben und die Grenzen staatlicher Macht, die Abwägung von Sicherheit und Freiheit, die bis heute ständig aufs Neue ausgehandelt werden muss, war eine wichtige Nachwirkung des „Deutschen Herbstes". Dass sie offen geführt werden konnte, zeigt aber, dass die westdeutsche Demokratie auch dieser Herausforderung gewachsen war. Nicht alle Bundesbürger teilten die Kritik; im Gegenteil wuchs bei vielen die Erwartung an die Regierung, Sicherheit zu schaffen. Dies bezog sich auf die individuellen Lebensrisiken, auf die Wirtschaftsentwicklung, aber auch auf die Gefahrenabwehr im Inneren wie nach außen. Innere Sicherheit war nur ein Teil eines größeren Problemzusammenhangs: In der westdeutschen Öffentlichkeit wie in der Regierung Schmidt wurden wirtschaftliche, innere und äußere Sicherheit im Zusammenhang gesehen. Und kaum war die Bedrohung im Inneren aus den Schlagzeilen geraten, trat in Gestalt der zweiten Ölpreiskrise und des Endes der Entspannung zwischen den Supermächten die äußere Sicherheit als Problemlage, oder, wie es Eckart Conze nennt, als „Problemwahrnehmungslage", wieder in den Vordergrund.

2. Der NATO-Doppelbeschluss und das Ende der Entspannung

In den siebziger Jahren schlichen sich Spannungen in das deutsch-amerikanische Verhältnis ein, wie insgesamt in die Beziehungen zwischen den USA und Westeuropa. Die Westeuropäer sorgten sich wegen der offensichtlichen weltpolitischen – ökonomisch und monetär bedingten – Schwäche der USA, von der sie selbst in sicherheitspolitischer Hinsicht unmittelbar betroffen waren: Ein geschwächtes Washington konnte, auch in Zeiten der Entspannung, Westeuropa nicht glaubhaft schützen, und tatsächlich war dieses

Sicherheitspolitische Interessen der Europäer

nach wie vor abhängig vom Schutz der westlichen Hegemonialmacht. In Bonn und Paris forderte man daher größere Anstrengungen, Westeuropa und den Westen insgesamt zu stärken. Das Ziel sollte ein stabiles Gleichgewicht in den Ost-West-Beziehungen sein, in dem die Westeuropäer dasselbe Maß an Sicherheit haben sollten wie die USA. Dies war innerhalb des transatlantischen Bündnisses aus Sicht der Europäer nicht mehr gegeben, denn unter dem Schirm der nuklearen Rüstungskontrollabkommen betrieb die UdSSR eine aggressive Aufrüstung, vor allem im konventionellen Bereich und modernisierte zugleich die auf europäische Ziele gerichteten Nuklearwaffen mittlerer Reichweite. Außerdem trat die Sowjetunion in den Ländern der sogenannten Dritten Welt politisch wie militärisch deutlich aktiver auf als bisher und strebte ganz offensichtlich danach, ihren globalen Einfluss auszudehnen. Dies führte, aus Sicht der Westeuropäer, zu einer Verschiebung des weltpolitischen Gleichgewichts zwischen Ost und West, die von den Rüstungskontrollverträgen zwischen Washington und Moskau nicht aufgefangen wurde. Insbesondere die Bundesregierung sorgte sich um die Auswirkungen der amerikanischen Schwäche auf Westeuropa, dessen Sicherheit von den USA garantiert wurde, und befürchtete weitreichende strategische und militärische Folgen einer Verschiebung des militärischen Gleichgewichts zugunsten der UdSSR. Die sowjetisch-amerikanischen Rüstungskontrollabkommen von 1972, SALT I (Strategic Arms Limitation Talks, also Gespräche über die Rüstungsbegrenzung bei Interkontinentalraketen) und der ABM-Vertrag (Anti-Ballistic Missiles, also Vertrag über Raketenabwehrsysteme), hatten ein stabiles Gleichgewicht auf nuklearstrategischer Basis, also bei den Interkontinentalraketen, geschaffen; unterhalb dieser Ebene aber, bei den konventionellen Waffen und den eurostrategischen Nuklearwaffen, war das Ungleichgewicht gewachsen.

Mitte der siebziger Jahre hatte die Sowjetunion begonnen, ihre veralteten Mittelstreckenraketen zu modernisieren und den Typ SS-4 und SS-5 durch moderne SS-20 ersetzt. Diese SS-20-Raketen verfügten über Mehrfachsprengköpfe, die im Westen der UdSSR stationiert und auf Ziele in Westeuropa gerichtet waren. Dem hatte der Westen nichts Vergleichbares entgegenzusetzen. Daraus erwuchs ein militärisches, vor allem aber ein politisches Problem, denn im Grunde war damit das Gleichgewicht zwischen Ost und West aufgehoben, die Spielregeln der Abschreckung waren außer Kraft gesetzt und der Westen – zumindest aber die Westeuropäer – politisch erpressbar geworden. Für Westeuropa stellte sich nun die Frage, ob die USA bereit sein würden, es im Fall einer Bedrohung auch mit dem Einsatz strategischer nuklearer Waffen, also der eigenen Langstreckenraketen, zu verteidigen und damit einen Atomkrieg auf dem eigenen Territorium zu riskieren. Würden die USA also die eigene Vernichtung riskieren, nur um ihre Verbündeten zu schützen? Für die Westeuropäer, und besonders die Westdeutschen, war die Absprache über ein Gleichgewicht der atomaren Langstreckenwaffen also gar nicht so beruhigend, wie die Rede von der Entspannung es erscheinen lassen mag: Sie fürchteten eine Absprache auf Kosten der Europäer, die sich von der amerikanischen Sicherheitspolitik „abgekoppelt" fühlten.

Schmidts Londoner Rede

Bundeskanzler Helmut Schmidt versuchte, für diese Position in Washington Gehör zu finden, stieß aber auf wenig Verständnis. Präsident Jimmy Carter, der seit Anfang 1977 im Amt war, setzte neue Schwerpunkte in den Ost-

Der NATO-Doppelbeschluss und das Ende der Entspannung

West-Beziehungen: Nicht mehr die Rüstung sollte im Mittelpunkt stehen, sondern die Menschenrechte. Die Carter-Administration verfolgte eine kompromisslose Menschenrechtspolitik gegenüber der UdSSR, die im Grunde darauf hinauslief, die Sowjets vor der Weltöffentlichkeit vorzuführen. Dafür war man bereit, wachsende Konflikte mit der UdSSR in Kauf zu nehmen, denn diese Politik der USA erschwerte die Verständigung mit der UdSSR auch in Sicherheitsfragen. Die Warnungen und Proteste der Europäer, die sich scharf gegen die neue Politikrichtung wandten, wurden ignoriert. Vor diesem Hintergrund nutzte Helmut Schmidt eine Rede vor dem Londoner International Institute for Strategic Studies (IISS), dessen Mitglied er als international anerkannter Wirtschafts- und Verteidigungsfachmann war, um vor einem internationalen Expertenpublikum auf dieses Problem aufmerksam zu machen und die konkreten Sicherheitsinteressen Westeuropas zu formulieren. Das IISS hatte zu diesem Vortrag, der zu Ehren seines ersten Direktors Alastair Buchan gehalten wurde, Politikwissenschaftler, Historiker, Experten für Strategische Studien und Internationale Beziehungen, aber auch Journalisten sowie hochrangige Vertreter der Politik gebeten. Schmidt entwarf hier ein umfassendes Konzept von Sicherheit, bei dem militärische Sicherheit nur einen Aspekt darstellte. Schmidt hob vielmehr besonders auf die wirtschaftlichen und die politischen, insbesondere die innenpolitischen Aspekte von Sicherheit ab. Hintergrund dieser Überlegungen waren einerseits die angespannte Lage der Weltwirtschaft – die OPEC übte großen Druck auf die westlichen Industrienationen aus, deren Wirtschaften sich ohnehin schon im Abschwung befanden – und andererseits die akute innenpolitische Bedrohung durch den Terrorismus in der Bundesrepublik Deutschland, aber auch in Italien. Der Oktober 1977 stellte ja einen Höhepunkt der RAF-Verbrechen dar; kurz vor Schmidts Rede war die Entführung der Lufthansa-Maschine in Mogadischu zu Ende gegangen, Arbeitgeberpräsident Hanns-Martin Schleyer war ermordet worden und die RAF-Häftlinge in Stammheim hatten sich das Leben genommen. Die rüstungspolitischen Überlegungen hatten also gar nicht im Mittelpunkt der Ausführungen Schmidts gestanden; sie hatten am Ende aber die größte Wirkung: In der amerikanischen Regierung wurde man, auch aufgrund des großen Echos unter Experten und in den Medien, hellhörig. Schmidt hatte sich in diesem Teil seiner Rede dafür ausgesprochen, das militärische Gleichgewicht auch innerhalb Europas wiederherzustellen, am besten auf dem Wege der Verhandlung, indem man nämlich die innereuropäische Rüstungsbalance in die Rüstungskontrollgespräche mit einbezog; sollte dieser Weg scheitern, so Schmidt, dann müsse der Westen allerdings auf dem Weg der Nachrüstung im Bereich der Mittelstreckenraketen in Westeuropa gleichziehen. Durch diese Verknüpfung eines Verhandlungsangebots mit einer Drohung, wurde Schmidt unfreiwillig zum ‚Vater des NATO-Doppelbeschlusses'. Ihm war es um Verhandlungen gegangen mit dem Ziel der Abrüstung, einer Parität auf niedrigerem Niveau; die Drohung, sonst auf höherem Niveau mit dem Gegner Parität herzustellen, diente der Glaubwürdigkeit, die für das Konzept der Abschreckung wesentlich war.

IV. Innere und äußere Sicherheit

Politische und wirtschaftliche Aspekte der westlichen Sicherheit
Bundeskanzler Helmut Schmidt vor dem IISS in London am 28. Oktober 1977 (Alastair Buchan Memorial Lecture)
aus: Bulletin des Presse- und Informationsamtes der Bundesregierung Nr. 112, Bonn, 8. November 1977, S. 1013–1020, hier S. 1014f.

III. SALT, MBFR, Neutronenwaffe: Strategische und politische Notwendigkeiten
Sie gehen wohl alle mit mir darin einig, daß das politisch-militärische Gleichgewicht Voraussetzung unserer Sicherheit ist, und ich warne vor der Illusion, daß es irgend etwas geben könnte, das uns erlauben würde, die Aufrechterhaltung dieses Gleichgewichts zu vernachlässigen. Es ist nicht nur Voraussetzung unserer Sicherheit, sondern auch Voraussetzung für einen fruchtbaren Fortgang der Entspannung.
Erstens sollten wir sehen, daß die Gefahren eines riskanten Wettrüstens beider Seiten und – so absurd es erscheinen mag – die Möglichkeiten einer kontrollierten Rüstungsbegrenzung näher als je zuvor beieinander liegen. Es ist nur ein schmaler Grat, der Friedenshoffnung und Kriegsgefahr trennt.
Zweitens stellen uns die veränderten strategischen Bedingungen vor neue Probleme. SALT schreibt das nuklearstrategische Gleichgewicht zwischen der Sowjetunion und den USA vertraglich fest. Man kann es auch anders ausdrücken: Durch SALT neutralisieren sich die strategischen Rüstungspotentiale der USA und der Sowjetunion. Damit wächst in Europa die Bedeutung der Disparitäten auf nukleartaktischem und konventionellem Gebiet zwischen Ost und West.
Drittens müssen wir die Wiener Verhandlungen über gegenseitige ausgewogene Truppenreduzierungen (MBFR) voranbringen, um so einen wichtigen Schritt in Richtung auf ein ausgewogeneres Kräfteverhältnis in Europa zu tun.
Niemand kann bestreiten, daß das Prinzip der Parität vernünftig ist. Es muß jedoch Zielvorstellung *aller* Rüstungsbegrenzungs- und Rüstungskontrollverhandlungen sein und für alle Waffenarten gelten. Einseitige Einbußen an Sicherheit sind für keine Seite annehmbar.
Wir alle haben ein vitales Interesse daran, daß die Gespräche der beiden Großmächte über die Begrenzung und den Abbau nuklearstrategischer Waffen weitergehen und zu einem verläßlichen Abkommen führen. Die Nuklearmächte tragen hier eine besondere, eine überragende Verantwortung.
Auf der anderen Seite jedoch müssen gerade wir Europäer ein besonderes Interesse daran haben, daß auf diesem Gebiet nicht isoliert von den Faktoren verhandelt wird, die die Abschreckungsstrategie der NATO zur Kriegsverhinderung ausmachen.
Wir alle stehen vor dem Dilemma, dem moralischen und politischen Anspruch auf Rüstungsbegrenzung genügen und gleichzeitig die Abschreckung zur Verhinderung eines Krieges voll aufrechterhalten zu müssen.

In Washington aber hörte man hier vor allem den dringenden Wunsch der Westeuropäer nach Parität mit den östlichen konventionellen Streitkräften und den Mittelstreckenraketen, den nukleartaktischen Waffen, des Ostblocks heraus. Schmidts Rede hatte durchaus Erfolg: Washington richtete seine Aufmerksamkeit wieder auf das nukleare Gleichgewicht in Europa und auf die sicherheitspolitischen Interessen der Europäer. Die USA machten ihnen zunächst das Angebot, die neue, bislang nur geplante, „Neutronenwaffe" zu entwickeln, die für den Gefechtsfeldeinsatz gedacht war, und sie, wenn gewünscht, in Europa zu stationieren. Aufgrund großer öffentlicher Proteste gegen eine Waffengattung, die wegen ihrer hohen Strahlendosis angeblich dazu diente, Mensch und Tier zu töten, Gebäude und Infra-

Der NATO-Doppelbeschluss und das Ende der Entspannung

struktur aber unangetastet zu lassen, lehnten die europäischen Regierungen dieses Angebot jedoch ab, und auch die Carter-Administration sah von einer Produktion dieser Bombe wieder ab. Dieses Zwischenspiel auf dem Weg zum NATO-Doppelbeschluss gab jedoch schon einen Ausblick auf die Konflikte der kommenden Jahre. Im Januar 1979 trafen sich dann auf Guadeloupe Regierungsvertreter der USA, Großbritanniens, Frankreichs und der Bundesrepublik und berieten über eine angemessene Reaktion auf die Stationierung der modernen sowjetischen Mittelstreckenraketen vom Typ SS-20, die auf Ziele in Westeuropa gerichtet und den dort stationierten Modellen technisch überlegen waren. Die USA erklärten sich bei dieser Gelegenheit zur Stationierung neuer, modernerer nukleartaktischer Waffen in Europa bereit. Dies stellte einen Erfolg für die Bonner Außenpolitik dar, deren Sorgen und Interessen nun in der NATO ernst genommen wurden. Der deutsche Bundeskanzler hatte im Namen aller Westeuropäer sicherheitspolitische Ansprüche gegenüber der NATO und der amerikanischen Regierung erhoben und hatte sich damit durchgesetzt.

Allerdings war es ein äußerst heikler und auch zweischneidiger Erfolg für die westdeutsche Politik, die ja auch die Interessen der gesamten, geteilten Nation im Blick haben musste, und aus dieser Perspektive keinesfalls für eine weitere Aufrüstung zwischen Ost und West plädieren konnte – und dies auch nicht wollte. Der Bundesrepublik musste es tatsächlich um Abrüstung oder wenigstens Einfrieren des gegenwärtigen Rüstungsniveaus gehen. Sicherheitspolitik und nationale Interessen drohten im Falle eines Scheiterns der Rüstungsverhandlungen auf konventioneller und nukleartaktischer Ebene in einen eklatanten Widerspruch zu geraten. Zugleich, dies betonte auch Helmut Schmidt immer wieder, war die militärische Parität zwischen Ost und West auch in Europa unabdingbare Voraussetzung für die Sicherheit aller Europäer. Es ging also darum, den Entspannungsdialog fortzuführen und auszuweiten, um ein europäisches Gleichgewicht durch Abrüstung herzustellen.

Das Ergebnis, das aus der Addition amerikanischer und europäischer Sicherheitsinteressen entstand, war der NATO-Doppelbeschluss vom 12. Dezember 1979. Er sah eine Stationierung nuklearer Mittelstreckenwaffen in Westeuropa vor, nämlich nukleartaktische Raketen vom Typ Pershing und Marschflugkörper vom Typ Cruise Missile, die auf Ziele in der UdSSR gerichtet werden sollten. Vor dieser Stationierung war jedoch ein Verhandlungsangebot an die UdSSR vorgesehen, in dem es um den Abbau der sowjetischen SS-20-Raketen und um die „beiderseitige ausgewogene Truppenreduzierung" (Mutual Balanced Force Reduction, MBFR) in Europa gehen sollte. Nur für den Fall, dass diese Verhandlungen scheitern sollten, würden die Waffen in Westeuropa disloziert werden.

NATO-Doppelbeschluss

Die Regierung Schmidt zahlte für diesen Erfolg auf internationaler Ebene jedoch einen hohen innenpolitischen Preis. Eine breite gesellschaftliche Protestbewegung entstand, die sich gegen die „NATO-Nachrüstung" wandte, und alle bisher da gewesenen Friedensbewegungen in Deutschland an schierer Zahl und an Breite ihrer gesellschaftlichen Basis in den Schatten stellte.

Der NATO-Doppelbeschluss vom Dezember 1979 wurde zum Auslöser der größten außerparlamentarischen Protestbewegung in der Geschichte der Bundesrepublik Deutschland. Diese Friedensbewegung konnte sich auf eine breite gesellschaftliche Basis stützen: Rund ein Drittel der Bevölkerung be-

Friedensbewegung

IV. Innere und äußere Sicherheit

zeichneten sich selbst als Anhänger der Friedensbewegung und rund zwei Drittel sprachen sich gegen eine Stationierung neuer Mittelstreckenraketen in Europa aus. Sie vereinte sehr verschiedene Gruppierungen und Strömungen in sich. Unter ihren Anhängern fanden sich nach Andreas Wirsching fünf politisch-ideologische Spektren. Dazu gehörten Sozialdemokraten, Anhänger der GRÜNEN, Mitglieder des kommunistischen, aber für alle offenen „Komitees für Frieden, Abrüstung und Zusammenarbeit" (KOFAZ), das zum Teil aus der DDR finanziert wurde, außerdem ein loser Verbund aus unterschiedlichsten autonomen Gruppen, der unter dem Namen „Bundeskonferenz unabhängiger Friedensgruppen" antrat, sowie schließlich das christliche Spektrum, das aus beiden Konfessionen stammte. Das war neu, denn in den fünfziger Jahren war die christliche Protestbewegung gegen Wiederbewaffnung und Atombewaffnung noch hauptsächlich protestantisch geprägt gewesen. Allerdings herrschte in keiner der beiden Kirchen in der Bundesrepublik Deutschland Einigkeit über den Umgang mit dieser Thematik, die Kirchen als Ganze waren nicht involviert. Katholiken wie Protestanten fügten den moralischen Skrupeln gegenüber der Atombewaffnung eine religiöse Dimension hinzu und machten zudem die Friedensbewegung auch für das bürgerliche Lager akzeptabel. Alle diese Spektren wurden vereint durch ein einziges Anliegen: Sie alle waren gegen die Stationierung von Atomwaffen in der Bundesrepublik. Es handelte sich also um ein sogenanntes *single issue movement*, denn über dieses Anliegen hinaus gab es keinerlei Gemeinsamkeiten, sodass die Bewegung rasch zerfiel, als sie 1983 mit ihrer Sache gescheitert war. Die Friedensbewegung der frühen achtziger Jahre war wie ihre Vorläuferbewegungen auch eine gesamtwestliche, vor allem aber eine westeuropäische Protestbewegung. In den Niederlanden fand sie besonders großen Zulauf. Sie war zudem eine gesamtdeutsche Bewegung, denn auch in der DDR spielte die Friedensbewegung eine wichtige gesellschaftliche Rolle.

Auf ihrem Höhepunkt gelang es der Friedensbewegung in der Bundesrepublik, Hunderttausende zu mobilisieren: An einer „Friedensdemonstration für Abrüstung und Entspannung in Europa" am 10. Oktober 1981 in Bonn nahmen rund 300 000 Menschen aus dem In- und Ausland teil; an einer Menschenkette zwischen Stuttgart und Neu Ulm am 22. Oktober 1983 beteiligten sich 200 000 Personen. Sie alle stellten die Logik der Abschreckung ganz grundsätzlich und auf einer moralischen Ebene infrage. Die Sicherheitspolitik der Bundesregierung im NATO-Rahmen und auf der Basis nuklearer Abschreckung wurde hinterfragt: Sie wurde nicht mehr als Entspannungspolitik, sondern im Gegenteil als Bedrohung der eigenen Sicherheit empfunden. Die Anhänger der Friedensbewegung zogen ganz grundsätzlich die Legitimität einer Politik in Zweifel, die auf einer Vernichtungsdrohung durch Nuklearwaffen beruhte. Der Frieden, so formulierte es der Sozialdemokrat und Protestant **Erhard Eppler** (*1926), der Bundesminister in der sozialliberalen Koalition und SPD-Vorsitzender in Baden-Württemberg gewesen war, sei gerade durch die „Sicherheitsexperten" bedroht und müsse deswegen „von der Basis her" erzwungen werden. Die Protestbewegung richtete sich nicht nur gegen den NATO-Doppelbeschluss, sondern gegen die atomare Bewaffnung insgesamt und war sowohl pazifistisch als auch ökologisch motiviert; diese enge Verbindung zweier Motivlagen fand sich insbesondere bei den frühen GRÜNEN, aber auch innerhalb der SPD und der Kirchen. „Öko-Pax" wurde zum Schlagwort für diese Haltung, die innerhalb der SPD stetig an Zulauf gewann und auch in die evangelische Kirche und die weitere Friedensbewegung hinein wirkte, und deren wichtigste Stimme Eppler war.

> **Erhard Eppler**
> Erhard Eppler, geb. 1926 in Ulm. Eppler war Mitbegründer der Gesamtdeutschen Volkspartei und trat 1956 in die SPD ein. Er war von 1961 bis 1976 Bundestagsabgeordneter der SPD und von 1968 bis 1974 Bundesminister für wirtschaftliche Zusammenarbeit. Wegen Meinungsverschiedenheiten mit Bundeskanzler Helmut Schmidt trat er 1974 von seinem Ministeramt zurück. Seit 1970 gehörte Eppler dem Parteivorstand der SPD an, von 1973 bis 1982 und 1984 bis 1991 auch dem Bundespräsidium der SPD. Von 1973 bis 1981 war er Landesvorsitzender der SPD in Baden-Württemberg. Von 1975 bis 1991 leitete Erhard Eppler die Grundwertekommission der SPD und wirkte als stellvertretender Vorsitzender der Programmkommission zwischen 1984 und 1986 am Entwurf des SPD-Grundsatzprogramms (Berliner Programm von 1989) mit.
> Eppler war von 1968 bis 1984 Mitglied der EKD-Synode und gehörte von 1977 bis 1983 dem Vorstand des Deutschen Evangelischen Kirchentags an. 1981 bis 1983 und 1989 bis 1991 war er amtierender Kirchentagspräsident, bis 1997 war er Mitglied des Kirchentagspräsidiums.

Diese Haltung war das Ergebnis eines tief greifenden Wertewandels in den westlichen Gesellschaften. Die Kritik an der friedlichen wie der militärischen Nukleartechnik speiste sich auch aus einer grundsätzlichen Kritik an industriell-technischer Modernität. Aus dieser Sicht war es gerade der wissenschaftlich-technische Fortschritt und seine bizarre Eigenlogik, der nun das Überleben der Menschheit bedrohte; hier äußerte sich nicht mehr nur der Protest gegen die Atombewaffnung, sondern wurden die Grundannahmen der Moderne selbst infrage gestellt. „Anti-Atom" war somit auch das Produkt einer neuen Fortschrittsskepsis und drückte nicht selten apokalyptische Zukunftsängste aus. Diese Skepsis gegenüber aller Atomtechnik wurde durch zwei Unfälle in Kernkraftwerken bestärkt: Im Kernkraftwerk Three Mile Island bei Harrisburg in Pennsylvania kam es am 28. März 1979 zu einer partiellen Kernschmelze, die den Reaktor teilweise zerstörte. Von ganz anderer Dimension war jedoch die Reaktorkatastrophe von Tschernobyl am 26. April 1986, als in der Sowjetunion, bei der Stadt Prypjat in der Ukraine, eine Kernschmelze im Reaktorblock 4 zu einer Explosion führte und eine Umweltkatastrophe auslöste, die zahllose Opfer forderte, die ganze Region dauerhaft unbewohnbar machte und Teile Europas mit radioaktivem Niederschlag überzog. Diese Katastrophe der zivilen Atomtechnik bestätigte Befürchtungen, die schon seit Ende der siebziger Jahre bestanden und die die Angst vor einem Atomkrieg mit der Angst vor Umweltzerstörung verband. Im Bild des „nuklearen Winters" bündelten sich diese Ängste. Es meint die massive Klimaveränderung, die ein größerer Atomkrieg mit sich bringen würde. Erst in den siebziger Jahren begannen sich amerikanische und sowjetische Wissenschaftler mit den Auswirkungen eines interkontinentalen atomaren Schlagabtausches zu beschäftigen. Erste Ergebnisse lagen Ende der siebziger Jahre vor und zeichneten das Szenario eines menschengemachten Weltuntergangs. Eine 1983 publizierte Studie amerikanischer Wissenschaftler prägte den Begriff des „nuklearen Winters".

Harrisburg und Tschernobyl

Innere und äußere Sicherheit

Nuklearer Winter
aus: R. P. Turco, O. B. Toon, T. P. Ackerman, J. B. Pollack, and Carl Sagan: Science 23 December 1983: Vol. 222. no. 4630, pp. 1283–1292, Abstract (Übers. J.A.).

Wir untersuchen die möglichen globalen Auswirkungen eines Atomkrieges auf die Atmosphäre und das Klima, indem wir Modelle benützen, die ursprünglich für die Untersuchung der Wirkung von Vulkanausbrüchen entwickelt worden sind. Obwohl die Ergebnisse wegen der großen Bandbreite möglicher Szenarien und der Unsicherheit der physikalischen Parameter zwangsläufig unpräzise sind, sind die wahrscheinlichsten Haupteffekte ernst. Ein signifikantes Absinken der eintreffenden Sonnenstrahlung auf der Nordhalbkugel und Landtemperaturen unter dem Gefrierpunkt wären vermutliche Folgen des Feinstaubs, der direkt durch massive atomare Explosionen, und durch den Rauch brennender Städte und Wälder auch schon bei geringerer Sprengkraft in die Atmosphäre gelangen würde. Bei vielen simulierten Schlagabtauschen von mehreren tausend Megatonnen, in denen sich Staub und Rauch entwickeln und innerhalb von ein bis zwei Wochen die Erde umhüllen, kann sich der durchschnittliche Lichteinfall auf ein paar wenige Prozent reduzieren und die Landtemperaturen auf −15° bis −25°C absinken. Solche optischen und klimatischen Konsequenzen könnten sich schon bei sehr niedriger Sprengkraft einstellen: Nur etwa 100 Megatonnen, die über größeren städtischen Zentren gezündet werden, können im Durchschnitt wochenlang optische Staubdichten in der Atmosphäre von über 2 generieren und sogar im Sommer monatelang Temperaturen unter dem Gefrierpunkt verursachen. Bei einem Krieg, in dem 5000 Megatonnen eingesetzt werden, würde radioaktiver Fallout in Lagen der mittleren nördlichen Breiten, fernab der direkten Ziele, für einen Zeitraum von Tagen bis Wochen durch äußerliche Ganzkörper-Bestrahlung mit Gammastrahlen zu chronischen Durchschnittsdosen von bis zu 50 rad führen, mit vermutlich gleich großer oder sogar größerer innerlicher Dosis durch biologisch aktive Radionukleide. Große horizontale und vertikale Temperaturunterschiede, verursacht durch die Absorption des Sonnenlichts in Rauch- und Staubwolken, könnte den Transport von Teilchen und Radioaktivität von der Nord- in die Südhalbkugel stark beschleunigen. In der Kombination mit der unmittelbaren Zerstörung durch nukleare Explosionen, Feuer und Fallout und mit dem späteren Anwachsen der ultravioletten Sonnenstrahlung durch das Abnehmen der Ozonschicht könnten die langfristigen Auswirkungen von Kälte, Dunkelheit und Radioaktivität eine ernste Gefahr für die überlebenden Menschen und für andere Spezies darstellen.

Ängste vor dem Atomkrieg

Durch die zahlreichen Explosionen und die zu erwartenden großflächigen Brände, vor allem der Städte und der Wälder auf der Nordhalbkugel, würden sich solche Massen von Staub und Ruß in der Erdatmosphäre ansammeln, dass es zu einer globalen Verdunklung käme, in deren Folge die Temperaturen für Wochen oder Monate um rund 20 Grad Celsius absinken würden. Unabhängig vom radioaktiven Fallout, der als tödlicher Ascheregen auf die meisten Kontinente niedergehen würde, reichten schon die Abkühlung der Erdatmosphäre und die folgenden Ernteausfälle und Hungersnöte aus, um ein Massensterben auszulösen. Diese wissenschaftlich fundierten Warnungen vor einer globalen Apokalypse schlugen sich rasch nieder in der Alltagskultur der westlichen Gesellschaften. Filme, Musik und Comics beschäftigten sich mit dem drohenden Weltuntergang. Um zwei typische Beispiele zu nennen, die die düsteren Zukunftserwartungen einer ganzen Generation ausdrückten und formten: 1983 kam der amerikanische Spielfilm „The Day After" in die Kinos, der seine Protagonisten unmittelbar nach einem Atomschlag beobachtet. Die strahlenkranken Überlebenden des Krieges scheitern daran, aus den Trümmern wieder eine funktionierende Gesellschaft zu bauen; der Film entlässt sie in die Hoffnungslosigkeit. 1986 erschien der Zeichentrickfilm „Wenn der Wind weht". Seine Helden sind ein altes britisches Ehepaar, das dem Atomschlag naiv und tapfer entgegensieht, sich wie von der Regierung empfohlen im eigenen Haus verbarrikadiert und dann elend an der Strahlenkrankheit stirbt. Die Erwartungen der Wissenschaft wie der Populärkultur sahen für den Fall eines Atomkriegs eine verwüstete Erde und kollabierte Gesellschaften voraus, eine Menschheit, die mit viel Glück den materiellen und kulturellen Standard der Steinzeit würde halten können. Für nicht wenige Anhänger der Friedensbewegung war dies keine vage bedrohliche Endzeitgeschichte, sondern die unmittelbar bevorstehende eigene Zukunft. Viele hielten einen Atomkrieg der Supermächte für eine reale Gefahr. Ein Spiegel-Artikel vom 29. August 1983 berichtete von den Mitgliedern einer Bonner Wohngemeinschaft im Hungerstreik gegen die NATO-Nachrüstung, die erklärten: „Lieber der gewaltfreie Tod als ein gewaltsamer einige Monate später." Dies ist sicher ein extremes Beispiel für die Endzeiterwartungen der Rüstungsgegner; einer realen atomaren Bedrohung durch die NATO – das eigene Bündnissystem – sahen sie sich jedoch alle ausgesetzt. Tatsächlich sah vor allem die westdeutsche Friedensbewegung die Gefahr für die eigene Sicherheit zunehmend im Westen und nicht mehr zuallererst in der Bedrohung durch die Sowjetunion. Dies wird auch in den internen Debatten der SPD deutlich, deren Mitglieder sich in wachsender Zahl gegen die Politik Helmut Schmidts und den NATO-Doppelbeschluss wandten. Erhard Eppler wurde innerhalb der SPD zum Sprachrohr dieser Richtung.

Erhard Eppler auf dem Bundesparteitag der SPD, April 1982 in München
aus: Vorstand der SPD (Hrsg.): Parteitag der Sozialdemokratischen Partei Deutschlands 19.–23. April 1982, München, Olympiahalle, Protokoll der Verhandlungen, Band I, Bonn 1982, S. 749–752, hier S. 751.

Und wer mir sagt, das Moratorium störe die Verhandlungen: Ich sehe im Augenblick noch gar nicht, was da gestört werden soll. (Beifall) Oder das Argument: Da wird ein Druck weggenommen. Jawohl. Aber der Webfehler des ganzen Doppelbeschlusses ist doch, daß wir Druck ausüben auf eine Weltmacht, die ohnehin schon von einer atomaren Aufrüstung in Europa direkt bedroht ist, weil sie in Europa ist, und keinerlei Druckmittel haben auf die andere Weltmacht, die davon nur indirekt bedroht ist, weil nämlich Moskau in Europa liegt und Washington nicht. (Beifall) Und ein Moratorium würde, wenn man schon von Gleichgewicht redet, das Gleichgewicht des Drucks auf beide Weltmächte bedeuten. Das könnte den Verhandlungen ganz gut bekommen. Die Sowjetunion weiß ganz genau, daß, wenn sie keine Konzessionen macht, die Stationierung früher oder später kommen wird. Und die Vereinigten Staaten müssen wissen: Wenn sie keine Konzessionen machen, dann wird die Friedensbewegung in Europa so stark, daß es keine Stationierung gibt.

Willy Piecyk auf dem Bundesparteitag der SPD, April 1982 in München
aus: s.o., S. 718–720, hier S. 719.

Es geht darum, daß kein Mensch mehr begreifen kann, daß in einer Situation, in der beide Seiten die Möglichkeit haben, diese Welt 15mal in Schutt und Asche zu legen, durch mehr Raketen angeblich mehr Sicherheit erzeugt wird. Diese Logik

IV. Innere und äußere Sicherheit

> ist nicht mehr begreifbar zu machen. (Beifall) Weiter geht es darum, diese Rüstungsschraube an einem Punkt anzuhalten. Wir müssen den Teufelskreis von Vor- und Nachrüsten durchbrechen. Ich glaube, daß der NATO-Doppelbeschluß bei dieser Rüstungsschraube tatsächlich ein paar Windungen ausmacht. Deshalb sollten wir die Rüstungsschraube hier anhalten. Wir haben uns nach 1979 ausführlich auch mit Zahlen beschäftigt. Ich will hier nicht das Zählen und das Aufrechnen der Sprengköpfe gegeneinander fortsetzen. Ergebnis ist jedenfalls, daß der seit 20 Jahren bestehenden Übermacht im landgestützten Mittelstreckenbereich der Sowjets durch die NATO im Bereich der See-, Luft- und Bodenstützung zusammen Genügendes entgegenzusetzen ist. Angenommen, Genossinnen und Genossen, die Sowjetunion würde in einem ersten Schlag bei uns alles zerstören, was ortbar ist, dann bliebe dem Westen, der NATO, u-boot-gestützt immer noch die Möglichkeit, in einem Gegenschlag die 30 größten Städte der Sowjetunion zu zerstören, 42 Millionen Menschen umzubringen und 40 Prozent der Industriestruktur der Sowjetunion zu zerstören. Ob das dann für die Sowjetunion tatsächlich noch einen rationalen Kriegsgrund ausmacht, wage ich sehr zu bezweifeln.

Reagan und der Antiamerikanismus der Friedensbewegung

Vor allem die USA wurden als aggressive Macht wahrgenommen, die die Rüstungsspirale zum eigenen Vorteil immer weiterdrehte. Teile der westdeutschen Friedensbewegung der frühen achtziger Jahre entwickelten radikal antiamerikanische Züge. Den Aufhänger hierfür bot der harte, konfrontative Kurs des republikanischen Präsidenten Ronald Reagan (1911–2004), der ab Januar 1981 im Amt war. Die Reagan-Administration stoppte zunächst die Rüstungskontrollverhandlungen mit der Sowjetunion und weigerte sich, den SALT II-Vertrag über die Beschränkung atomarer Nachrüstung zu ratifizieren. Zudem unterstützte sie, wie dann 1985 in der sogenannten Reagan-Doktrin auch offiziell formuliert, alle Versuche, kommunistische, marxistische oder sowjetunionfreundliche Regierungen in anderen Ländern zu stürzen. Umgekehrt unterstützte Washington antikommunistische Regime auf der ganzen Welt, auch wenn es sich um Diktaturen handelte. Das Ziel dieser Politik war es, der Sowjetunion weltweit die Unterstützung zu entziehen. Die daraus resultierenden Interventionen Washingtons, etwa in Nicaragua, waren mit völkerrechtlichen Maßstäben nicht mehr zu vereinbaren und brachten den USA in den westlichen Gesellschaften, besonders in der Bundesrepublik, einen großen Ansehensverlust. Aber schon Anfang der achtziger Jahre äußerten Anhänger der Friedensbewegung in der Bundesrepublik die Sorge, Washington sei gar nicht mehr an Entspannung und Abrüstung interessiert, sondern suche vielmehr Wege, einen Atomkrieg gewinnen zu können – und zwar auf europäische Kosten. Denn Deutschland und ganz Westeuropa würden in einem solchen Fall als atomares Schlachtfeld fungieren, während sich die USA selbst mit Abwehrsystemen aus dem Weltall schützen könnten: Im Frühjahr 1983 stellte Reagan seine Strategic Defense Initiative (SDI) vor, einen Plan für ein satellitengestütztes Raketenabwehrsystem, das rasch den Spitznamen „Krieg der Sterne" erhielt. Dieses aus Kostengründen nie verwirklichte defensive Waffensystem hätte die Grundprinzipien des atomaren Gleichgewichts und der Abschreckung ausgehebelt und den USA einen deutlichen strategischen Vorteil verschafft. Tatsächlich hatte die Reagan-Administration ein genuines Interesse an Abrüstung, wollte diese aber nur aus einer Position der Stärke heraus angehen.

Der NATO-Doppelbeschluss und das Ende der Entspannung

Dessen ungeachtet war Reagans erste Amtszeit von einem klar konfrontativen Kurs in den Ost-West-Beziehungen gekennzeichnet, der erstens aus der Weltsicht der neuen Regierung zu erklären ist und zweitens im Kontext einer davon unabhängigen deutlichen Verschlechterung des internationalen Klimas zu sehen ist.

Jedenfalls bestärkte die Politik der Reagan-Administration den westdeutschen Antiamerikanismus, dessen Wurzeln weit über den NATO-Doppelbeschluss zurückreichen. Allgemeine Modernisierungskritik und Antiamerikanismus ergänzten sich hierbei und fanden in der Atomrüstung einen gemeinsamen Gegenstand. Mit der Politik der UdSSR dagegen setzte sich die Friedensbewegung der frühen achtziger Jahre nicht weiter auseinander; dies hatte zum Teil damit zu tun, dass sie auf deren Politik ja keinerlei Einfluss nehmen konnte, zum Teil aber auch mit offenen politischen und ideologischen Sympathien. Diese antiamerikanische Prädisposition machte die Friedensbewegung in der Bundesrepublik jedenfalls anfällig für Infiltration durch SED und Stasi. Auch die KPdSU und die SED hatten ein Interesse daran, dass die westliche Friedenssehnsucht sich auf die Abrüstung der NATO-Seite konzentrierte und keine Forderungen an die Seite des Ostblocks gestellt wurden. Tatsächlich gab es deutliche Versuche aus der DDR und aus der Sowjetunion, auf die westdeutsche Friedensbewegung steuernd einzuwirken. So floss Geld auf dem Weg über die beteiligten kommunistischen Gruppen, das für Organisation, Broschüren oder Raummieten genutzt wurde; Texte, vor allem öffentliche Appelle der Friedensbewegung, wurden von der Stasi vorverfasst und dann oft von nichtsahnenden Leitfiguren der Friedensbewegung unterschrieben oder verlesen. Die Rechnung, die dabei im Kreml und in Ost-Berlin aufgemacht wurde, war im Grunde zynisch: In westlich-liberalen Demokratien müssen die Regierungen auf Forderungen der Gesellschaft hören; wenn also westliche Wahlbevölkerungen mehrheitlich abrüsten wollen, muss dort darauf reagiert werden. Dies konnte sich zum strategischen Vorteil für die UdSSR entwickeln, die selbst kein solches demokratisches ‚Problem' hatte. Dennoch spricht dieser östliche Einfluss auf die westdeutsche Friedensbewegung der achtziger Jahre zwar von großer sicherheitspolitischer Naivität der (nichtkommunistischen) Beteiligten. Die Friedensbewegung war deswegen aber weder komplett ferngesteuert noch wird sie dadurch in ihren Anliegen und ihrem Engagement historisch entwertet. Ihre Anliegen waren genuin westdeutsche, westeuropäische Anliegen, die einer Mehrheit der Bevölkerung am Herzen lagen und die Ängste jener Zeit ebenso zum Ausdruck brachten wie die wachsende Skepsis gegenüber der technischen Entwicklung. Die Tatsache, dass diese Proteste überhaupt nur denkbar waren vor dem Hintergrund der amerikanischen Sicherheitsgarantien für Europa, macht das Ganze zu einer ethisch äußerst komplizierten Angelegenheit. Aus amerikanischer Sicht wiederum war das westdeutsche Gebaren Anlass zur gewohnten Sorge, es könnten sich in Westdeutschland neutralistische Positionen durchsetzen, die Westbindung der Bundesrepublik gefährden und dadurch schließlich das westliche Bündnis insgesamt schwächen. Die Vertrauenskrise zwischen den beiden NATO-Partnern verschärfte sich weiter und wurde erst nach dem Regierungswechsel zur CDU-FDP-Regierung unter Helmut Kohl behoben – wobei diese neue Bundesregierung den sicherheitspolitischen Kurs ihrer Vorgängerin vollständig beibehielt.

Friedensbewegung und SED

IV. Innere und äußere Sicherheit

Konflikt innerhalb der SPD

Die hier skizzierte, grundsätzlich kritische Haltung gegenüber der Sicherheitspolitik der NATO fand gerade innerhalb der SPD immer mehr Anhänger. Daraus ergab sich seit 1980 die ungewöhnliche Situation, dass eine Regierungspartei – und bald auch deren Fraktion im Bundestag – in ihrer Mehrheit gegen die Außen- und Sicherheitspolitik der von ihr mitgestellten Regierung und insbesondere ihres eigenen Kanzlers stand. In der SPD wurde der Protest gegen die Politik Helmut Schmidts, der für die drohende Nachrüstung verantwortlich gemacht wurde und sich diese Verantwortung auch zu eigen machte, immer lauter. Auch der SPD-Vorsitzende Willy Brandt bezog schließlich offen Position gegen Schmidt. Dieser hielt dagegen weiterhin an seinem Argument fest, die Bundesrepublik müsse ein verlässlicher Partner im Westen sein. Die enge Anbindung an die USA sei die Voraussetzung für die Handlungsfähigkeit und Sicherheit der Westdeutschen unter den herrschenden Bedingungen des Kalten Krieges.

Die Parteilinke und auch der Parteivorsitzende Brandt betonten dagegen, dass jegliche Atombewaffnung – also die Drohung mit Massenvernichtungswaffen – unmoralisch und daher Entspannung ein Selbstzweck sei, der über allen bündnispolitischen Überlegungen zu stehen habe. Die SPD solle sich als Friedenspartei profilieren. Diese scharfe Auseinandersetzung mit seiner Partei schwächte den Bundeskanzler empfindlich. Ohne die Unterstützung von Partei und Fraktion büßte Schmidt die Regierungsfähigkeit in der Außen- und Sicherheitspolitik ein, und dies schlug sich auch auf die übrigen Politikfelder nieder. Der Konflikt um den NATO-Doppelbeschluss trug so schließlich auch zum Ende der sozialliberalen Koalition im Jahr 1982 bei.

Der Konflikt zwischen Schmidt und der SPD um die Sicherheitspolitik war aber auch mit dem Regierungswechsel nicht ausgestanden: Auf dem SPD-Parteitag von Köln im November 1983 stimmten schließlich noch 14 Delegierte für die Umsetzung des NATO-Doppelbeschlusses, 400 dagegen. Der sicherheitspolitische Kurs der sozialliberalen Koalition wurde derweil von der Regierung Kohl/Genscher fortgeführt. Die SPD folgte in den achtziger Jahren einem außen- und deutschlandpolitischen Kurs, der den friedenspolitischen Positionen ihrer Mehrheit entsprach, sie angesichts der Realitäten der internationalen Beziehungen aber zugleich bis 1998 von jeglicher außenpolitischen Mitgestaltung ausschloss – auch im Prozess der Deutschen Einheit 1989/90. Tatsächlich hatte die Friedensbewegung keinerlei Erfolg: Die im NATO-Doppelbeschluss festgeschriebenen Ost-West-Verhandlungen scheiterten und 1983 wurden, wie angekündigt, die Mittelstreckenwaffen in Westeuropa disloziert. Nach dem NATO-Doppelbeschluss im Dezember 1979 – und nicht etwa erst nach der Dislozierung der Mittelstreckenwaffen Anfang der achtziger Jahre – verschlechterten sich die Ost-West-Beziehungen dramatisch. Der NATO-Doppelbeschluss trug selbst zu dieser Entwicklung bei, war aber keineswegs die alleinige Ursache. Er war ein Wendepunkt im Kalten Krieg, sowohl Symptom als auch Katalysator für das Ende der Entspannung.

Ende der Entspannung

Am 27. Dezember 1979, in unmittelbarer zeitlicher Nähe zum Doppelbeschluss, marschierten sowjetische Truppen in Afghanistan ein und installierten ein pro-sowjetisches kommunistisches Marionettenregime. Dies ist im Westen als provokativer Akt aufgefasst worden, vor allem aber als ein Anzeichen für ein aggressives sowjetisches Expansionsstreben gegenüber den so-

Der NATO-Doppelbeschluss und das Ende der Entspannung

genannten **Blockfreien**, dem Teil der Welt, der noch nicht in die gegnerischen Lager des Kalten Krieges einsortiert worden war.

> **Blockfreie**
> Der Begriff bezeichnet eine Internationale Organisation von Staaten, die keinem der beiden Blöcke im Kalten Krieg angehörten und auch weiterhin neutral bleiben wollten. Gegründet 1961 in Belgrad auf Initiative der Staatschefs Tito (Jugoslawien), Nehru (Indien) und Nasser (Ägypten). Ihr traten zahlreiche afrikanische und asiatische Staaten bei. Ihre Ziele waren einerseits die friedliche Koexistenz der Blöcke und die Abrüstung, andererseits die – auch wirtschaftliche – Gleichberechtigung zwischen allen Staaten der Welt und damit auch zwischen Industriestaaten und Entwicklungsländern, zu denen der Großteil der Mitglieder der Blockfreien gehörte und noch heute gehört. Vorgeschichte und Hintergrund der Gründung der Blockfreien war die Dekolonisierung, das Streben asiatischer und afrikanischer Kolonien nach Unabhängigkeit von den europäischen Kolonialmächten. Mit dem Ende des Kalten Krieges verlor die Organisation an Bedeutung.

Tatsächlich dürfte der Hintergrund dieses Einmarsches in der Angst des Kreml vor einer politischen Islamisierung der zentralasiatischen Sowjetrepubliken gelegen haben; erst kurz zuvor war im Iran Schah Reza Pahlewi (1919–1980) durch eine islamische Revolution unter Ajatollah Ruhollah Khomeini (1902–1989) gestürzt worden. Das politisch instabile Afghanistan galt als mögliches Einfallstor des Islamismus in die Sowjetunion und sollte daher unter politische Kontrolle Moskaus gestellt werden. Es war – auch wenn das für die Afghanen keinen Unterschied gemacht haben dürfte – kein Auftakt zur Weltrevolution, sondern der Versuch einer geopolitischen Absicherung der eigenen „Südflanke" gegen eine wahrgenommene Bedrohung. Der NATO-Doppelbeschluss wiederum war in Moskau als Aufkündigung der Entspannung durch den Westen gedeutet worden, sodass man nun glaubte, in der eigenen Außenpolitik keine Rücksicht mehr auf westliche Empfindlichkeiten nehmen zu müssen. Im Westen reagierte man entsetzt; die USA und die Bundesrepublik boykottierten deswegen die olympischen Sommerspiele in Moskau, Großbritannien und Frankreich nahmen jedoch teil.

Die Reaktion der US-Regierung unter Präsident Jimmy Carter schlug sich in der sogenannten Carter-Doktrin nieder, nach der jeder Versuch einer auswärtigen Macht, Kontrolle über die Region um den Persischen Golf (und ihrer Erdölreserven) zu erlangen, als Verletzung vitaler US-Interessen interpretiert wurde. In Afghanistan unterstützten die USA die Mudschaheddin als Gegner der Sowjets mit Geld und militärischer Ausrüstung. Die Folge war ein langwieriger und blutiger Guerillakrieg, an dessen Ende sich die UdSSR geschlagen zurückziehen musste. Trotzdem begannen im Herbst 1980 wieder erste zögerliche Rüstungskontrollgespräche zwischen Ost und West, die jedoch nach dem Wahlsieg Ronald Reagans abgebrochen wurden; Reagan bezeichnete damals die Sowjetunion noch offen als das „Reich des Bösen". Dies mag kompensatorisch gewesen sein, denn zur gleichen Zeit wurde der Weltöffentlichkeit drastisch vor Augen geführt, wie hilflos die USA sein konnten: Iranische Studenten hielten in der amerikanischen Botschaft in Teheran das Botschaftspersonal über ein Jahr lang, von November 1979 bis Januar 1981, als Geiseln, um die Auslieferung des früheren Schahs aus den USA zu erzwingen. Gegen den Iran verhängte Sanktionen blieben wirkungs-

IV. Innere und äußere Sicherheit

los, und eine gewaltsame Befreiung der Geiseln, bei der amerikanische Soldaten ums Leben kamen, scheiterte. Erst auf dem Verhandlungsweg kamen die 51 Geiseln schließlich frei.

Der nächste Tiefpunkt der Ost-West-Beziehungen war schließlich im Dezember 1981 erreicht, als in Polen das Kriegsrecht verhängt wurde. Im Sommer 1980 war auf einer Werft in Danzig ein Streik ausgebrochen aus Protest gegen die Entlassung zweier Gewerkschafter, Anna Walentynowicz (1929–2010) und Lech Wałęsa (*1943), aber darüber hinaus ging es bald auch um die Zulassung freier Gewerkschaften und um die Freiheit und politischen Bürgerrechte aller Polen. Die schlechte wirtschaftliche Lage des Landes hatte das kommunistische Regime schon seit Ende der siebziger Jahre in Misskredit gebracht, die Unzufriedenheit wuchs und fand ihr politisches Sprachrohr in der unabhängigen Gewerkschaftsbewegung Solidarność. Als die polnische Regierung fürchten musste, die politische Kontrolle im Land zu verlieren, und um einem drohenden Einmarsch sowjetischer Truppen zuvorzukommen, verhängte sie das Kriegsrecht. Dieser Ausnahmezustand blieb bis 1983 in Kraft, konnte den Aufbruchswillen in Polen aber nur unter Verschluss halten, nicht aus der Welt schaffen. Papst Johannes Paul II. (1978–2005), vorher Karol Józef Wojtyła (1920–2005), Erzbischof von Krakau, wurde in dieser Zeit zur wichtigen Identifikationsfigur für den polnischen Widerstand gegen die kommunistische Herrschaft.

Zusammengenommen trugen all diese Faktoren und Ereignisse zur Verschlechterung und Instabilität der internationalen Lage bei. 1983 wurden die Rüstungskontrollverhandlungen endgültig abgebrochen, die sowjetische Delegation verließ den Verhandlungstisch. Dies war der Beginn einer neuen Eiszeit zwischen den Supermächten, einer neuen Phase des Kalten Krieges, die jedoch nicht mehr lange andauern sollte. Die Tage der Sowjetunion, der DDR und des Warschauer Paktes waren gezählt – auch wenn noch niemand ihren Zusammenbruch voraussehen konnte; sie waren instabil geworden.

Neuer Rüstungswettlauf

Nach dem Scheitern der Verhandlungen trat die zweite Alternative des NATO-Doppelbeschlusses in Kraft: Die Dislozierung der Mittelstreckenwaffen in Westeuropa begann. Am 10. Dezember 1983 wurden die ersten nuklearen Mittelstreckenwaffen in der Bundesrepublik Deutschland stationiert. Zuvor hatte der Bundestag, in dem mittlerweile eine Mehrheit aus Union und FDP die Regierung stellte, zugestimmt. Zwischen 1983 und 1987 wurden je an die hundert Marschflugkörper vom Typ Cruise Missile und Pershing II-Raketen im schwäbischen Raum und im Hunsrück stationiert. Im selben Zeitraum wurden solche Mittelstreckensysteme in Italien, Großbritannien, Belgien und den Niederlanden aufgestellt. 1984 reagierte die Sowjetunion und stationierte zusätzliche Kurzstreckenraketen in Osteuropa. Ein neuer Rüstungswettlauf hatte begonnen, der die Zahl der Nuklearwaffen in bislang unvorstellbare Höhen anwachsen ließ. Auch qualitativ gab es in den achtziger Jahren neue Anstrengungen: Neue Waffensysteme wurden entwickelt oder zumindest geplant, wie das erwähnte SDI und die Neutronenbombe. Diese Form der Rüstung war jedoch, bei aller Vernichtungskapazität, in erster Linie ein technologisches Kräftemessen: Von weltraumgestützten Raketenabfangsystemen über die Entwicklung der Neutronenbombe bis hin zu Stealth-Bombern – es ging jedesmal um den neuesten Stand der Technik und um ungeheuer teure und komplexe Systeme. Allein in das SDI-Programm, das in der Ära Reagan nicht verwirklicht wurde, investierten die USA bis 1988 29 Milliarden Dollar. Die wirtschaftlich mittlerweile schwer angeschlagene Sowjetunion konnte nicht mehr mithalten. Auch im Bereich der Mikroelektronik und der Datenverarbeitung, ein Kernbereich des technologischen und militärischen Wettrennens der Supermächte, war der Ostblock mittlerweile deutlich abgeschlagen. Ein damaliger Witz im Ostblock fragte nach dem Grund für den breiten Rücken von Leonid Breschnew, dem Generalsekretär der KPdSU, und antwortete, es liege am Herzschrittmacher von Robotron, einem ostdeutschen Elektronik-Kombinat. Auch in Silicon Valley, der Technologieschmiede der USA in Kalifornien, erlaubte man sich den Scherz, der größte Mikrochip der Welt werde in der DDR hergestellt: Er habe Postkartengröße. Zu einer Zeit, als junge Tüftler in den Garagen Kaliforniens und New Mexicos Microsoft, Hewlett-Packard, Apple, Intel und IBM aus der Taufe hoben und damit die Welt veränderten, entschieden in den Politbüros des Ostens 70-jährige Parteikader darüber, was erfunden, produziert und verteilt werden durfte. Auch als das Computerzeitalter angebrochen war, gab der Kreml weiterhin jeden Rubel für den Rüstungswettlauf aus. Dies konnte – und sollte – nicht lange gut gehen. Unbemerkt von den Zeitgenossen hatte das Ende des Kalten Krieges begonnen. Aber auch in der Bundesrepublik der achtziger Jahre deutete nichts darauf hin, dass die Zeit der deutschen Teilung zu Ende ging.

3. Die „geistig-moralische Wende"

Am 1. Oktober 1982 endete die sozialliberale Koalition. Sie war in den Bundestagswahlen von 1980 zunächst erneut bestätigt worden, Helmut Schmidt hatte sich gegen seinen Herausforderer Franz Josef Strauß (CSU) klar durchsetzen können. Das Ende dieser Regierung kam dennoch nicht überraschend. Schon 1976 war die inhaltliche Basis der sozialliberalen Koalition dünn geworden; mit dem Ende der Reformpolitik und dem vertraglichen Abschluss der Ostpolitik waren die gemeinsamen Anliegen von SPD und FDP aufgebraucht, der sozialliberale Konsens löste sich auf. Innerhalb der FDP wurden wirtschaftsliberale Positionen wieder wichtiger als der im Freiburger Programm von 1971 formulierte „soziale Liberalismus" der späten sechziger und frühen siebziger Jahre. Vor allem auf wirtschafts- und finanzpolitischer Ebene trat seit Mitte der siebziger Jahre ein wachsender Dissens zwischen den beiden Koalitionspartnern zutage. Mit dem Konjunktureinbruch, der im Gefolge der zweiten Ölkrise einsetzte und in den Jahren 1980 bis 1982 zur bisher schwersten Rezession in der Bundesrepublik führte, wurden diese Gegensätze unüberbrückbar. Die FDP vollzog nun die Wende zu einer angebotsorientierten Wirtschaftspolitik und näherte sich damit der Union an, während der Gewerkschafts-Flügel der SPD versuchte, die Regierung weiterhin auf eine keynesianische, also nachfrageorientierte Wirtschaftspolitik zu verpflichten. Im Bereich der Sicherheitspolitik wiederum stand die Regierung Schmidt im Konflikt mit dem stetig wachsenden linken Flügel der SPD. Da aus den Wahlen von 1980 sowohl die FDP als auch der linke Flügel der

Ende der sozialliberalen Koalition

IV. Innere und äußere Sicherheit

SPD gestärkt hervorgegangen waren, stand die Koalition unter großem inneren Druck. Vor allem wirtschaftspolitische Entscheidungen waren kaum mehr durchzusetzen. Angesichts dieser Lähmung stellte Helmut Schmidt am 5. Februar 1982 im Bundestag die Vertrauensfrage und erhielt noch einmal eine Mehrheit. Dennoch war das Ende der sozialliberalen Koalition nicht mehr aufzuhalten. 1981 und 1982 erlitt die SPD empfindliche Verluste bei Landtagswahlen in Berlin, Niedersachsen und Hamburg. Im Sommer 1982 protestierten die Gewerkschaften lautstark gegen den Haushalt für 1983. Vor allem innerhalb der FDP wuchs der Widerstand gegen eine Fortsetzung der Koalition. Wirtschaftsminister Otto Graf Lambsdorff (1926–2009) bot schließlich mit einem Papier, in dem er den Haushaltsentwurf seiner eigenen Regierung kritisierte, den Anlass, auf den Bundeskanzler Schmidt gewartet hatte, um die „Agonie der Koalition", die politische Lähmung in Bonn, zu beenden. Er stellte die FDP-Minister der sozialliberalen Koalition vor die Alternative des Rücktritts oder der Entlassung; da diese – mit der Ausnahme Gerhard Baums (*1932) – nur noch auf einen Anlass zum Wechsel des Koalitionspartner gewartet hatten, nahmen sie die Gelegenheit wahr: Am 17. September 1982 zerbrach die Koalition, die FDP-Minister verließen die Regierung. Helmut Kohl und Hans-Dietrich Genscher hatten bereits im Sommer Absprachen über eine gemeinsame Regierungsbildung von CDU/CSU und FDP getroffen. Geplant war ein konstruktives Misstrauensvotum, das anders als eine Auflösung des Parlaments die Möglichkeit bieten würde, Wahlen auf das kommende Frühjahr zu verschieben: Die FDP sah in dieser Variante des Partnerwechsels die einzige Chance, politisch zu überleben. So wurde zwei Wochen später, am 1. Oktober 1982, Bundeskanzler Helmut Schmidt durch ein konstruktives Misstrauensvotum abgelöst. Der Bundestag wählte den CDU-Vorsitzenden Helmut Kohl mit den Stimmen der Union und der FDP zum neuen Kanzler.

Grundsatzprogramm der CDU

Die CDU hatte sich seit dem Gang in die Opposition 1969 gründlich gewandelt. Ihr gesamtes Organisationsgefüge hatte sich verändert, vor allem war die Parteiorganisation gegenüber der Fraktion gestärkt worden; die CDU entwickelte sich zur Mitgliederpartei. Ein Generationswechsel hatte stattgefunden, der bis in die Parteispitze hinauf zu einem Personalwechsel geführt hatte, und zudem hatte sich die CDU 1978 in Ludwigshafen erstmals ein Grundsatzprogramm gegeben. Hierin wurde ein „genuin christdemokratischer Gegenentwurf zur sozial-liberalen Reformpolitik" (Andreas Rödder) formuliert.

Grundsatzprogramm „Freiheit, Solidarität, Gerechtigkeit"
26. Bundesparteitag, 23.–25. Oktober 1978, Ludwigshafen
aus: http://www.grundsatzprogramm.cdu.de/doc/1978_Ludwigshafen_Grundsatzprogramm-Freiheit-Solidaritaet-Ger.pdf

Präambel
1. Die Christlich Demokratische Union Deutschlands ist eine Volkspartei. Sie wendet sich an alle Menschen in allen Schichten und Gruppen unseres Volkes. Die Politik der CDU beruht auf dem christlichen Verständnis vom Menschen und seiner Verantwortung vor Gott.
2. Im Jahre 1945 hat die CDU einen neuen Anfang in der deutschen Parteiengeschichte gesetzt. Als Volkspartei ist sie die Antwort auf die Zerrissenheit der De-

Die „geistig-moralische Wende" IV.

> mokraten in der Weimarer Republik. Freiheit und Menschlichkeit sollen sich nicht wieder in verhängnisvoller Gegnerschaft zwischen sozialen, liberalen und konservativen politischen Strömungen verlieren. Konfessionelle Gegensätze sollen überwunden werden. Die CDU gibt dafür das Beispiel. Die Menschen in Deutschland haben verstanden, daß die Zeit der Klassenkämpfe und Gesinnungskriege vorbei ist. Sie sind dem Aufruf gefolgt, den geistigen und materiellen Wiederaufbau gemeinsam in Angriff zu nehmen.
> 3. Soziale, wirtschaftliche und kulturelle Entwicklungen im eigenen Land stellen uns ebenso wie die internationalen Beziehungen vor immer neue Herausforderungen. Unsere politische Aufgabe besteht darin, Bewährtes zu schützen und neue Perspektiven politischen Handelns zu entwickeln, um den Wandel in Freiheit zu bewältigen.
> 4. Die CDU will unterschiedliche Standpunkte durch gemeinsame Werte und Ziele verbinden. Politisches Handeln zum Wohle des ganzen Volkes verlangt Führung und die Bereitschaft zum Kompromiß. Von jedem wird der Wille zur Solidarität gefordert, jeder hat aber auch den Anspruch auf Toleranz für seine persönliche Überzeugung. Offenheit und Partnerschaft sind Merkmale der Volkspartei und Vorbild für das Zusammenleben aller im Staat.
> 5. Aus christlichem Glauben läßt sich kein bestimmtes politisches Programm ableiten. Aber er gibt uns mit seinem Verständnis vom Menschen eine ethische Grundlage für verantwortliche Politik. Auf dieser Grundlage ist gemeinsames Handeln von Christen und Nichtchristen möglich.

Helmut Kohl gehörte zu den profiliertesten Reformern dieser Phase. Er war seit 1969 Ministerpräsident von Rheinland-Pfalz und hatte dort schon eine Reihe umfassender Reformen durchgesetzt. 1973 wurde er zum CDU-Vorsitzenden gewählt und sorgte rasch für eine „umfassende Erneuerung und organisatorische Modernisierung des Apparats" (Frank Bösch). Kohl zog damals eine Reihe neuer, sehr begabter und noch weitgehend unbekannter politischer Talente an sich, unter ihnen Heiner Geißler (*1930), Kurt Biedenkopf (*1930), Norbert Blüm (*1935), Richard von Weizsäcker (*1920), Bernhard Vogel (*1932). Diese Personalpolitik war für sich schon Reformpolitik, denn diese unabhängigen Köpfe, insbesondere der neue Generalsekretär Biedenkopf, stärkten die Parteistrukturen der CDU gegenüber der Fraktion und vergrößerten die Zahl der hauptamtlichen Funktionäre in der Partei. Die Folge war eine schlagkräftige neue Parteiorganisation, ein deutliches Anwachsen der Mitgliederzahlen und ein populärer und in der Partei gut vernetzter Vorsitzender Helmut Kohl. Die CDU/CSU-Fraktion im Bundestag war von dieser Entwicklung allerdings weniger begeistert, und in der bayerischen Schwesterpartei CSU waren Kohls politische Positionen vielen überdies zu progressiv. Wichtigster Rivale Kohls war Franz Josef Strauß, der wirtschafts- und finanzpolitische Sprecher der CDU/CSU-Fraktion. Diese Konkurrenz innerhalb der Union schlug sich auch in der Wahl des Kanzlerkandidaten der Jahre 1976 und 1980 nieder. Unter Umgehung der Fraktion und damit der CSU wurde Kohl 1975 vom Bundesvorstand der CDU zum Kanzlerkandidaten der Union gewählt. Sein glänzendes Wahlergebnis von 48% reichte jedoch nicht für die Regierungsbildung: Helmut Schmidt, dessen Partei den Wahlkampf mit dem Slogan „Modell Deutschland" geführt hatte, konnte die Koalition mit der FDP fortsetzen. Bei den folgenden Bundestagswahlen konnte sich Kohl, der sich mittlerweile ganz auf die Bundes-

Helmut Kohl und Franz Josef Strauß

politik konzentrierte und nun den Parteivorsitz mit dem Fraktionsvorsitz verband, jedoch nicht durchsetzen. 1980 kandidierte Franz Josef Strauß für die Union. Dies sollte sich jedoch als Vorteil für Helmut Kohl herausstellen: Gegen den Amtsinhaber Helmut Schmidt, der Ende der siebziger Jahre auf dem Höhepunkt seines nationalen und internationalen Ansehens stand, als erfolgreicher Staatsmann und Wirtschaftsfachmann, hatte Strauß keine Chance. Als Bayer, Katholik und Exponent des konservativen Flügels der Union fand er nördlich des Main und in den protestantischen Teilen der CDU nur wenige Anhänger. Sein manchmal ruppiger Ton ließ sich nur schwer als „rustikal" vermitteln. Besonders schwer wog in den Augen seiner Kritiker die Erinnerung an seine „Sonthofener Rede", die er vor der CSU-Landesgruppe im November 1974 gehalten hatte. Hierin empfahl Strauß die grundsätzliche und kompromisslose Konfrontation mit der Bundesregierung als das Mittel der Wahl, im Bund wieder zur Regierungspartei aufzusteigen – im Einzelfall ruhig auch wider besseres Wissen in inhaltlichen Fragen. Die sozialliberale Regierung solle als Vertreterin des Sozialismus und der Unfreiheit, sogar als Handlanger der Sowjetunion gebrandmarkt werden.

Franz Josef Strauß: Sonthofener Rede vom 19. November 1974
aus: Der Spiegel 11/1975, 10.03.1975, S. 36.

Denn mit der bayerischen Landespolitik oder der hessischen Landespolitik können wir im Jahr 1976 nicht die Wende herbeiführen. Da geht es uns darum, daß wir alle Landtagswahlen gewinnen und in der Bundestagswahl dann auf einmal wieder abends erschüttert vor dem Ergebnis stehen, das eine Fortsetzung der sozialistisch-pseudo-liberalen Koalition für weitere 4 Jahre ermöglicht. Wir müssen die Auseinandersetzung hier im Grundsätzlichen führen. Da können wir nicht genug an allgemeiner Konfrontierung schaffen. Ich kenne ja diese Stichworte: Wir kämpfen für die Freiheit, gegen den Sozialismus, für die Person und das Individuum, gegen das Kollektiv, für ein geeinigtes Westeuropa, gegen eine sowjetische Hegemonie über ganz Europa. Da muß man die anderen immer identifizieren damit, daß sie den Sozialismus und die Unfreiheit repräsentieren, daß sie das Kollektiv und die Funktionärsherrschaft repräsentieren und daß ihre Politik auf die Hegemonie der Sowjetunion über Westeuropa hinausläuft. Daß es bei den anderen eine ganze Menge von Leuten gibt, die das nicht wollen, soll uns nicht daran hindern, unter einem Übermaß an Objektivität zu leiden und das hier zu sagen.

Der ‚Spiegel' veröffentlichte den Redetext, und alle Strauß-Kritiker, die in ihm eine Gefahr für die liberale Demokratie der Bundesrepublik sahen, fühlten sich bestätigt, auch jene innerhalb der Union. Dieser Ruf folgte auch dem Kanzlerkandidaten Strauß, dessen Wahlkampf von „Stoppt-Strauß"-Kampagnen begleitet wurde. Die Union erzielte mit 44,5% ihr schlechtestes Ergebnis seit 1949, ein Verlust von gut 4 Prozentpunkte. Damit waren die bundespolitischen Ambitionen von Franz Josef Strauß vorüber; er versah bis zu seinem Tod im Jahr 1988 höchst erfolgreich das Amt des bayerischen Ministerpräsidenten. Helmut Kohl dagegen war unbeschadet aus dieser ohnehin für die Union kaum zu gewinnenden Wahl gekommen und hatte zugleich seinen mächtigsten Gegner im Unionslager geschwächt. Damit war der Weg frei für Helmut Kohls Kanzlerschaft. Er war der unbestrittene kommende Kanzlerkandidat, ein Oppositionsführer, der nur noch auf den Zerfall einer maroden und erschöpften sozialliberalen Koalition warten musste.

Der Regierungsbildung vom Oktober 1982 sollten Bundestagswahlen folgen, um den Regierungswechsel vom Wähler legitimieren zu lassen. Verfassungsrechtlich wäre dies nicht nötig gewesen, denn der Kanzler wurde durch die Mehrheit im Bundestag gewählt, unabhängig davon, wann die Abgeordneten zuletzt gewählt worden waren. Dennoch suchte die neue Regierung die Legitimierung des Vorgehens durch Wahlen – allerdings in einigem zeitlichen Abstand, um der FDP die Chance zu geben, ihr durch den fliegenden Koalitionswechsel lädiertes Image wieder aufzubessern. Der Weg zu diesen Neuwahlen war rechtlich jedoch nicht einfach. Voraussetzung war die Auflösung des Bundestags, nur sah das Grundgesetz aus historischem Grund kein Recht zur Selbstauflösung dieses Verfassungsorgans vor. Der Weg zu Wahlen führte daher über die Vertrauensfrage des Bundeskanzlers, die er am 17. Dezember 1982 im Bundestag stellte. Er verlor sie – wie vorgesehen –, indem sich die Abgeordneten der Regierungskoalition in ihrer Mehrheit der Stimme enthielten. Mit großen Bedenken löste daraufhin Bundespräsident Karl Carstens (1914–1992) den Bundestag auf, der Weg zu Neuwahlen war frei. Das Bundesverfassungsgericht bestätigte später diese Entscheidung angesichts der politischen Ausnahmesituation und aufgrund der Zustimmung aller im Bundestag vertretenen Parteien. Diese Wahlen vom 6. März 1983 gewann die Union mit 48,8% haushoch. Auch die FDP überstand sie mit 7,0% ohne allzu große Blessuren – die Koalition ging gestärkt aus den Wahlen hervor. Verlierer der Wahl war die SPD, die nur noch auf 38,2% kam, ein Ergebnis, das sie in den kommenden Wahlen noch unterschreiten sollte. Es war der Beginn von 16 Jahren in der Opposition. Ein spektakuläres Ergebnis dieser Wahlen war, mit 5,6% der Zweitstimmen, der Einzug der GRÜNEN in den Bundestag: Die Parteienlandschaft der Bundesrepublik hatte sich endgültig verändert. Von nun an wurden, anfangs ganz allmählich und unter den gehobenen Augenbrauen der etablierten Parteien, „grüne" Inhalte zum integralen Bestandteil westdeutscher Politik. Zunächst aber fielen die neuen Abgeordneten vor allem dadurch auf, dass sie die modischen Gepflogenheiten des Parlaments ignorierten.

Im Herbst und Winter 1982 sahen aber die wenigsten Beobachter, Anhänger wie Gegner der Union, eine neue, „progressive" Politik auf die Bundesrepublik zukommen. Der Zerfall der sozialliberalen Koalition im September 1982 war schließlich mehr als das Ende einer Regierung, die sich kaum noch auf einen Haushalt einigen konnte. Es war ein später Schlussstrich unter ein sozialliberales Projekt, das in mehr als einem Jahrzehnt die Bundesrepublik Deutschland spürbar verändert hatte. Seit den Jahren der Großen Koalition von 1966 waren die Aufbruchstimmung und der Reformgeist einer neuen Generation in Politik umgesetzt worden. Reformmüdigkeit, Überforderung und wirtschaftliche Krisen hatten diesem Projekt jedoch schon vor Jahren den Wind aus den Segeln genommen. Im Herbst 1982 befürchteten viele Anhänger dieser Politik, auch jene innerhalb der SPD, die den Kanzler Helmut Schmidt mit viel Verve politisch zermürbt hatten, dass nun ein fundamentaler Politikwechsel bevorstand.

Das Programm der neuen Koalition wurde in der ersten Regierungserklärung Helmut Kohls vom 13. Oktober 1982 erstmals formuliert. Hier kün-

Vertrauensfrage und Neuwahlen

IV. Innere und äußere Sicherheit

Programm der christlich-liberalen Koalition

digte der Kanzler eine „neue Wirtschafts- und eine neue Gesellschaftspolitik" an. Angesichts der „schwersten Wirtschaftskrise seit Bestehen der Bundesrepublik Deutschland" müsse es darum gehen, „die zerrütteten Staatsfinanzen wieder in Ordnung zu bringen". Dazu sei die vorige Regierung nicht mehr fähig gewesen. Die Rede war sachlich und detailbezogen, aber kein großer Wurf. Sie erntete scharfen Spott in der Presse, vor allem in der ‚Zeit', die sie mit der Parole „Vorwärts in die fünfziger Jahre" zusammenfaßte und die Sprache des neuen Kanzlers als „Mutti-Deutsch" geißelte. Das neue politische Establishment sei „kleinbürgerlich" und provinziell. Wie vor ihm schon Strauß hatte auch Kohl, der im Gegensatz zu Schmidt als Redner nicht glänzte, viel Häme und Kritik der Presse einzustecken, auf die er, als Oppositionsführer wie in den langen Jahren seiner Kanzlerschaft auch, gekränkt und aggressiv reagierte. Das vom Karikaturisten Hans Traxler 1979 für das Satiremagazin ‚Titanic' entworfene Epitheton „Birne", das Zitat einer Karikatur des französischen „Bürgerkönigs" Louis Philippe von 1832, war ebenso typisch für das Niveau der Auseinandersetzung wie die Weigerung Kohls, „montags in Hamburg erscheinende Zeitschriften" zur Kenntnis zu nehmen. Genau solche Häme dieses Magazins traf auch das von Helmut Kohl im Wahlkampf von 1983 angekündigte Ziel, eine „geistig-moralische Wende" in der Bundesrepublik herbeizuführen.

„Geistig-moralische Wende"
aus: Der Spiegel 43/1982, S. 18.

Das Ökonomische, predigt Kohl, sei „die Folge des Geistig-Moralischen, und nicht umgekehrt". Die „geistig-moralische Herausforderung" definierte er vor Millionenpublikum im Fernsehen so: „Wir müssen das Wir wieder deutlicher begreifen. Und das Ich muß in das Wir eingebracht sein."
Wer so redet, riskiert ständig, die Grenze vom Erhabenen zum Lächerlichen zu überschreiten (...). Doch Kohl stört das nicht. „Viele lächeln über meine Thesen, doch das läßt mich ziemlich gleichgültig", verkündete er in Berlin.
Die rechtslastigen Publizisten Gerhard Löwenthal und Hans Klein forderten vom Kanzler eine „Beendigung der Kulturrevolution" und der „ständigen Bewußtseinsveränderung durch sozialistische Indoktrination". Helmut Kohl fiel für seine Verhältnisse deutlich in den Chor ein: „Eine Wende der Politik würde scheitern, wenn die geistig-moralische Herausforderung nicht angenommen wird." Jetzt gehe es um „Tugenden", um „Pflichten des Bürgers" nicht als Sache des Wahlkampfs, sondern vor allem der Zeit danach.
Die geistig-moralische Wende zeichnet sich ab: Fleiß, Pflichtbewußtsein, Gemeinsinn, Vaterlandsliebe sollen wieder, so Kohl – „Grundlage" der menschlichen Gemeinschaft werden („Das, was wir unter Tugend verstehen, ist Gott sei Dank dem Zeitgeist weit entzogen"). Und eher beiläufig kündigt der Kanzler als „wichtigen Teil" für die Verhandlungen um die Regierungsbildung nach der Wahl an, wo konkret Änderung geboten scheine: bei den Abtreibungsregeln des von den Sozialliberalen reformierten Paragraphen 218.

Im Koalitionspapier der ersten Regierung Kohl/Genscher und in seiner Regierungserklärung von 1983 griff der Bundeskanzler den Topos von der „geistig-moralischen Wende" erneut auf. Dieser war vage gehalten und ließ Spielraum für eine ganze Bandbreite von Positionen, die aber alle das Unbehagen an der Reformpolitik und dem gesellschaftlichen Wandel des letzten guten Jahrzehnts gemeinsam hatten. Schon seit den mittleren siebziger Jahren hatte es vor allem im Umfeld der Union – aber nicht nur dort – Versuche gegeben, eine „Tendenzwende" herbeizuführen, eine „Renaissance des Konservatismus" (Eckart Conze). Der „Kulturrevolution" von „1968" und ihren Folgen sollte entgegengewirkt werden, worunter etwa der familiäre und sexuelle „Sittenverfall", das Abtreibungsrecht und der empfundene Schwund an Gemeingeist gerechnet wurden. Damit beschwor die Union im linksliberalen Spektrum Ängste herauf, die sich auf zweierlei Erfahrungen bezogen: zum einen die Zeit vor „1968" und ihre doch gerade erst überwundene Gesellschaftsordnung, zum anderen die gegenwärtigen politischen Entwicklungen in Großbritannien und den USA, wo 1979 Margaret Thatcher und 1981 Ronald Reagan an die Regierung gekommen waren und sofort damit begonnen hatten, eine konservative – besser gesagt eine neokonservative bzw. neoliberale – Wende einzuleiten. Frankreich vollzog diese Wende später, erst im Lauf der achtziger Jahre. In Großbritannien und den USA zog sich der Staat wieder aus vielen Feldern zurück; die Ausweitung der Staatsaufgaben aus den siebziger Jahren sollten rückgängig gemacht werden. Thatchers Politik zielte darauf ab, den Einfluss der Gewerkschaften zurückzudrängen, die Staatsausgaben zu kürzen und zugleich Steuern zu senken; dazu gehörte die rigide Kürzung sozialstaatlicher Leistungen, der Rückzug des Staates aus der Beschäftigungspolitik, der Abbau von Verwaltung und die Entlassung von Staatsbediensteten sowie die Privatisierung von Staatsbetrieben: ‚Deregulierung' und ‚Entbürokratisierung'. Dieser „Thatcherism" war die Reaktion auf eine tiefe innenpolitische und wirtschaftliche Krise in Großbritannien. Die Gewerkschaften hatten seit Anfang der siebziger Jahre mit exorbitanten Lohnforderungen und massiven Streiks konservative wie Labour-Regierungen handlungsunfähig gemacht und die Wirtschaft des Landes, die seit der ersten Ölpreiskrise ohnehin schwächelte, tiefer in die Krise getrieben: Steigende Inflation und der Verlust von Arbeitsplätzen waren die Folge. Der Höhepunkt dieses Konflikts lag im Winter 1977, dem sogenannten *winter of discontent*. Angesichts dieser „Englischen Krankheit", wie Zeitgenossen die Kombination aus festgefahrenen Tarifauseinandersetzungen, Handlungsunfähigkeit der Regierung und Wirtschaftsflaute nannten, erschien den englischen Wählern 1979 Thatchers entschiedenes Umsteuern sinnvoll. Sie bot jedoch nicht nur eine neoliberale Rezeptur gegen die strukturelle Krise, sondern zugleich eine konservative, ja viktorianische Antwort auf die tiefe Verunsicherung über gesellschaftliche Grundwerte. Ab 1981 verfolgte Präsident Ronald Reagan in den USA eine ähnliche Politik: Seine „Reaganomics" beinhalteten die Deregulierung der Wirtschaft, die allerdings bereits unter seinem demokratischen Vorgänger Carter begonnen hatte, und deren Ausweitung auf die Bereiche Banken, Verkehr und Kommunikation. Das Ziel war mehr Wettbewerb und Steuersenkungen, die durch Kürzungen bei den Sozialausgaben finanziert wurden. Das Ergebnis am Ende der achtziger Jahre war dann zwar ein Wirtschaftsaufschwung, aber auch eine große Schuldenlast des Bundes. Beide, Reagan wie Thatcher, traten als konservative Reformer an, denen es um eine Wiederherstellung verlorener Wertorientierung in ihren Gesellschaften ging, um die Hochschätzung der Familie, um individuelle Selbsthilfe und um Patriotismus. Dennoch war die Politik Reagans wie Thatchers keineswegs im strengen Sinne konservativ: Sie sind vielmehr mit dem Epitheton „neokonservativ" oder „neoliberal" bezeichnet worden, womit zum Ausdruck gebracht wird, dass sie der monetaristischen Theorie der „Chicago School" um Milton Friedman folgten: Sie setzten auf die Kräfte des Marktes anstelle des Staates und wollten den Staat aus seinen gesellschaftlichen Aufgaben herauslösen. Sieht man allerdings näher hin, so vertrat gerade Thatcher sehr wohl Positionen des „starken Staates", etwa gegen die Macht der Gewerkschaften, und stiegen auch unter Reagans Wirtschaftspolitik die Staatsausgaben des Bundes stark an.

Kontinuitäten

Die Entwicklung in Großbritannien und den USA wurde in der Bundesrepublik jedenfalls als deutlicher Rechtsruck wahrgenommen, und nicht nur mit Sorge. Tatsächlich aber blieb es in der Bundesrepublik der achtziger Jahre bei der Beschwörung traditioneller Werte. Eine tatsächliche Wende zum Konservatismus im engeren Sinn oder zum Neoliberalismus der „Chicago School" war mit der doch sehr heterogenen CDU unter Helmut Kohl gar nicht möglich – dafür war die Modernisierung der Partei zu weit fortgeschritten, ihr konservativer Flügel zu schwach und ihr Arbeitnehmerflügel zu stark. Auch war die westdeutsche Gesellschaft trotz aller Verunsicherung nicht bereit, von ihrem liberalen Grundkonsens und der Pluralität der Werteordnungen abzurücken und womöglich auf die Segnungen des Sozialstaates zu verzichten. Tatsächlich führte Helmut Kohl in seiner Kanzlerschaft die Grundlinien der sozialliberalen Koalition – in der Sozialpolitik wie in der Außenpolitik, insbesondere in der Deutschland- und Ostpolitik – im Großen und Ganzen kontinuierlich fort. Weder wurden die Gesellschaftsreformen der Großen oder der sozialliberalen Koalition zurückgenommen, noch wurden die Strukturen des Sozialstaates angetastet, und dies, obwohl sich schon in den frühen achtziger Jahren dessen zunehmende Überlastung bemerkbar machte. Der in den Medien scharf kritisierte „Sozialabbau" war im Grunde eine recht vorsichtige Reaktion auf die wirtschaftliche Stagnation im Gefolge der zweiten Ölpreiskrise von 1979 und ließ die Grundprobleme des Sozialstaats unangetastet. Auch wirtschaftspolitisch hielt die Bundesregierung der achtziger Jahre, anders als befürchtet, an der sozialen Marktwirtschaft fest und nahm keine den amerikanischen oder britischen Reformen vergleichbaren Einschnitte in die Wirtschafts- und Gesellschaftsordnung der Bundesrepublik vor. Wo sich aber durchaus Ähnlichkeiten zu Thatcher finden lassen, ist die grundlegende Perspektive: Kohl wie Thatcher waren überzeugt, dass der Wirtschaftskrise eine „geistig-moralische Krise" zugrunde lag, und dass die Krise deswegen nur auf dieser, der moralischen Ebene überwunden werden konnte. Schuld sei nämlich die Politik der sozialistischen bzw. sozialdemokratischen Regierungen seit den sechziger Jahren, die die Menschen nicht nur nicht vor Wirtschaftskrisen, Umweltzerstörung und allgemeiner Verunsicherung zu schützen gewusst, sondern vielmehr diese Verunsicherung gerade verstärkt hätten, indem sie die Abhängigkeit der Menschen von staatlichen Leistungen vergrößert und Werteverfall, Individualisierung und Säkularisierung aktiv vorangetrieben hätten. Thatcher hatte schon 1975 erklärt: „Die Wirtschaft ist schiefgegangen, weil geistig und moralisch etwas schiefgegangen ist." (zit. n. Thomas Mergel) Kohl wiederum beabsichtigte, die „geistig-moralische Krise" mit einer „geistig-moralischen Wende" zu bekämpfen. Seiner Regierung ging es um die Stärkung eines christlichen Menschenbildes, der Selbstverantwortung des Einzelnen und des Subsidiaritätsprinzips; auch sie wollte die Rolle des Staates in der Gesellschaft wieder stärker beschränken. Auch die Gegenbewegung gegen die Liberalisierung in der Folge von „1968" war also ein gesamtwestliches Phänomen, das in der relativ stabilen und wohlhabenden Bundesrepublik mit ihrem breiten liberalen Grundkonsens allerdings schwächer ausfiel als bei den englischsprachigen Nachbarn. Wo Thatcher antrat, um gegen den Konsens zu kämpfen, ging es der Regierung Kohl darum, ihn zu bewahren. Schon die Forderung nach der Wiedereinführung der Todesstrafe etwa, wie sie von Thatcher – immerhin vergeblich – vertreten wurde, wäre in der Bundesrepublik der achtziger Jahre für einen Regierungschef undenkbar gewesen. Die Sorgen der kritischen Öffentlichkeit waren jedenfalls überzogen: Im Grunde führte die Regierung in allen wesentlichen Politikfeldern die Linie ihrer Vorgänger fort; zwar gab es durchaus Korrekturen, aber keinen fundamentalen Richtungswechsel. Dies lag keineswegs nur an der FDP, die ja über die „Wende" hinweg an der Regierung beteiligt blieb, sondern daran, dass sich die Union zwar in der Beurteilung der gesellschaftlichen Entwicklung, in ihrer Krisendiagnose, nicht aber in den konkreten politischen Zielen und Instrumenten von der Regierung Schmidt unterschied.

Eine tatsächliche „Wende" in der Bundesrepublik Deutschland ereignete sich erst mit dem Mauerfall, der nicht nur die deutsch-deutsche Geschichte, sondern auch die Geschichte Europas und des internationalen Staatensystems fundamental veränderte. Hierbei sollte Helmut Kohl dann eine zentrale Rolle spielen.

Fazit

In den zwei Jahrzehnten zwischen der Spiegel-Affäre 1962 und den Massenprotesten gegen die NATO-Nachrüstung zu Anfang der achtziger Jahre – also zwischen dem Ende der Ära Adenauer und dem Beginn der Ära Kohl – hat sich die Bundesrepublik Deutschland spürbar verändert. Dies betraf die Gesellschaft, ihr Selbstverständnis und ihre Zukunftserwartungen, die Politik und die politische Kultur, die Wirtschaft und die Wirtschaftspolitik. Wie umfassend war dieser Wandel, wie tief reichten die Veränderungen?

Auf der politischen Ebene kam es zum ersten Regierungswechsel von der CDU zur SPD, und damit verbunden zu einem Politikwechsel: Getragen von einer Reformeuphorie und großen gesellschaftlichen Erwartungen ging die neue Regierung umfassende Gesellschaftsreformen an, reformierte zum Beispiel das Familienrecht und das Bildungssystem; sie setzte auf eine keynesianische Wirtschaftssteuerung und auf Planung in der Finanz- und Wirtschaftspolitik; und in der Deutschlandpolitik wagte sie mit der neuen Ostpolitik einen kompletten Kurswechsel – ein großer Schritt hin zu einer deutsch-deutschen und europäischen Variante der Entspannung im Kalten Krieg. Der reformerische Aufbruch erhielt jedoch schon Anfang der siebziger Jahre einen Dämpfer, als aus ‚Planungseuphorie' eine Politik des ‚Krisenmanagements' wurde und sich der Handlungsspielraum der sozialliberalen Koalition empfindlich reduzierte. Dafür waren ökonomische Gründe maßgeblich, aber auch schlichte Erschöpfung.

Wirtschaftlich war diese Phase der westdeutschen Geschichte vom ‚Ende des Booms' geprägt, vom rauen Übergang zwischen der stabilen Wachstumsphase der Nachkriegszeit zu Konjunkturschwankungen und Rezessionen, die man eigentlich für überwunden oder doch zumindest für beherrschbar gehalten hatte. Zugleich vollzog sich in dieser Zeit der endgültige Übergang von der klassischen Industriegesellschaft zur Dienstleistungsgesellschaft. Damit wandelten sich aber auch die Grundlagen der wirtschaftlichen und gesellschaftlichen Ordnung bis hin zu den sozialen Sicherungssystemen. Wirtschaftspolitisch folgte aus der Erfahrung erneuter Rezessionen der Übergang von einer keynesianischen Nachfrage- zu einer ‚postfordistischen', monetaristischen Angebotspolitik. Zugleich breitete sich in Politik und Gesellschaft ein allgemeines Krisenempfinden aus, weit über den Kontext der Wirtschaft hinaus. Es prägte die Erwartungen und das Handeln der Westdeutschen und dämpfte die Aufbruchstimmung und Reformeuphorie, die seit Mitte der sechziger Jahre geherrscht hatten.

Dieser gesellschaftliche und ideelle Umschwung ist vielleicht die auffälligste Entwicklung dieser beiden Jahrzehnte: Von der radikalen Systemkritik der Studentenbewegung und ihren Forderungen nach einer fundamentalen Demokratisierung gesellschaftlicher Strukturen, ihren neuen Lebensentwürfen, Wohn- und Protestformen wandelte sich die Stimmung rasch hin zur „konkreten Utopie" der Neuen Sozialen Bewegungen der siebziger Jahre, die die Weltrevolution und die umfassende Systemreform gründlich leid waren und sich stattdessen auf konkrete Anliegen wie Abrüstung und Frauenrechte, aber auch ganz lokale Umweltprobleme konzentrierten. Aus der großen gemeinsamen Sache wurden individualisierte Versuche postmaterialistischer „Selbstverwirklichung". Darin spiegelte sich der Verlust des Glaubens an den linearen Fortschritt, an die Macht wissenschaftlich-technischer Modernisierung und an die Möglichkeit und den Sinn unbegrenzten wirtschaftlichen Wachstums – ein Umdenken, das dem wirtschaftlichen Einbruch der siebziger Jahre sogar vorausging.

Welche Bedeutung hat nun diese Zeit des Umschwungs für die Geschichte der Bundesrepublik Deutschland, und wie lässt sie sich in die Geschichte des 20. Jahrhunderts insgesamt einordnen? Endet hier die westdeutsche Nachkriegszeit oder gar die Industriemoderne? Tatsächlich ist beides richtig, sofern man die Zäsur nicht überbetont. Denn auffällig sind ja auch die Kontinuitäten, Entwicklungslinien wie zum Beispiel die Strukturen des politischen Systems, die ungestört durch diesen Zeitabschnitt hindurchlaufen. Insgesamt bleibt aber doch der Eindruck einer zumindest „weichen Zäsur", in der alte Selbstverständlichkeiten, manche aus der Nachkriegszeit und manche deutlich ältere, endeten und andere, heutige, ihren Anfang nahmen.

So endete zum Beispiel der keynesianische Nachkriegskonsens, der auf der Grundlage eines liberalen Wertekonsenses soziale Spannungen obsolet zu machen suchte, indem effiziente Industrieproduktion und Partnerschaft der Tarifparteien zu hoher Kaufkraft bei den Arbeitnehmern und dadurch zu breitem gesellschaftlichen Wohlstand und stetigem Wachstum führten. Auch das aus dem 19. Jahrhundert stammende Rechts-links-Schema der Parteien wurde infrage gestellt von den GRÜNEN, die sich bei ihrer Gründung als „Anti-Parteien-Partei" verstanden und sich auf der politischen Landkarte „nicht rechts, nicht links, sondern vorn" verorteten. Das Ende der Industriegesellschaft hieß eben auch, dass Politik nicht mehr in erster Linie als Klassen- oder Interessenkonflikt zwischen Arbeit und Kapital wahrgenommen wurde. Mit den Strukturen der Industriegesellschaft verloren auch die dazugehörigen Weltsichten und Deutungen an Bedeutung. Die heutige Krise der großen Volksparteien, nicht zuletzt der SPD, mag darin ihren Ursprung haben. Aber nicht nur Ende, sondern auch Anfänge sind zu verzeichnen: Auch die Wurzeln der wirtschaftlichen und kulturellen Globalisierung, des Computerzeitalters und damit auch des World Wide Web, der Kommunikationsgesellschaft, der Supranationalität und des großstädtischen ‚Multikulti' sind hier zu finden, von der viel belächelten deutschen Mülltrennung ganz zu schweigen. Die Flüsse immerhin sind wieder sauber. Ebenso sind hier aber die Wurzeln vieler heutiger Probleme zu finden, wie der überforderten Sozialsysteme, des gescheiterten ‚sozialen Wohnungsbaus' in den Randzonen der Großstädte oder auch der ‚Politikverdrossenheit'. In den siebziger Jahren ist die unmittelbare Vorgeschichte unserer Gegenwart zu finden.

Und wie „deutsch" ist nun diese Geschichte? Tatsächlich lassen sich in der westdeutschen Geschichte der sechziger und siebziger Jahre viele gesamteuropäische und gesamtwestliche Phänomene ausmachen. Auf den ersten Blick sichtbar sind zum Beispiel die transnationalen, nicht zuletzt US-amerikanischen, Wurzeln der Studentenbewegung, aber auch die gesamtwestliche Basis der Ökologiebewegung der siebziger und der Friedensbewegung der achtziger Jahre; Letztere spielte zudem eine wichtige Rolle für die gesellschaftliche Oppositionsbewegung in Osteuropa. Auch lässt sich für diesen Zeitraum von einer sozialdemokratischen Ära in ganz Westeuropa sprechen: Der ‚Machtwechsel' war keine westdeutsche Besonderheit. Aber auch die strukturelle und konjunkturelle Entwicklung, die Wirtschaftskrisen, der Strukturwandel, die Abkehr vom liberalen Nachkriegskonsens und von der keynesianischen Wirtschaftspolitik gehören zu den westeuropäischen Gemeinsamkeiten. Dasselbe gilt auch für den Wandel der Ideen und Ordnungsvorstellungen: Liberalisierung, Individualisierung, die Verbreitung postmaterialistischer Werthaltungen, das Krisenempfinden, die Modernisierungskritik und die Fortschrittsskepsis finden sich in Großbritannien und anderen Ländern des Westens ebenso. Die Reaktionen darauf, vor allem der politische Umgang damit unterscheiden sich jedoch. Hier kommen durchaus nationale Spezifika zum Tragen. Helmut Kohl war im Gegensatz zu Margaret Thatcher kein radikaler Neoliberaler. In der Bundesrepublik hat es einen Rückzug des Staates aus der Gesellschaft in der Weise wie in Großbritannien, auch in den USA unter Reagan, nicht gegeben. Er wäre hier auch gar nicht durchsetzbar gewesen. Auch die hiesigen „68er" hatten bei allen Gemeinsamkeiten mit ihren Kommilitonen in Berkeley und Paris doch ganz spezifisch deutsche Anliegen. Die westdeutsche Geschichte der sechziger und siebziger Jahre war eingebettet in eine westeuropäische, sogar gesamtwestliche Geschichte – gerade der Einfluss der USA darf nicht unterschätzt werden. Ohne diesen Bezug ist sie nicht vollständig zu begreifen. Dennoch finden sich innerhalb dieser breiten, gemeinsamen Entwicklungsrichtung auch eigene, ganz spezifisch deutsche Aspekte.

Die Ambivalenz, der Mangel an Eindeutigkeit, kann und sollte auch nicht aufgehoben werden. Sie gehört zum Leben von Historikern. Diese sehr postmoderne Erkenntnis und der frohgemute Verzicht auf klare Antworten, eindeutige Ergebnisse und Erzählungen mit Helden und einer „Moral von der Geschicht'", sind ja gerade die Folge des Wandels, der hier erzählt wurde.

Auswahlbibliographie

Quellensammlungen, Forschungsberichte und Hilfsmittel

Archiv für Sozialgeschichte, 44. Band, 2004: Themenheft zum Thema „Die Siebzigerjahre. Gesellschaftliche Entwicklungen in Deutschland." Bonn 2004. *Sammlung von thematischen Aufsätzen und Forschungsberichten.*

Außenpolitik der Bundesrepublik Deutschland. Dokumente von 1945 bis 1994, hg. aus Anlaß des 125. Jubiläums des Auswärtigen Amts, Köln 1995. *Nützliche und informative Dokumentensammlung.*

Behnen, Michael (Hrsg.): Lexikon der deutschen Geschichte 1945–1990, Stuttgart 2002. *Stichworte zu den wichtigsten Themen der deutschen Geschichte bis zur Wiedervereinigung.*

Brandt, Willy: Berliner Ausgabe, hg. v. Helga Grebing, Gregor Schöllgen und Heinrich August Winkler, 10 Bände, Bonn 1998ff. *Maßgebliche Quellenedition zu Brandt und seiner Regierungszeit, mit informativen Kommentaren und Einführungen.*

Broszat, Martin (Hrsg.): Zäsuren nach 1945. Essays zur Periodisierung der deutschen Nachkriegsgeschichte, München 1990. *Wichtiger Sammelband zu Fragen der Periodisierung und damit der Interpretation der deutschen Nachkriegsgeschichte.*

Conze, Eckart: Sicherheit als Kultur. Überlegungen zu einer „modernen Politikgeschichte" der Bundesrepublik Deutschland, in: Vierteljahrshefte für Zeitgeschichte 53 (2005), S. 357–380. *Konzeptioneller Aufsatz mit Überblick zum Stand der Forschung.*

Cornelißen, Christoph (Hrsg.): Geschichtswissenschaften. Eine Einführung, Frankfurt/M. 2000. *Umfassende Einführung ins Fach.*

Doering-Manteuffel, Anselm: Deutsche Zeitgeschichte nach 1945, in: Vierteljahrshefte für Zeitgeschichte, 41/1993, S. 1–29. *Überblicksaufsatz zur Zeitgeschichte mit Einführung in den damaligen Forschungsstand. Immer noch ein guter Startpunkt.*

Doering-Manteuffel, Anselm/Raphael, Lutz: Nach dem Boom. Perspektiven auf die Zeitgeschichte seit 1970, Göttingen 2008. *Formuliert die These vom Strukturbruch in den siebziger Jahren, der einen „sozialen Wandel von revolutionärer Qualität" mit sich gebracht habe; stellt ein darauf aufbauendes Forschungsprogramm vor.*

Dokumente zur Deutschlandpolitik. VI. Reihe, 21. Oktober 1969 bis 30. September 1982, München 2002 ff. *Zentrale Quellen zur Deutschlandpolitik der sozialliberalen Koalition.*

Eibach, Joachim/Günther Lottes (Hrsg.): Kompaß der Geschichtswissenschaft. Ein Handbuch, Göttingen 2002. *Umfassende, dennoch knappe Einführung in die ganze Breite des Fachs.*

Hockerts, Hans Günter: Zugänge zur Zeitgeschichte. Primärerfahrung, Erinnerungskultur, Geschichtswissenschaft, in: Aus Politik und Zeitgeschichte B28/2001, S. 15–30. *Zur Bestandsaufnahme und Orientierung in der deutschen Zeitgeschichtsforschung eine Dekade nach der Vereinigung.*

Kleßmann, Christoph/Wagner, Georg (Hrsg.): Das gespaltene Land. Leben in Deutschland 1945 bis 1990. Texte und Dokumente, München 1993. *Sammlung von Dokumenten zu Politik, Wirtschaft, Gesellschaft und Kultur im geteilten Deutschland, mit nützlichen Einführungen.*

Metzler, Gabriele: Einführung in das Studium der Zeitgeschichte, Paderborn et al. 2004. *Führt in den Wissensstand der Zeitgeschichte und in ihre unterschiedlichen Ansätze ein; bietet eine Einführung in das Studium und die Arbeitstechniken des Fachs.*

Nolte, Paul: Einführung: Die Bundesrepublik in der deutschen Geschichte des 20. Jahrhunderts, in: Geschichte und Gesellschaft 28 (2002), S. 175–182. *Zur Forschungslandschaft und Einordnung der Bundesrepublikgeschichte.*

Potthoff, Heinrich: Bonn und Ost-Berlin (1969–1982). Dialog auf höchster Ebene und vertrauliche Kanäle. Darstellung und Dokumente, Bonn 1997. *Dokumente zur Deutschlandpolitik der 1970er Jahre.*

Raphael, Lutz: Geschichtswissenschaft im Zeitalter der Extreme. Theorien, Methoden, Tendenzen von 1900 bis zur Gegenwart, München 2003. *Pointierter Überblick zur Entwicklung der Geschichtswissenschaft und ihrer Theorielandschaft.*

Rote Armee Fraktion. Texte und Materialien zur Geschichte der RAF, Berlin 1997. *Beklemmender Einblick in die sprachliche und gedankliche Welt der RAF.*

Schmidt, Manfred G.: Wörterbuch zur Politik, 3. Aufl. Stuttgart 2010. *Nachschlagewerk zu politischen Begriffen und Institutionen der Bundesrepublik Deutschland.*

Sozialdemokratische Partei Deutschlands (Hrsg.): Programme und Entschließungen zur Bildungspolitik 1964–1975, Bonn o.J. *Nützliche Quellensammlung zur sozialdemokratischen Bildungspolitik.*

Stüwe, Klaus (Hrsg.): Die großen Regierungserklärungen der deutschen Bundeskanzler von Adenauer bis Schröder, Opladen 2002.

Wilharm, Ingrid (Hrsg.): Deutsche Geschichte 1962–1983. Dokumente in 2 Bänden, Frankfurt/M. 1985. *Nützliche Dokumentensammlung.*

Auswahlbibliographie

Allgemeine und übergreifende Darstellungen

Brady, B. Crawford (Hrsg.): The Postwar Transformation of Germany. Democracy, Prosperity and Nationhood, Ann Arbor 1999. *Sammelband, breiter Überblick.*

Conze, Eckart: Die Suche nach Sicherheit. Eine Geschichte der Bundesrepublik Deutschland von 1949 bis in die Gegenwart, München 2009. *Umfassende und aktuelle Gesamtdarstellung der Geschichte der Bundesrepublik anhand der Leitfrage nach dem Verständnis von und der Suche nach Sicherheit.*

Ellwein, Thomas: Krisen und Reformen. Die Bundesrepublik seit den sechziger Jahren, München 1989. *Standardwerk zur Bundesrepublik von den sechziger bis in die achtziger Jahre.*

Frese, Matthias/Paulus, Julia/Teppe, Karl (Hrsg.): Demokratisierung und gesellschaftlicher Aufbruch. Die sechziger Jahre als Wendezeit der Bundesrepublik, Paderborn 2005. *Sammelband zu verschiedenen Aspekten des gesellschaftlichen Wandels in den sechziger Jahren.*

Görtemaker, Manfred: Geschichte der Bundesrepublik. Von der Gründung bis zur Gegenwart, München 1999. *Umfassende Gesamtdarstellung.*

Herbert, Ulrich: Europe in High Modernity. Reflections on a Theory of the 20th Century, in: Journal of Modern European History 5 (2007), Heft 1, S. 5–20. *Konzeptioneller Aufsatz zur Periodisierung und Interpretation der europäischen Geschichte.*

Hertfelder, Thomas/Rödder, Andreas (Hrsg.): Modell Deutschland. Erfolgsgeschichte oder Illusion?, Göttingen 2007. *Sammelband zur Politik und Wirtschaft der Bundesrepublik in den siebziger und achtziger Jahren.*

Hildebrand, Klaus: Von Erhard zur Großen Koalition 1963–1969 (Karl Dietrich Bracher u.a. (Hrsg.): Geschichte der Bundesrepublik Deutschland, Bd. 5/II), Stuttgart 1984. *Standardwerk.*

Hockerts, Hans-Günter (Hrsg.): Koordinaten deutscher Geschichte in der Epoche des Ost-West-Konflikts, München 2004 (Schriften des Historischen Kollegs, Bd. 55). *Konzeptioneller Sammelband zu den Koordinaten einer gemeinsamen deutsch-deutschen Nachkriegsgeschichte.*

Jäger, Wolfgang/Link, Werner: Republik im Wandel 1974–1982. Die Ära Schmidt (Karl Dietrich Bracher u.a. (Hrsg.): Geschichte der Bundesrepublik Deutschland, Bd. 5/II), Stuttgart 1987. *Standardwerk.*

Jarausch, Konrad H. (Hrsg.): Das Ende der Zuversicht? Die siebziger Jahre als Geschichte, Göttingen 2008. *Maßgeblicher Sammelband zur Einordnung der 1970er Jahre in die Geschichte des 20. Jahrhunderts.*

Jarausch, Konrad H.: Die Umkehr. Deutsche Wandlungen, 1945–1995, München 2004. *Beschreibt den Weg der Deutschen zur Demokratisierung nach 1945.*

Junker, Detlef (Hrsg.): Die USA und Deutschland im Zeitalter des Kalten Krieges 1945–1990. Ein Handbuch, 2 Bde., Stuttgart/München 2001. *Wichtiges Handbuch zu allen Aspekten der deutsch-amerikanischen Beziehungen.*

Kielmansegg, Peter Graf: Nach der Katastrophe. Eine Geschichte des geteilten Deutschland, Berlin 2000. *Umfassende Studie zur Entwicklung des geteilten Deutschland.*

Kleßmann, Christoph: Zwei Staaten, eine Nation. Deutsche Geschichte 1955–1970, Göttingen 1988. *Ein wichtiger Klassiker der deutschen Nachkriegsgeschichte.*

Nicholls, A. J.: The Bonn Republic. West German Democracy 1945–1990, Harlow 1997. *Konziser Überblick.*

Raithel, Thomas/Rödder, Andreas/Wirsching, Andreas (Hrsg.): Auf dem Weg in eine neue Moderne? Die Bundesrepublik Deutschland in den siebziger und achtziger Jahren, München 2009. *Sammelband, der nach dem Zäsurcharakter der siebziger Jahre und nach dem Ende oder der Kontinuität der Moderne als Epoche fragt.*

Recker, Marie-Luise: Geschichte der Bundesrepublik Deutschland, München 2002. *Knapper Überblick.*

Rödder, Andreas: Die Bundesrepublik 1969–1990 (Oldenbourg Grundriß der Geschichte, Bd. 19A), München 2004. *Sehr hilfreiche Gesamtdarstellung, Leitmotiv ist die Entwicklung der Postmoderne.*

Wehler, Hans-Ulrich: Deutsche Gesellschaftsgeschichte, Bd. 5: Von der Gründung der beiden deutschen Staaten bis zur Vereinigung 1949–1990, München 2008. *Letzter Band einer großen Überblicksdarstellung der deutschen Geschichte seit 1700.*

Winkler, Heinrich August: Der lange Weg nach Westen, Bd. 2: Deutsche Geschichte vom „Dritten Reich" bis zur Wiedervereinigung, München 2000. *Standardwerk zur deutschen Geschichte von 1933 bis 1990, das die Haltung der Deutschen zur Nation und zum Westen in den Mittelpunkt stellt.*

Wirsching, Andreas: Abschied vom Provisorium 1982–1990 (Geschichte der Bundesrepublik Deutschland, Bd. 6), München 2006. *Umfassende und systematische Überblicksdarstellung der Ära Kohl bis zur Deutschen Einheit.*

Wolfrum, Edgar: Die geglückte Demokratie. Geschichte der Bundesrepublik Deutschland von ihren Anfängen bis zur Gegenwart, Stuttgart 2006. *Gut lesbare und konzise Darstellung der politischen und gesellschaftlichen Geschichte der Bundesrepublik.*

Biographien/Autobiographien

Bahr, Egon: Zu meiner Zeit, München 1996.
Brandt, Willy: Erinnerungen, Frankfurt/M. 1989.
Ditfurth, Jutta: Ulrike Meinhof. Die Biographie, Berlin 2007.
Dreher, Klaus: Helmut Kohl. Leben mit Macht, Stuttgart 1998.
Dutschke, Gretchen: Rudi Dutschke. Wir hatten ein bar-

barisches, schönes Leben. Eine Biographie, Köln 1996.
Ehmke, Horst: Mittendrin. Von der Großen Koalition zur Deutschen Einheit, Berlin 1994.
Gassert, Philipp: Kurt Georg Kiesinger, 1904–1988, München 2006.
Genscher, Hans-Dietrich: Erinnerungen, Bonn 1995.
Harpprecht, Klaus: Im Kanzleramt. Tagebuch der Jahre mit Willy Brandt, Januar 1973–Mai 1974, Hamburg 2000.
Hentschel, Volker: Ludwig Erhard. Ein Politikerleben, München 1996.
Kohl, Helmut: Erinnerungen, 2 Bde. München 2004/2005.
Merseburger, Peter: Rudolf Augstein. Biographie, München 2007.
Merseburger, Peter: Willy Brandt 1913–1992. Visionär und Realist, Stuttgart/München 2002.
Meyer, Christoph: Herbert Wehner. Biographie, München 2006.
Soell, Hartmut: Helmut Schmidt, 2 Bde., München 2008.
Strauß, Franz Josef: Die Erinnerungen, Berlin 1989.

Regierungssystem, Parteien, Gewerkschaften und Verbände

Alemann, Ulrich von: Das Parteiensystem der Bundesrepublik Deutschland, Bonn 2010. *Die beste aktuelle Einführung, klar strukturiert.*
Angster, Julia: Konsenskapitalismus und Sozialdemokratie. Die Westernisierung von SPD und DGB, München 2003. *Zur Bedeutung transatlantischer Beziehungen und der Exilerfahrungen für die ideelle Westorientierung der deutschen Sozialdemokratie.*
Bösch, Frank: Die Adenauer-CDU. Gründung, Aufstieg und Krise einer Erfolgspartei 1945–1969, Stuttgart 2001. *Maßgebliche neuere CDU-Geschichte.*
Faulenbach, Bernd: Das sozialdemokratische Jahrzehnt. Von der Reformeuphorie zur neuen Unübersichtlichkeit. Die SPD 1960–1982 (Die deutsche Sozialdemokratie nach 1945, Bd. 3), Bonn 2011. *Umfangreiche Gesamtdarstellung der Regierungszeit der sozial-liberalen Koalition.*
Geppert, Dominik: Thatchers Konservative Revolution. Der Richtungswandel der Britischen Tories 1975–1979, München 2002. *Zum politischen Kurs und dem politischen Denken Margaret Thatchers und ihrer Partei.*
Kleinmann, Hans-Otto: Geschichte der CDU 1945–1982, Stuttgart 1993. *Überblick zur Geschichte der CDU.*
Lösche, Peter/Walter, Franz: Die SPD. Klassenpartei, Volkspartei, Quotenpartei, Darmstadt 1992. *Überblick zur Geschichte der SPD.*
Mende, Silke: „Nicht rechts, nicht links, sondern vorn". Eine Geschichte der Gründungsgrünen, München 2011. *Ideen- und politikgeschichtliche Studie zur Frühphase der GRÜNEN.*
Metzler, Gabriele: Konzeptionen politischen Handelns von Adenauer bis Brandt. Politische Planung in der pluralistischen Gesellschaft, Paderborn 2005. *Zum Wandel der Regierungspolitik in den sechziger und siebziger Jahren.*
Raschke, Joachim: Die Grünen. Wie sie wurden, was sie sind, Köln 1993.
Richardson, Dick/Rootes, Chris (Hrsg.): The Green Challenge. The Development of Green Parties in Europe, London 1995. *Zum internationalen Kontext der GRÜNEN.*
Schneider, Michael: Kleine Geschichte der Gewerkschaften. Ihre Entwicklung in Deutschland von den Anfängen bis heute. Bonn 2000. *Knapper und informativer Überblick über die Gewerkschaftsgeschichte.*
Schönhoven, Klaus: Die deutschen Gewerkschaften, (Neue Historische Bibliothek) Frankfurt/M. 1987. *Behandelt die Geschichte der deutschen Gewerkschaften seit ihrer Entstehung im 19. Jahrhundert.*
Schönhoven, Klaus: Wendejahre. Die Sozialdemokratie in der Zeit der Großen Koalition 1966–1969, Bonn 2004. *Ausführliche Darstellung einer bedeutenden Phase der deutschen Sozialdemokratie.*

Deutschland-, Außen- und Verteidigungspolitik, Internationale Beziehungen

Bellers, Jürgen: Außenwirtschaftspolitik der Bundesrepublik Deutschland 1949–1989, Münster 1990.
Bender, Peter: Neue Ostpolitik. Vom Mauerbau zum Moskauer Vertrag, München 1986. *Umfassende Studie zum Wandel der Deutschlandpolitik während der Großen und sozialliberalen Koalition.*
Bredow, Wilfried von: Der KSZE-Prozeß. Von der Zähmung bis zur Auflösung des Ost-West-Konflikts, Darmstadt 1994.
Clemens, Gabriele u.a.: Geschichte der europäischen Integration. Ein Lehrbuch, Paderborn 2008. *Sehr gute und knappe Gesamtdarstellung.*
Dittgen, Herbert: Deutsch-amerikanische Sicherheitsbeziehungen in der Ära Helmut Schmidt. Vorgeschichte und Folgen des NATO-Doppelbeschlusses, München 1991. *Zu Ursachen und Problematik der NATO-Nachrüstung.*
Dülffer, Jost: Europa im Ost-West-Konflikt 1945–1990 (Oldenbourg Grundriss der Geschichte), München 2004. *Sehr nützliche Gesamtdarstellung.*
Gaddis, John Lewis: We Now Know. Rethinking Cold War History, Oxford 1997. *Einer der wichtigsten Autoren zur Geschichte des Kalten Krieges zieht Bilanz.*
Haftendorn, Helga: Deutsche Außenpolitik zwischen Selbstbeschränkung und Selbstbehauptung 1949–2000, Stuttgart 2001. *Gut lesbare und konzise Ge-*

Auswahlbibliographie

samtdarstellung der Entwicklung der westdeutschen Außenpolitik von der Teilung bis zur Vereinigung.

Hanrieder, Wolfram F.: Deutschland, Europa, Amerika. Die Außenpolitik der Bundesrepublik Deutschland 1949–1989, Paderborn 1995. *Gute Überblicksdarstellung.*

Herbst, Ludolf: Option für den Westen. Vom Marshallplan bis zum deutsch-französischen Vertrag, München 1989. *Sehr guter Überblick zur Geschichte der Westintegration.*

Kühne, Thomas (Hrsg.): Von der Kriegskultur zur Friedenskultur? Zum Mentalitätswandel in Deutschland seit 1945, Münster 2000. *Sammelband zum Mentalitätswandel gegenüber Krieg und Frieden im Nachkriegsdeutschland.*

Layritz, Stefan: Der NATO-Doppelbeschluß. Westliche Sicherheitspolitik im Spannungsfeld von Innen-, Bündnis- und Außenpolitik, Frankfurt a.M. 1992. *Zur westlichen Bündnispolitik im Kontext des NATO-Doppelbeschlusses.*

Loth, Wilfried: Helsinki, 1. August 1975. Entspannung und Abrüstung (20 Tage im 20. Jahrhundert), München 1998. *Gute Einführung in die Thematik der Entspannung im Kalten Krieg.*

Potthoff, Heinrich: Im Schatten der Mauer. Deutschlandpolitik 1961 bis 1990. Berlin 1999. *Gesamtdarstellung der Deutschlandpolitik zwischen Mauerbau und Vereinigung.*

Roth, Florian: Die Idee der Nation im politischen Diskurs. Die BRD zwischen neuer Ostpolitik und Wiedervereinigung (1969–1990), Baden-Baden 1995. *Zum ideengeschichtlichen Hintergrund der Ostpolitik und dem Denken über die Nation in Westdeutschland.*

Salewski, Michael (Hrsg.): Das nukleare Jahrhundert. Eine Zwischenbilanz. Stuttgart, 1998. *Sammelband zur Entwicklung und Geschichte der Atombombe und den gesellschaftlichen und kulturellen Reaktionen auf diese Waffe.*

Schlotter, Peter: Die KSZE im Ost-West-Konflikt. Wirkung einer Internationalen Organisation, Frankfurt a.M. 1999. *Systematische Studie zum KSZE-Prozess, den Verhandlungen und seiner Wirkung.*

Schöllgen, Gregor: Die Außenpolitik der BRD. Von den Anfängen bis zur Gegenwart, München 1999. *Konziser Überblick über die Geschichte der westdeutschen Außenpolitik.*

Stöver, Bernd: Der Kalte Krieg 1947–1991. Geschichte eines radikalen Zeitalters, München 2007. *Aktuellste deutschsprachige Gesamtdarstellung des Kalten Krieges.*

Thiemeyer, Guido: Europäische Integration, Köln u.a. 2010. *Knappe Darstellung der historischen Entwicklung, der Strukturen und Antriebskräfte der europäischen Integration.*

Ziebura, Gilbert: Die deutsch-französischen Beziehungen seit 1945. Mythen und Realitäten, Stuttgart 1997. *Überblick zur Nachkriegsgeschichte der deutsch-französischen Beziehungen.*

Innenpolitik, Wirtschaft, Umwelt und Soziales

Abelshauser, Werner: Deutsche Wirtschaftsgeschichte seit 1945, 2. Aufl., München 2011. *Standardwerk zur deutschen Wirtschaftsgeschichte.*

Abelshauser, Werner (Hrsg.): Umweltgeschichte. Umweltverträgliches Wirtschaften in historischer Perspektive. Acht Beiträge (GG-Sonderheft 15), Göttingen 1994. *Informativer Überblick zur Umweltgeschichte.*

Alber, Jens: Der Sozialstaat in der BRD, 1950–1983, Frankfurt a.M. 1989. *Guter Überblick über das Thema.*

Baring, Arnulf: Machtwechsel. Die Ära Brandt-Scheel, Stuttgart 1982. *Standardwerk zur sozialliberalen Koalition.*

Blackbourn, David: Die Eroberung der Natur: Eine Geschichte der deutschen Landschaft, München 2008. *Weit ausholende Studie zur Entstehung der Landschaft durch Eingreifen in die Natur.*

Boll, Friedhelm/Kruke, Anja (Hrsg.): Der Sozialstaat in der Krise. Deutschland im internationalen Vergleich, Bonn 2008. *Sammelband zur Entwicklung des Sozialstaats in Deutschland, bietet einen Vergleich mit anderen Staaten.*

Brüggemeier, Franz-Josef: Tschernobyl, 26. April 1986. Die ökologische Herausforderung (20 Tage im 20. Jahrhundert), München 1998. *Führt anhand der Reaktorkatastrophe von Tschernobyl in die deutsche Umweltgeschichte ein.*

Brüggemeier, Franz-Josef/Engels, Jens Ivo (Hrsg.): Natur- und Umweltschutz nach 1945. Konzepte, Konflikte, Kompetenzen, Frankfurt a. M./New York 2005. *Umfassender Überblick über die Geschichte des Umweltschutzes nach 1945 mit einem Schwerpunkt auf der westdeutschen Geschichte.*

Budde, Gunilla-Friederike (Hrsg.): Frauen arbeiten. Weibliche Erwerbstätigkeit in Ost- und Westdeutschland nach 1945, Göttingen 1997. *Sammelband zur Erwerbstätigkeit von Frauen im deutsch-deutschen Vergleich.*

Conze, Werner/Lepsius, M. Rainer (Hrsg.): Sozialgeschichte der Bundesrepublik Deutschland. Beiträge zum Kontinuitätsproblem, Stuttgart 1983. *Sammelband, der zum Standardwerk geworden ist.*

Engels, Jens Ivo: Naturpolitik in der Bundesrepublik. Ideenwelt und politische Verhaltensstile in Naturschutz und Umweltbewegung 1950–1980, Paderborn 2006. *Wichtige Studie zur Entwicklung des Natur- und Umweltschutzes in der Bundesrepublik.*

Geyer, Martin H.: Geschichte der Sozialpolitik in Deutschland seit 1945, Bd. 6: 1974–1982, Bundesrepublik Deutschland. Neue Herausforderungen, wachsende Unsicherheiten, Baden-Baden 2008.

Auswahlbibliographie

Großer, Dieter (Hrsg.): Soziale Marktwirtschaft. Geschichte, Konzept, Leistung, 2. Aufl., Stuttgart 1990.

Hennis, Wilhelm/Kielmannsegg, Peter Graf/Matz, Ulrich (Hrsg.): Regierbarkeit. Studien zu ihrer Problematik, 2 Bde., Stuttgart 1979.

Herbert, Ulrich: Geschichte der Ausländerpolitik in Deutschland. Saisonarbeiter, Zwangsarbeiter, Gastarbeiter, Flüchtlinge, München 2001. *Wichtigste Studie zum Umgang mit Saison-, Zwangs- und Gastarbeitern seit dem Kaiserreich und zur Flüchtlings- und Asylpolitik der Bundesrepublik.*

Hockerts, Hans Günter: Drei Wege deutscher Sozialstaatlichkeit: NS-Diktatur, Bundesrepublik und DDR im Vergleich, München 1998. *Standardwerk zum Soziastaat in Deutschland.*

Hockerts, Hans Günter (Hrsg.): Geschichte der Sozialpolitik in Deutschland seit 1945, Bd. 5: 1966–1974 Bundesrepublik Deutschland. Eine Zeit vielfältigen Aufbruchs, Baden-Baden 2006. *Maßgeblicher Sammelband zur Sozialpolitik der Großen und sozialliberalen Koalition.*

Hockerts, Hans Günter/Süß, Winfried (Hrsg.): Soziale Ungleichheit im Sozialstaat. Die Bundesrepublik und Großbritannien im Vergleich, München 2010. *Informativer Sammelband mit Beiträgen zum Problem der sozialen Ungleichheit in Sozialstaaten.*

Hohensee, Jens: Der erste Ölpreisschock 1973/74. Die politischen und gesellschaftlichen Auswirkungen der arabischen Erdölpolitik auf die Bundesrepublik Deutschland und Westeuropa, Stuttgart 1996. *Zu Ursachen und Folgen der Ölpreiskrise.*

Hohensee, Jens/Salewski, Michael (Hrsg.): Energie – Politik – Geschichte. Nationale und internationale Energiepolitik seit 1945 (HMRG, Beiheft 5), Stuttgart 1993. *Sammelband zur Energiepolitik im internationalen Kontext.*

Hünemörder, Kai F.: Die Frühgeschichte der globalen Umweltkrise und die Formierung der deutschen Umweltpolitik 1950–1973, (Historische Mitteilungen, Beihefte 53), Stuttgart 2004. *Zum Beginn der Umweltpolitik und der Fortschrittsskepsis in der Bundesrepublik.*

James, Harold: International Monetary Cooperation since Bretton Woods, Oxford 1996. *Umfassende Darstellung der Entstehung und des Funktionierens des internationalen Finanzsystems seit 1945.*

James, Harold: Rambouillet, 15. November 1975. Die Globalisierung der Wirtschaft (20 Tage im 20. Jahrhundert), München, 1997. *Gute Einführung.*

Kaelble, Hartmut (Hrsg.): Der Boom 1948–1973. Gesellschaftliche und wirtschaftliche Folgen in der BRD und in Europa, Opladen 1992. *Sammelband und Standardwerk zu den wirtschaftlichen und sozialen Aspekten der Nachkriegsgeschichte.*

Kaelble, Hartmut: Sozialgeschichte Europas. 1945 bis zur Gegenwart, München 2007. *Wichtiger Überblick.*

Klenke, Dietmar: „Freier Stau für freie Bürger". Die Geschichte der Bundesdeutschen Verkehrspolitik 1949–1994, Darmstadt 1995. *Zu Motorisierung und verkehrstechnischem Infrastrukturausbau der Bundesrepublik.*

Meadows, Dennis u.a.: Die Grenzen des Wachstums. Bericht des Club of Rome zur Lage der Menschheit, Stuttgart 1972. *Wichtiger Quellentext, Warnung vor Wirtschafts- und Bevölkerungswachstum, das den Planeten überfordere.*

Metzler, Gabriele: Der Sozialstaat. Vom bismarckschen Erfolgsmodell zum Pflegefall, Stuttgart 2003. *Pointierte Zusammenfassung der Thematik vor dem Hintergrund aktueller Probleme des Sozialstaats in Deutschlands.*

Osterhammel, Jürgen/Petersson, Niels P.: Geschichte der Globalisierung. Dimensionen, Prozesse, Epochen, München 2004. *Präziser, systematischer und informativer Überblick.*

Prinz, Michael (Hrsg.): Der lange Weg in den Überfluß. Anfänge und Entwicklung der Konsumgesellschaft seit der Vormoderne, Paderborn 2003. *Zur Entfaltung der modernen Konsumgesellschaft.*

Reckendrees, Alfred/Pierenkemper, Toni (Hrsg.): Die bundesdeutsche Massenkonsumgesellschaft 1950–2000. Mass Consumption in West Germany 1950–2000, Berlin 2007. *Sammelband mit wirtschaftshistorischen Beiträgen zum Massenkonsum.*

Ritter, Gerhard A.: Der Sozialstaat. Entstehung und Entwicklung im internationalen Vergleich, 2. Aufl. München 1991. *Standardwerk zur internationalen Perspektive auf den Sozialstaat.*

Schmidt, Manfred G.: Sozialpolitik in Deutschland. Historische Entwicklung und internationaler Vergleich, Wiesbaden 2005. *Bietet einen Überblick zur Sozialpolitik vom Deutschen Kaiserreich bis zur Gegenwart (inkl. DDR) sowie international vergleichende Analysen.*

Siegrist, Hannes/Kaelble, Hartmut/Kocka, Jürgen (Hrsg.): Europäische Konsumgeschichte. Zur Gesellschafts- und Kulturgeschichte des Konsums (18. bis 20. Jahrhundert), Frankfurt a.M. 1997. *Umfangreicher und umfassender Sammelband zur Konsumgeschichte im Europa der letzten 200 Jahre.*

Süß, Dietmar: Kumpel und Genossen. Arbeiterschaft, Betrieb und Sozialdemokratie in der bayerischen Montanindustrie 1945 bis 1976, München 2003. *Zum Wandel der Arbeitswelt von Industriearbeitern in Bayern zwischen 1945 und den 1970er Jahren und den Folgen für das sozialdemokratische Milieu.*

Süß, Winfried: Umbau am „Modell Deutschland". Sozialer Wandel, ökonomische Krise und wohlfahrtsstaatliche Reformpolitik in der Bundesrepublik Deutschland „nach dem Boom", in: Journal of Modern European History 9 (2011), S. 215–240. *Zu den Auswirkungen des Strukturwandels auf den Sozialstaat in der Bundesrepublik.*

Wolfrum, Edgar: Geschichtspolitik in der BRD. Der Weg

Auswahlbibliographie

zur bundesrepublikanischen Erinnerung 1948–1990, Darmstadt 1999. *Mit einem Schwerpunkt auf dem 17. Juni als Nationalfeiertag behandelt diese Studie die Entstehung einer bundesrepublikanischen Erinnerungskultur.*

Gesellschaft, Mentalitäten, Kultur

Albrecht, Clemens u. a.: Die intellektuelle Gründung der Bundesrepublik. Eine Wirkungsgeschichte der Frankfurter Schule, Frankfurt a. M. 1999. *Umfangreiche Studie zur Wirkung der Frankfurter Schule um Horkheimer und Adorno auf das Denken der westdeutschen Nachkriegszeit.*

Aly, Götz: Unser Kampf. 1968 – Ein irritierter Blick zurück, Frankfurt a. M. 2008. *Provoziert durch die These von der Nähe der „1968er" zur totalitären Ideologie des Nationalsozialismus.*

Aust, Stefan: Der Baader-Meinhof Komplex, Neuausg. Hamburg 2008. *Klassiker des Spiegel-Chefredakteurs zur Geschichte der RAF.*

Bacia, Jürgen/Scherer, Klaus-Jürgen: Paßt bloß auf! Was will die neue Jugendbewegung, Berlin 1981. *Zeitgenössische Perspektive.*

Bauerkämper, Arnd/Jarausch, Konrad/Payk, Marcus M. (Hrsg.): Demokratiewunder. Transatlantische Mittler und die kulturelle Öffnung Westdeutschlands, 1945–1970, Göttingen 2005. *Zur Bedeutung transnationaler Beziehungen für die westdeutsche Nachkriegsgeschichte.*

Beck, Ulrich: Risikogesellschaft. Auf dem Weg in eine andere Moderne, Frankfurt a.M. 1986. *These vom Bruch innerhalb der Moderne.*

Beck, Ulrich (Hrsg.): Die Modernisierung der Moderne, Frankfurt a.M. 2001. *Formuliert die These von der „zweiten Moderne".*

Beck, Ulrich/Giddens, Anthony/Lash, Scott: Reflexive Modernisierung. Eine Kontroverse, Frankfurt a.M. 1996. *Bündelt die Diskussion um die These von der „Modernisierung der Moderne".*

Berghoff, Hartmut (Hrsg.): Konsumpolitik. Die Regulierung des privaten Verbrauchs im 20. Jahrhundert, Göttingen 1999. *Sammelband zur staatlichen Konsumpolitik, betont die wirtschafts-, sozial- und politikgeschichtlichen Aspekte des Konsums.*

Brand, Karl-Werner: Aufbruch in eine andere Gesellschaft. Neue soziale Bewegungen in der Bundesrepublik (aktualisierte Neuausgabe), Frankfurt a.M./New York 1986.

Castells, Manuel: Das Informationszeitalter (3 Bde.), Opladen 2001–03. *Formuliert die These vom Informationszeitalter, in dem Information als Ware und Ressource die Produktion materieller Güter bei der Wertschöpfung verdrängt. Hintergrund ist die Verbreitung der elektronischen Datenverarbeitung.*

Conze, Eckart: Eine bürgerliche Republik? Bürgertum und Bürgerlichkeit in der westdeutschen Nachkriegsgesellschaft, in: GG 30/2004, 527–542. *Beitrag zur Debatte um den Fortbestand von Bürgerlichkeit nach 1945, behandelt das Nebeneinander von Staatsbürgertum und (Klein-)Bürgerlichkeit im Wirtschaftswunderdeutschland.*

Doering-Manteuffel, Anselm: Wie westlich sind die Deutschen? Amerikanisierung und Westernisierung im 20. Jahrhundert, Göttingen 1999. *Standardwerk zu den gesellschaftlichen und kulturellen Auswirkungen der deutsch-amerikanischen Beziehungen.*

Faulstich, Werner (Hrsg.): Die Kultur der siebziger Jahre, München 2004. *Sammelband zu zahlreichen Aspekten der Kultur der 1970er Jahre, der einen breiten Kulturbegriff zugrunde legt.*

Fichter, Tilman/Lönnendonker, Siegward: Kleine Geschichte des SDS. Der Sozialistische Deutsche Studentenbund von Helmut Schmidt bis Rudi Dutschke, Essen 2008.

Fink, Carole/Gassert, Philipp u.a. (Hrsg.): 1968: The World Transformed, Cambridge 1999. *Sammelband mit interdisziplinärem und vergleichendem Zugriff, in dem „1968" als transnationales Phänomen behandelt wird.*

Flagge, Ingeborg (Hrsg.): Geschichte des Wohnens. Bd. 5: 1945 bis heute. Aufbau, Neubau, Umbau, Stuttgart 1999. *Thematisch und disziplinär breit gefasster Sammelband mit informativen Abbildungen.*

Frei, Norbert: 1968. Jugendrevolte und globaler Protest, München 2008. *Bettet das deutsche „1968" in einen globalen Überblick ein, behandelt auch Osteuropa.*

Gilcher-Holtey, Ingrid: Die 68er Bewegung. Deutschland – Westeuropa – USA, München 2001. *Überblick über die 1968er-Bewegung im Westen.*

Gilcher-Holtey, Ingrid (Hrsg.): 1968. Vom Ereignis zum Gegenstand der Geschichtswissenschaft, Göttingen 1998. *Sammelband zur Geschichtsschreibung über „1968".*

Glaser, Hermann: Die Kulturgeschichte der Bundesrepublik Deutschland, Bd. 3: Zwischen Protest und Anpassung 1968–1989, Frankfurt a. M. 1989. *Klassiker zur deutschen Kulturgeschichte.*

Habermas, Jürgen: Die Scheinrevolution und ihre Kinder, in: ders.: Kleine politische Schriften I–IV, Frankfurt a. M. 1981. *Habermas' Kritik an „1968".*

Habermas, Jürgen (Hrsg.): Stichworte zur „Geistigen Situation der Zeit". 2 Bde., Frankfurt a.M. 1979. *Berühmt gewordene Artikelsammlung zur Selbstverortung westdeutscher Intellektueller am Ende der 1970er Jahre.*

Hacke, Jens: Der Staat in Gefahr. Die Bundesrepublik der 1970er Jahre zwischen Legitimationskrise und Unregierbarkeit, in: Dominik Geppert/Jens Hacke (Hrsg.): Streit um den Staat. Intellektuelle Debatten in der Bundesrepublik 1960–1980, Göttingen 2008, S. 188–206. *Zur Debatte um „Unregierbarkeit" und Überforderung des Staates in den 1970ern.*

Auswahlbibliographie

Herbert, Ulrich (Hrsg.): Wandlungsprozesse in Westdeutschland. Belastung, Integration, Liberalisierung 1945-1980, Göttingen 2002. *Wegweisender Sammelband zum gesellschaftlichen Wandel in der Bundesrepublik.*

Hodenberg, Christina von: Konsens und Krise. Eine Geschichte der westdeutschen Medienöffentlichkeit 1945–1973, Göttingen 2006. *Zum Wandel der Medienlandschaft und zur Rolle der Medien in der Entstehung einer demokratischen Öffentlichkeit in der BRD.*

Inglehart, Ronald: The Silent Revolution. Changing Values and Political Styles Among Western Publics, Princeton 1977. *Oft zitierte, aber umstrittene sozialwissenschaftliche Studie zum gesellschaftlichen Wertewandel der Nachkriegszeit.*

Jarausch, Konrad H./Sabrow, Martin (Hrsg.): Die historische Meistererzählung. Deutungslinien der deutschen Nationalgeschichte nach 1945, Göttingen 2002. *Sammelband zum Wandel der historiographischen Großerzählungen der deutschen Nachkriegszeit.*

Koenen, Gerd: Das rote Jahrzehnt. Unsere kleine deutsche Kulturrevolution 1967–1977, Köln 2001. *Aus persönlichem Blickwinkel und historischer Perspektive zugleich geschriebene Erkundung der westdeutschen Linken von „1968" bis zum „Deutschen Herbst".*

Kraushaar, Wolfgang: 1968 als Mythos, Chiffre und Zäsur, Hamburg 2000. *Betont die Bedeutung der „1968er" für den soziokulturellen Wandel der Bundesrepublik.*

Kraushaar, Wolfgang (Hrsg.): Die RAF und der linke Terrorismus, Hamburg 2007. *Wichtiger interdisziplinärer Sammelband, der die RAF auch in den internationalen Kontext des Linksterrorismus einordnet.*

Peters, Butz: Tödlicher Irrtum: Die Geschichte der RAF, Berlin 2004. *Gut lesbare Gesamtdarstellung der RAF-Geschichte.*

Poiger, Uta: Jazz, Rock and Rebels. Cold War Politics and American Culture in a Divided Germany, Berkeley 2000. *Zum amerikanischen Kulturtransfer im Nachkriegs-Westdeutschland.*

Reichel, Peter: Vergangenheitsbewältigung in Deutschland. Die Auseinandersetzung mit der NS-Diktatur von 1945 bis heute, München 2001. *Gesamtdarstellung zum Umgang mit der NS-Vergangenheit in beiden deutschen Staaten, Schwerpunkt auf Politik und Justiz.*

Roth, Roland/Rucht, Dieter: Die sozialen Bewegungen in Deutschland seit 1945. Ein Handbuch, Frankfurt a. M. 2008. *Nützliches Handbuch zu Arbeiter-, Friedens-, Frauen-, Ökobewegung & Co. für beide deutsche Staaten.*

Rucht, Dieter: Modernisierung und neue soziale Bewegungen. Deutschland, Frankreich und USA im Vergleich, Frankfurt a. M./New York 1994. *Behandelt den Zusammenhang zwischen neuen sozialen Bewegungen und Modernisierung im internationalen Kontext.*

Schildt, Axel: Die Sozialgeschichte der Bundesrepublik Deutschland bis 1989/90 (Enzyklopädie deutscher Geschichte, Bd. 80), München 2007. *Sehr informative und nützliche Einführung in die westdeutsche Sozialgeschichte.*

Schildt, Axel/Siegfried, Detlef: Deutsche Kulturgeschichte. Die Bundesrepublik – 1945 bis zur Gegenwart, München 2009. *Gelungener Überblick.*

Schildt, Axel, u. a. (Hrsg.): Dynamische Zeiten. Die 60er Jahre in den beiden deutschen Gesellschaften, Hamburg 2000. *Sammelband, der einen sehr guten Überblick zur Gesellschaftsgeschichte der sechziger Jahre bietet.*

Schulz, Kristina: Der lange Atem der Provokation. Die Frauenbewegung in der Bundesrepublik und in Frankreich 1968–1976, Frankfurt a. M. 2002. *Zu Entstehung, Zielen und Aktionsformen der neuen Frauenbewegung um 1970 in Deutschland und Frankreich.*

Wilke, Jürgen (Hrsg.): Mediengeschichte der Bundesrepublik Deutschland, Köln 1999. *Wichtiges und nützliches Handbuch zur Mediengeschichte.*

Wittner, Lawrence: The Struggle Against the Bomb, Bd. 3: Toward Nuclear Abolition. A History of the World Nuclear Disarmament Movement, 1971 to the Present, Stanford 2003. *Unerlässlich zur internationalen Friedensbewegung der 70er und 80er Jahre.*

Register

Abendroth, Wolfgang 34
Adenauer, Konrad 5f., 12, 18, 20, 29ff., 35f., 39, 51ff., 69, 130
Adorno, Theodor, W. 64
Ahlers, Conrad 29
Aldrin, Buzz 16
Arendt, Hannah 26f.
Armstrong, Neill 16
Augstein, Rudolf 29f.

Baader, Andreas 99ff., 104ff.
Bachmann, Josef 66
Bahr, Egon 38, 52, 55
Baring, Arnulf 49
Barthes, Roland 97
Barzel, Rainer 41, 80
Batista, Fulgenzio 8
Bauer, Fritz 27
Baums, Gerhard 122
Beck, Ulrich 86
Biedenkopf, Kurt 123
Blüm, Norbert 123
Bonitz, Bernhard 27
Boock, Peter-Jürgen 106
Brändle, Reinhold 103
Brandt, Willy 33, 37ff., 48ff., 52, 55f., 67, 71, 80ff., 88, 118
Brenner, Otto 34
Breschnew, Leonid 121
Buback, Siegfried 99, 102
Buchan, Alastair 109
Burger, Wilhelm 27

Carstens, Karl 53, 125
Carter, Jimmy 108, 110, 119
Castro, Fidel 8
Chruschtschow, Nikita 7f., 10
Cohn-Bendit, Daniel 94, 106

Dahrendorf, Ralf 24, 47
de Beauvoir, Simone 89
de Gaulle, Charles 8, 51
Deleuze, Gilles 97
Derrida, Jacques 97
Ditfurth, Jutta 94
Dutschke, Rudi 38, 64, 66f., 89

Ehmke, Horst 81
Eichmann, Adolf 26f.
Ensslin, Gudrun 99ff., 105
Eppler, Erhard 112f., 115

Erhard, Ludwig 5, 19f., 22, 30ff., 38f., 52

Fischer, Fritz 27
Fischer, Joschka 92ff.
Folkerts, Knut 106
Ford, Henry 72
Foucault, Michel 97
Friedman, Milton 79, 128

Gagarin, Juri 16
Geißler, Heiner 123
Genscher, Hans-Dietrich 48, 118, 122, 126
Göbel, Helmut 102
Görtemaker, Manfred 49
Grass, Günther 41
Guevara, Ernesto „Che" 65
Guillaume, Günter 82

Habermas, Jürgen 66, 68f.
Hayek, Friedrich August von 79
Heck, Bruno 69
Heinemann, Gustav 48
Heißler, Rolf 106
Hitler, Adolf 26
Hochhuth, Rolf 28
Hofmann, Sieglinde 106
Honecker, Erich 6
Horkheimer, Max 64

Jahn, Gerhard 25
Johannes Paul II. 120
Johnson, Lyndon B. 53, 60
Johnson, Uwe 62

Kehr, Eckart 28
Kennedy, John F. 8ff., 16, 30, 51ff.
Keynes, John Maynard 43
Khomeini, Ayatollah Ruhollah 99, 119
Kiesinger, Kurt Georg 38f., 41f., 49, 53, 63
King, Martin Luther 60
Klar, Christian 102, 106
Klarsfeld, Beate 41
Klein, Hans 126
Knoeringen, Waldemar von 17
Kohl, Helmut 38, 70, 80, 83, 99, 117f., 122ff., 128ff., 132
Kohl, Michael 55

Kühn, Heinz 39
Kunzelmann, Dieter 62, 89
Kurras, Karl-Heinz 66

Lacan, Jacques 97
Lambsdorff, Otto Graf 122
Leber, Georg 46
Lorenz, Peter 102
Löwenthal, Gerhard 126
Löwenthal, Richard 66
Lyotard, François 96

Mahler, Horst 101
Marcisz, Heinz 103
Marcuse, Herbert 64f.
Marighella, Carlos 102
Marquard, Odo 97
McCarthy, Joseph 59
McNamara, Robert 8
Meinecke, Friedrich 27
Meinhof, Ulrike 101f., 104f.
Meins, Holger 102f.
Mende, Erich 53
Mohnhaupt, Brigitte 102, 106
Möller, Irmgard 105
Mulka, Robert 27

Nasser, Gamal Abdel 119
Nehru, Jawaharlal 119
Nixon, Richard 67

Ohnesorg, Benno 38, 66
Okamoto, Kozo 104

Pahlewi, Reza 119
Picht, Georg 47
Piecyk, Willy 115
Pieler, Roland 103
Pius XII. 28
Ponto, Jürgen 99, 102

Rabehl, Bernd 64, 89
Raspe, Jan-Carl 99, 101f., 105
Reagan, Ronald 79f., 116f., 119, 121, 127, 132
Röhl, Klaus Rainer 101
Rosenberg, Ludwig 34

Sander, Helke 67
Sartre, Jean-Paul 105f.
Scheel, Walter 48ff.
Schelsky, Helmuth 24

Register

Schiller, Karl 45, 48
Schleyer, Hanns-Martin 99, 101 ff., 109
Schmidt, Helmut 1, 41, 78, 80 ff., 99, 108 ff., 113, 115, 118, 121 ff., 129
Schröder, Gerhard 92
Schuhmacher, Kurt 6, 36
Schulz, Adelheid 106
Schumann, Klaus 104
Schwarzer, Alice 89
Speitel, Angelika 106
Stalin, Josef 51
Stoiber, Edmund 70
Stoll, Willi-Peter 106

Strauß, Franz Josef 41, 45, 70, 121, 123 f., 126
Süssmuth, Rita 69

Thatcher, Margaret 80, 127 ff., 132
Tito, Josip Broz 119
Trampert, Rainer 94
Traxler, Hans 126
Tse-tung, Mao 102

Ulbricht, Walter 6
Ulmer, Helmut 103

Vesper, Bernward 101
Vogel, Bernhard 123

Wagner, Rolf Clemens 106
Walentynowicz, Anna 120
Walesa, Lech 120
Weber, Max 28
Wegener, Ulrich 105
Wehner, Herbert 35 f., 39, 48 f., 81 f.
Weiss, Peter 65
Weizsäcker, Richard von 123
Windeck, Josef 27
Wischnewski, Hans-Jürgen 104
Wisniewski, Stefan 106
Wojtyla, Karol Józef 120
Wurster, Georg 102